KB047145

인문학적
상상력과
종교

인문학적 상상력과 종교

함석헌평화연구소 편

김대식 박광수 박요섭 박정환
신성열 이소흔 이호재 정은희 황보윤식

도서출판 모시는사람들

서문

이번에 〈함석헌평화연구소〉에서 '인문학적 상상력과 종교'라는 주제로 여러 학자들의 글을 모아 책을 내게 되었습니다. 왜 우리는 이 시대에 이런 책을 내려 하는가. 그리고 책의 제목으로 '인문학적 상상력과 종교'라고 했는가. 그것은 인간의 삶과 종교, 그리고 사회, 역사, 언어 영역 등의 문제들을 인문학적 텍스트 안에서 여러 학자들의 다양한 상상력과 시각을 종합하려는 시도라고 보면 될 것입니다. 인문학적 텍스트[text]라는 말은 다양한 개념을 가지고 있지만, 우리는 인문학적 '가치와 정신'의 바탈이라고 정의하고 싶습니다. 곧 인간/존재에 대한 이해와 인간의 정의와 자유의 발현을 목적으로 하는 교과서라는 뜻입니다. 인간 삶의 궁극적인 목적을 우리는 "공동체적인 삶"의 추구라고 말하고 싶습니다. 그래서 오늘날 인문학적 텍스트로는 "공동체적인 삶"의 토대를 위한 인문주의의 통섭적 이해가 필요합니다. 그리하여 인간의식의 불변의 진리를 통찰하는 철학을 바탈로 하여 인간 삶의 과거를 통하여 미래를 제시하는 역사학과 접목이 필요합니다. 여기에 인간의 몸을 대변하는 말과 언어로 된 문학/언어학과의 접목도 필요합니다. 인간과 신의 참관계를 밝혀주는 신학과의 접목도 필요합니다. 그리고 현실사회를 성찰하고 삶의 지표를 일깨워주는 사회학과의 접목도 필요합니다.

인문학적 상상력이라는 말은 사람, 그리고 사람이 사는 사회전반에 대한 이해와 성찰, 그리고 비판을 담는 것을 의미합니다. 그러나 비판으로 그쳐서는 안 됩니다. 이해 · 성찰 · 비판을 토대로 한 대안제시가 무엇보다 필요합니다. 성찰과 대안을 세우기 위해서는 현실에 대한 인식부터 시작해야 합니다. 대안의 제시는 편협과 단편이어서는 안 된다는 생각입니다. 무지개식 융합지식이 필요합니다. 그러기 위해서는 여러 분야의 많은 지식인/학자들의 생각과 말을 담은 글(이야기)을 통해 우리의 '인문학적 상상력'을 키워나가야 합니다. 상상력(想像力)은 즐거운 일입니다. 상상력은 어쩌면 자유로운 생각들의 소통이 된다고 봅니다. 상상력으로 우리는 서로의 경험을 나누고 이로써 서로를 이해하게 되리라 봅니다. 소통과 이해로써 우리 사회는 보다 나은 방향으로 진화/진보(결코 좌익/좌빨종북이 아닌)된다고 봅니다. 생물학적/사회적 진화는 한님/하나님의 현재진행형 창조행위라고 봅니다. 진화/진보만이 우리 인간이 더 높은 곳으로 함께 갈 수 있다는 생각을 해봅니다. 그래서 우리는 '인문학적 상상력'이라는 개념을 우리 책에다 도입해 보았습니다.

〈함석헌평화연구소〉에서 인문학적 텍스트로써 제시해 보는 것은 앞에서 말한 바와 같이 자본주의적 물질중심(잘 먹고 잘 살아보자는, '삶 중심')이 아니라 인문주의적 정신중심(바른 정신-자유와 정의, 그리고 양심을 가지고 살아보자는, '앎 중심')입니다. 우리 인간은 예부터 의식주행(衣食住行)을 중요시 해왔습니다. 과거 인간의 기본 삶의 양식인 의식주행은 유가적/성리학적 '삶 중심'이었지만, 이제는 '무지개지식'(인문학적 융합)으로 다듬어진 '앎 중심'의 삶이어야 한다고 봅니다. 이러한 이해를 가지고 이 책을 펴내게 되었습니다. 그리고 우리의 사회적 현실에서 왜 이런 책을 내게 되는지 그 동기가 찾아집니다.

지금의 우리 사회는 처음부터 다시 시작해야 하는 한반도/조선반도가 아닌가 하는 생각을 해 봅니다. 아쉽게도 우리는 북조선을 모릅니다. 때문에 우리가 발을 디디고 살고 있는 이 땅 대한민국만을 가지고 이야기를 해 볼 수밖에 없습니다. 우리 사회에서 통용되는 정치용어 · 사회용어 · 학술용어들이 대부분 모호한 개념으로 유통되고 있습니다. 그럼에도 이런 용어들을 학자/지식인이나 대중, 그리고 언론에서 생각 없이 마구 쓰고 있습니다. 이 예를 나라의 최고지도자를 뜻하는 '대통령(大統領)'이라는 말에서 찾아봅니다. 대통령이라는 용어가 과연 맞는 것인지 의문이 갑니다. 이 나라가 대통령 한 사람의 나라인가. 대통령만 되면 지(彼)하고 싶은 짓거리를 죄다 해도 되는가. 이 나라가 민주주의 나라인가. 그렇다면 대통령은 나라사람의 인권을 보호하는가. 선거부정, 개표부정을 해서라도 대통령이 되려고 하는 이유는 무엇인가. 그리고 공약(公約)이라는 단어는 무슨 뜻인가. 대선(大選)에서 공약은 나라사람 전체와의 약속이 아니던가. 그런데 그 공약을 공약(空約)으로 만들어도 되는가. 대통령이 되면 제 하고 싶은 것을 다해도 되는가. 고국산천이 망신창이가 되어도 좋은가. 나라사람들이 그렇게 해서는 안 된다고 아우성을 쳤는데도 기어코 4대강을 막아놓더니 그 결과가 어떤가. 강이 썩고 있지 않은가. 대통령 집무실(청와대)에서 권력 유지만을 위해, 제 나라 안의 정의로운 사람들을 죽이겠다는 만 명에 가까운 살생부(殺生簿, 일명 블랙리스트Blacklist)를 작성해도 되는가. 반(反)통일독재권력, 반(反)통일 · 반(反)민주권력, 정의(正義)모독권력, 토목독재권력, 공약(空約)독재권력만 존재해 오고 있는데, 과연 대통령이라는 용어는 그 행위에 어울리는 개념인지 잘 모르겠습니다.

또 다른 데서도 의심스런 개념들이 보입니다. 왜 상아탑의 지존(至尊)이어야할 교수들이 권력지향적이 되어 세속적 진애(塵埃)에 발을 담그려 하는지 모르겠습니다. 또 왜 사회적 지성의 표상인 대학이 직업학교로 둔갑하였는지 고개가 갸우뚱해집니다. 왜 학문을 연구해야 할 교수들이 직접 하급학교로 내려가 학생을 모집하기 위해 애를 써야 하는가라는 질문도 해 봅니다. 대학이 학생모집에 혈안이 되어 스스로 직업학교/취업준비학원을 자처하고 나서야 하는가. 참 암담한 한국 사회가 아닐 수 없습니다. 오늘날의 대학을 상아탑으로 여전히 생각해야 하는지 의문이 듭니다. 대학인가 학원인가. 뭔가 뒤틀린 사회입니다. 한마디로 인간정신을 발로 차버린 막 되먹은 사회라고 생각됩니다.

다른 측면에서도 우리 사회를 들여다 볼 수 있습니다. 지금 우리 사회는 비(非)교육적 문화(예체능)가 참교육적 문화(인문학적 상상력과 예술적 창조력) 가치를 앞지르고 비웃는 사회가 되고 있습니다. 우리 사회가 타락하고 부패한 자본주의 경제질서를 나라경제로 삼고 있기 때문에 나타나는 사회현상이라는 생각이 듭니다. 이러한 사회인식에서 우리는 들사람[野人] 함석헌(咸錫憲)을 다시 생각하게 됩니다. 함석헌은 1901년에 태어나 89세로 세상을 떠난 분입니다. 그분은 이 나라 역사가 일제강점기를 거쳐 해방정국을 만났음에도 영토분단과 남한의 지속되는 독재권력의 폭력 속에서 그의 전 생애를 보낸 사람입니다. 한국역사가 연속으로 만나는 고난의 시대에 남들은 제 목숨을 부지하기 위하여 일제와 독재권력에 아유(阿諛)하면서 일신의 영달을 구가할 때, 그는 목숨을 걸고 침략권력과 반민주/반인권 권력에 맞서 '비폭력 평화'의 방법으로 저항하고 싸웠습니다. 그리고 늘 물질적으로 부패한 자와 썩은 정신을 가진 자들에게 일갈(一喝)을 해 왔습니다. 바로 이런 정신이 사람정신/인문주의가 아니겠는가하는 생각을 해봅니다. 그분은 지금보다 이른 시기에 융합철학/무지개철학을, 진정한 참사람세상을 꿈꾸면서 국가주의, 정부우월주의, 민족제일주의, 공권력을 위장한 국가폭력을 반대하였습니다. 그리고 대안으로 씨올을 중심으로 하는 세계주의 나아가 우주주의, 그리고 비폭력 평화주의를 제창하였습니다.

이렇게 우리는 함석헌을 평가합니다. 함석헌을 생각하고 그분을 기념하여 그의 사상을 연구하는 단체들도 많이 생겨나고 있습니다. 이들 단체와는 조금의 차별을 두면서 우리도 '함석헌의 평화와 관련한 여러 사상'을 배우고 실천해 보자는 뜻에서 전공이 다른 젊은 학자들이 모여 〈함석헌평화연구소〉를 새롭게 만들었습니다. 그리고 함석헌식 융합철학으로 우리 시대를 이해/인식하고 이를 통한 현실에 대한 성찰을 해 보려 합니다. 나아가 피를 토하는 성찰을 토대로 우리 사회/인간에 대한 비판과 대안을 제시하려 합니다. 이런 입장에서 『인문학적 상상력과 종교』라는 책을 처음 펴내게 되었습니다. 이 책은 두 부분으로 나뉘어 있습니다. 1부는 '인간과 역사적 삶의 해석', 2부는 '종교적 삶의 해석'입니다.

제1부 '인간과 역사적 삶의 해석'에서는 철학을 중심으로 역사학, 언어학을 텍스트로 하면서 현실인식을 해보았습니다. 여기에 암담하게 변해가는 한국의 농촌 현실도 인문학적으로 인식하여 실어보았습니다. 이 책은 현실인식을 바탕으로 한 성찰과 비판을 통한 대안도 모색해 보고 있습니다. 새롭게 사회인식을 하는 여러 학자들이 글을 썼습니다. 이 중 젊은 학자들은 이 나라의 미래를 짊어질 동량(棟梁)으로 성장하리라 봅니다.

"『장자(莊子)』의 철학상담적 해석"(신성열)은 여러 서양의 철학자들의 연구물들을 토대로 우리 사회를 이론과 실천이 따로 노는 사회로 인식하고 있습니다. 이론과 실천의 관계가 악화된 것은 "지배력을 확대해 온 자본주의의 내적 원리인 '이기심', '경쟁적 삶', '공격적 탐욕성'때문이라고 지적하고 있습니다. 이에서 인간소외와 정신분열을 가져왔다고 성찰도 합니다. 이의 해결을 위하여 장자의 사상이 필요한 시대라고 인식합니다. 그래서 물질적 풍요가 곧 삶의 궁극적 목표가 아니라고 명제를 세웁니다. 미래의 인간다운 삶, 건강한 삶, 아름다운 삶을 살아가기 위해서는 물질적 풍요도 필요하지만, "정신적 건강과 사회적 평화"를 목적으로 하여야 한다고 보고 있습니다. 곧 장자의 이론으로 무장하여 실천을 하여야 한다는 주장입니다. 신성열 교수의 장자를 통해 이끌어낸 삶과 관련된 인문학적 이론은 앞으로 우리 〈함석헌평화연구소〉의 인문학적 텍스트가 되리라 봅니다.

"농촌의 도시자본농화에 대한 비판적 분석"(황보윤식 농사)은 대학강단에 있다가 도시를 떠나 농촌에 들어가 살면서 농촌이 퇴보적으로 변해가는 실상을 인문학적 상상력으로 인식하고 비판적 성찰과 함께 대안을 모색하고 있습니다. 여기서 도시는 자본적 경제질서가 유용할지 몰라도 농촌은 자본주의화 되어서는 안 된다고 이분법적으로 사회구조를 분석하고 있습니다. 여기서 농부를 계층별로 분류하고 그 존재에 대하여, "농부라는 존재는 돈[貨幣]을 벌기 위해 온갖 부패하고 타락한 자본주의 수법을 배워서도 그렇게 해서도 안 된다는 천명(天命)을 가지고 있다. 적은 땅을 가지고 '그저 먹고살면 된다'는 사고를 지니고 직접농사를 짓는 '소농'만이 진정한 농민/농사(農士)라고 할 수 있다."라고 나름대로 정의하고 있습니다. 이어서 농촌 사회에 대한 성찰로 "인간의 선한 정서를 배양하는 농촌이 자본주의에 의하여 타락하거나 사라지면 악(惡)한 인간성(獸性=人面獸心)이 창궐하여 인간적 도덕성(人性=인문주의)은 땅에 떨어지고 아비귀환의 세상이 될 수 있다"고 성찰하고 있습니다.

"노인의 삶에 대한 역사인문학적 지평"(황보윤식)에서는, 인간이 태어나서 죽을 때까지의 의식세계를 공자가 말한 의식세계에다 대입하여 풀어나가고 있습니다. 그러나 우리 사회는 공자의 의식발전단계를 적용할 수 없는 현실이라고 인식합니다. "강제된 인생궤도에 맞추어진 입시제도라는 사회악 때문에 10대에 지학(志學)이 어려운 나라다. 대학을 졸업하고도 이립(而立)을 할 수 없는 사회다. '지학'도 못했고 '이립'도 없기에, 나이 40에 불혹도 없다. 불혹이 없으니 50대 '지천명'도 깨닫지 못한다. 지천명이 없으니 노후(老後)준비가 안 되어 정신적, 육체적 고통을 당하는" 게 이 나라 노인들이라고 현재를 살아왔던 노인들의 의식세계를 성찰합니다. 이 글은 이러한 성찰과 함께 1) 남북이 통일의지를 갖고 정전협정 대신 평화협정을 맺어라. 그리되면, '공격적 무기체제'를 방어적 무기체제로 전환하게 되어 국방비를 줄일 수 있고 그 비용을 사회복지, 특히 노인복지로 돌릴 수 있다. 2) 세계가, 나라가, 사회가, 이웃이 함께 더불어 가는 나라를 만들어야 한다. 이게 평화로운 세상이다"는 주장을 이 나라 노인문제의 대안으로 제시하고 있습니다.

"인간학적 장으로서의 '사람책도서관'"(박요섭)은 우리가 이 책에서 말하고자 하는 '인문학적 상상력'이 무엇인지를 명확하게 짚어내고 있습니다. 바로, '인문학적 상상력'이라는 것은 '이성의 작용'이라고 정의하고 있습니다. 인류의 문명은 이성의 작용으로 보고 인류가 꽃 피운 문명 중 으뜸은 책이라고 보았습니다. 이 글은 인문학적 상상력이란 다양성에서 출발한다고 전제하고 있습니다. 따라서 인간의 다양성, 문화의 다양성, 다문화사회가 인류의 지향점이라고 강조하면서 획일화된 사회구조를 비판하고 있습니다. 우리가 추구하는 평화사상은 획일화된 통제가 아니라, 다양성의 조화라고 합니다. 글쓴이는 인문학적 상상력의 바탈로 '사람책'과 '사람책도서관'이라는 새로운 용어를 제시합니다. 사람책도서관을 강조하는 이유는 "자본주의에 의하여 만들어진 '위험사회'를 '아름다운 사회'로 만들기 위함"이라고 합니다. 사람책, 사람책도서관이라는 용어는 이 시대의 망각해 가는 인문주의/이성주의에 대하여 새삼 일깨워줍니다.

"시대에 따른 삶의 지표"(이소흔)에서는 언어생활과 사고방식에서 세대 차이가 있다고 봅니다. 세대차이가 나는 원인은 아날로그 세대와 디지털 세대의 차이라고 현실인식을 하고 있습니다. 이러한 현실에서 영어권 언어들이 휘집고 들어와 우리의 언어들이 생명력을 잃어가고 있다고 분석하였습니다. 이러한 언어쓰임의 현상에서 문화의 차이는 물론 세대 간 단절까지 오고 있다고 성찰하였습니다. 세대 간 단절을 깨려면 소통을 해야 하는데, 소통의 방법은 공감이라고 합니다. 공감은 서열문화와 권위주의를 탈피하고, 돈과 물질 중심의 언어가 아닌 인간 중심의 합리주의적 언어를 사용하려는 노력이 필요하다고 대안을 제시하고 있습니다. 그래서 여기서는 다음과 같이 주문합니다. 어른(노인)들은 젊은이들과 친구나 선배처럼 살고, 젊은이는 어른을 어른으로 공경하되, 어른과 격의 없이 지내려는 마음자세가 중요하다고 강조합니다.

"지각의 열림과 상황적 공간에서의 언어의 상관관계 해석"(정은희)은 프랑스의 지각현상학 연구자로서 「지각의 본성」, 「행동의 구조」라는 작품으로 유명한 메를로-퐁티의 이론을 가지고 언어와 몸의 관계를 철학적으로 규명하고 있습니다. 곧 언어의 시작인 말을 통하여 자아와 타자가 일체화된다는 인식 아래 말을 통하여 몸의 운동은 실존적 존재가 된다고 말합니다. 우리 인간이 실존적 존재로서 세계와 일체화된 존재가 되기 위해서는 기존사물에 의하여 터득된 말/언어를 버리고 새로운 사유(思惟)에 의하여 터득된 말/언어여야 한다고 보고 있습니다. 인문학적 상상력은 말/언어에 의하여 새로운 미래로 갈 수 있다고 봅니다. 새로운 미래는 곧 나라는 주체가 세계라는 공간으로 이동하는 것이라고 '몸'으로써 세계주의를 지향해야 한다고 봅니다. 곧 메를로-퐁티의 말처럼, "말은 생각의 기호가 아니며 말은 의미(意味)이전의 말로써 몸의 작동에 이미 의미가 있다"고 말의 의미를 몸의 '동작적 의미'로 파악하고 있습니다. 따라서 서구유럽이 역설하는 '관념적 자유'보다는 아나키즘의 '테러니즘이 더 '구체적 자유(몸의 말)에 가깝다고 서구유럽의 추상적 자유개념을 비판하고 있습니다.

제2부는 주제를 '종교적 삶의 해석'으로 잡아보았습니다. 여기서는 인문학적 텍스트로 '종교'를 잡고 여기에 '철학'과 '언어학'을 접목(융합)해 보았습니다. 앞의 1부에서는 형이하학적인 현상들을 다루었다면 여기서는 주로 형이상학적인 이상들을 실천적 차원에서 다루고 있습니다. 그래서 조금 난해한 글들이 있지만, 조금만 가깝게 대하고 읽으면 우리 마음에 양식이 되는 글들이라고 봅니다.

"성서에 나타난 우리말 읽기"(이소흔)에서는 언어의 개념을 "인간의 정신세계를 표현하는 수단/방법"이라고 정의하고 "언어를 주고받는 행위는 인간관계에 있어서 기본"이라고 설명하고 있습니다. 그리고 인간의 정신세계 중에 가장 높은 인간행위의 표현은 '종교'라고 말합니다. 그리고 종교행위에서 중요한 의사표시는 언어에 의하여 전달된다고 합니다. 글쓴이는 경전에서 사용되는 어휘 중에서도 종결어미(終結語尾)를 매우 중요하다고 보고 있습니다. 여기서는 개화기 성경 자료를 이용하여, 성경이 지닌 문체적 특징들을 다루면서 언어가 주는 신과 인간관계를 규명하고 있습니다. 또 글쓴이는 황석자(1999)와 안증환(2009), 이기문(1979 등이 쓴 논문들을 다루면서 인칭대명사(2인칭과 3인칭))의 적절한 사용은 청자(聽者)를 보편적 인류로 확장시켜 나가는 효과가 있다고 보았습니다. 성경의 문체는 근대에서 현대로 넘어오면서 서술자가 말하는 방식에서 서술자가 장면을 보여주는 방식으로 바뀌게 된다고 파악하고 있습니다. 그리하여 3인칭 대명사인 '이, 저'의 표현이 사라지고 '그' 대명사가 많이 나타나고 있다고 관찰하였습니다. 그리고 하나-님의 '님'자가 붙기 시작하는 것은 20세기 이전에는 없던 현상이라고 보고 대상[신]의 인격화를 의미한다고 보았습니다. 또한, 사회의 변화에도 불구하고 성경번역에서 종결어미가 변하지 않는 것은 종교가 갖는 보수성 때문이라고 지적합니다.

"변찬린의 '새 교회'론에 대한 의미와 전망"(이호재)은 함석헌과 관련하여 설립된 '성서 · 동양학회(聖書東洋學會)'의 발기인 중 한사람으로서 '새교회' 창설을 주창하였던 변찬린(邊燦麟, 1934-1985)이라는 인물을 통하여 현실사회의 종교가 갖는 모순과 타락을 비판하고 있습니다. 글쓴이가 변찬린이 주장하였던 '새교회'의 창립정신과 이념을 연구하는 목적은 "사라져가는 한국의 종교자산을 기록에 남기려는 생각"이라고 변찬린 교회사상 연구목적을 밝히고 있습니다. 그러나 글쓴이는 변찬린을 빌려 타락/변질되어 가고 있는 우리 사회 종교계에 새로운 메시지를 전달하고 싶은 심정으로 보입니다. 그래서 현재 한국 교회의 문제점으로, 영(靈)이 없는 건물교회-비성경적교회, 교파주의, 교회의 대형화-기업교회, 교회의 부익부 빈익부 현상, 세습체제, 기복중심의 예배형태 등을 지적하고 있습니다. 여기서는 변찬린이 지적한 한국 기독교계에 만연된 수입신학에 대한 비판적 시각과 서구화되어 수입된 기독교를 우상이라고 보는 인식을 같이하고 있습니다. 그리고 단지 종교계(특히 기독교계)의 '정통과 이단'의 싸움, 그리고 '교단과 교파'의 파벌싸움, 교단신학의 호교론적 연구경향으로 인해 종교학자와 신학자들이 연구 주제 선정과 연구방향 자체가 자유스럽지 못한 것은 아닌지 의구심을 제기하고 있습니다. 향후 종교학계 및 신학계가 극복해야 할 학문적 자율성의 과제가 바로 여기에 있으며 이것으로부터 자유로울 때 비로소 종교계가 보다 더 성숙되고 건강해질 수 있다고 현실에 대한 성찰도 하고 있습니다.

"종교 간의 대화를 위한 해석학적 범주"(박정환)에서는 도종환시인의 시(담쟁이, 흔들리며 피는 꽃)와 곁들여 '종교인문학'을 조명하고 있습니다. 여기서 종교의 개념에 대하여 "궁극적인 실체 또는 초자연적 원리들과의 관계를 함축하는 의례와 믿음의 체계를 "인간과 신, 인간과 인간의 관계를 회복시키는 것"으로 보고 있습니다. 이러한 종교의 개념을 가지고 현실의 종교 상황을 비판합니다. 곧 "종교 간의 갈등과 대립은 이해하기 힘든 상황"이라고 보았습니다. 또한 종교 간의 갈등은 사회발전의 역기능으로 나타나고 있다고 현실인식도 하고 있습니다. 이러한 종교의 역기능은 '종교 간 대화부재' 때문이라고 보고, 종교 간 대화를 제안하고 있습니다. 종교 간 대화의 부재 원인은 자기 종교에 대한 우월주의, 자기중심주의, 호교론 등에서 기인한다고 파악합니다. 그래서 여기서는 대화의 유형으로 배타주의, 포괄주의, 다원주의로 나누어 들고 있습니다. 글쓴이는 배타주의를 풀고 포괄주의, 다원주의로 나갈 것을 권하고 있습니다. 곧, 상대방의 입장/종교와 교리의 존중하는 것, 역사적으로 모두가 공동체 일원임을 인식하는 것, 종교의 동등성과 타종교에 대한 체험적 자세를 갖는 것이 중요하다고 이르고 있습니다.

"존 웨슬리의 현대 교육학적 조망"(박광수)에서는 종교적 인문교육을 주장하고 있습니다. 글쓴이는 현실의 종교교육에 대하여 18세기 영국의 신학자였던 존 웨슬리의 교육철학을 가지고 인식하고 있습니다. 여기서는 18세기 중반 이후 나타나는 영국 사회처럼 현대의 한국 사회 개신교도 많은 문제점이 가지고 있다고 진단하였습니다. 그 중 특히 교회교육은 정체(停滯)와 쇠퇴를 거듭하고 있다고 지적합니다. 이러한 한국 사회 기독교의 문제해결에 대한 희망을 웨슬리의 교육개혁에서 찾아보고 있습니다. 글쓴이는 다음과 같이 쓰고 있습니다. "우리의 종교현실이 웨슬리의 종교적 교육철학이 타락해 가던 영국의 정치와 경제, 그리고 사회와 문화 및 교육의 모든 부분들에 커다란 변화를 가져다 준 것처럼 현실의 한국 교회의 모자라는 종교교육을 극복할 수 있다" 그리고 웨슬리의 킹스우드학교(Kingswood School, 1748)를 대안으로 들고 있습니다. 웨슬리의 교육현신을 토대로 현대사회의 종교적 교육혁신에 대하여 다음과 같이 제언을 하고 있습니다.

"1) 철저한 규율과 원칙을 지키는 교육과 영성생활교육을 중심으로 한 교육의 원칙이 전인적 성장을 목표로 현장에서 세워져야 한다. 2) 교육의 성과를 위해서는 끊임없는 연구과 열정을 필요하다. 3) 종교교육은 교회 안에만 머물러 있어서는 안 되고 사회변화에 부응하게 대중화해야 한다." 이러한 교육만이 미래 사회를 온전케 하는 길이라고 힘주어 말하고 있습니다.

"종교와 이성 '사이'의 긴장을 해석함"(김대식)은 함석헌의 표현을 빌려 우리 사회의 종교현실에 대하여 이야기를 펴고 있습니다. 시간이 갈수록 종교 본연의 모습이 퇴색되고 제도 · 조직 · 체제 · 교리로 본질을 둘러싸고 있으면서 마치 그것이 종교의 정체성인 양 호도하고 있다고 현실교회를 비판하였습니다. 그리고 종교에 대한 현실인식으로, 종교의 철학적 논의가 없다는 것과 종교와 종교 사이에는 불통의 심연을 지적하고 있습니다. 곧 토대주의의 비판입니다. 이러한 성찰을 토대로, 종교에 대한 철학적 비판을 통한 종교의 이성적 담론을 제기하고 있습니다. 이에 따라 '새로운 모임'(독립 신앙)이 필요하다는 새로운 종교태도를 제안합니다. 여기서 말하는 독립 신앙은 모든 인위적인 것을 배제하고 인격적인 신, 인격과의 교섭을 가능케 하는 신을 나의 인격으로 만나는 것을 말합니다. 16세기 초 마르틴 루터(Martin Luther)는 하느님과의 직접교류는 주장하였어도 신과 인격적 만남을 생각지도 않았습니다. 독일 계몽주의 시대 "교회의 교의(教義)보다 하나님과 인간의 직접교통과 교회의 권위주의에 대한 저항은 하나님과 연결되어 있다"고 주장한 13세기 말 에크하르트(M. Eckhart)의 생각과 일치합니다. 그리고 4세기 신의사관을 주장한 아우구스티누스(Sanctus Aurelius Augustinus)는 진화론을 인정하지 않았지만, 함석헌은 신의사관 속에 진화론(새 창조: 하느님의 진행형 창조사업)을 인정하는 차이를 보이는 것과 같이 인간과 신과의 인격적 만남은 새로운 '종교개혁'이라 생각됩니다.

"인간 도야(Bildung, 교양)로서의 영성과 교육"(김대식)은 오늘날의 세계를 조각조각 나뉘어져 상호 연결되어 있지 않은 편린적 삶"이라고 인식하고 있습니다. 이 때문에 "형이상학적 세계의식의 산실인 교회/종교는 이제 호소력과 설득력을 상실한 채 표류하고 있다"고 보고 있습니다. 이렇게 된 원인으로 목회자의 영성부족을 들고 있습니다. 이 때문에 "교회가 성장을 멈추었다"고 성찰을 하고 있습니다. 그리고 글쓴이는 이야기를 반전시켜 오늘날 한국 교회는 "매우 반환경적이거나 비환경적이다"이라고 비판하고 있습니다. 그러한 현상으로 대형 주차장 확보를 통해 자동차 구입을 부추기고 이를 통해 나라의 간섭시설기반을 부추겨 사회적 비용을 증가시키고 있다고 비판을 가합니다. 그리고 이에 성찰과 대안으로 그리스도교인의 영성내면화를 강조합니다. 사회적 인격의 확장과 사회적 소통이 가능한 신앙언어의 사용, 환경적 의식을 갖는 교회의 질적 성숙, 그리스도교인의 종교적, 계몽적, 이성적 시민이 될 것을 제안하고 있습니다.

이렇듯, 이 책의 글쓴이들은 인문학적 텍스트의 기초를 마련하고자 현실인식과 성찰 그리고 비판과 대안이라는 인문학적 상상력에 접근하는 방법론을 가지고 글을 썼습니다. 이제 오늘날은 융합학문(우리는 무지개철학으로 부른다)의 시대로 가고 있습니다. 융합학문의 시대, 인문학적 상상력은 모든 학문의 바탈을 이룹니다. 그러한 바탈을 제공하기 위하여 우리는 인문학적 상상력으로 현실인식을 하고 이에 대한 성찰과 비판을 계속해 나가고자 합니다. 그런데 이 시대 우리 사회에서 나쁜 분위기가 있다면 유명세[勢], 명품세, 우월세를 너무 따지고 선호한다는 점입니다. 이러한 자세는 인문주의를 파괴하는 일류병/귀족병의 후유증입니다. 우리 사회는 아무리 글의 내용과 필체를 비교해 보아도 무명의 인사/학자가 쓴 글이 더 훌륭하고 문체도 화려하고 내용 또한 문중유골(文中有骨)이 있음에도 '안 유명'하다는 이유로 그들의 글은 거들떠보지도 않습니다. 이것은 독자 자신의 자기비하입니다. 자기폄하라는 병에 걸린 사람들의 바보스런 마음가짐입니다. 우리는 이 바보스럼에 과감히 도전해 봅니다. 이 책에서 신진학자들이 새롭게 얼굴을 내밀고 글을 쓴 것은 정은희 선생님이 말했듯이 글쓴이들이 독자와 "열림을 마련하기 위"함이요, 인문학적 "차원을 열기 위"함입니다.

끝으로 이 책이 나오기까지 옥고들을 모으느라고 목이 뽑아지게 동분서주하며 손이 아프도록, 등이 휘도록, 발이 부르트도록 힘써 주신 김대식 교수님께 감사를 드립니다. 그리고 도서출판 모시는사람들 여러분들께도 감사를 드립니다. 감사하는 마음을 모아 씨알들의 일독을 권합니다.

2017. 4

글쓴이들을 대신하여 함석헌평화연구소 소장 적

차례

제1부

인간과 역사적 삶의 해석

01

『장자(莊子)』의 철학상담적 해석*

—신성열—

* 이 글은 필자의 논문 「哲学相談을 위한 『莊子』的 意味」(『동아시아문화연구』 제64집, 2016.2)를 일부 수정 · 보완한 것이다.

1. 왜 『장자』인가?

오늘날 우리는 각종 제도 규범 · 법 · 문화 현상 등으로 이루어진 다양한 사상과 가치관에 사로잡히거나 함께 향유하며 살고 있다. 그렇다면 우리는 인간다운 삶 · 건강한 삶 · 아름다운 삶을 이루기 위해서 물질적 풍요 속에서도 물리적 건강에만 만족하는 것이 아니라 정신적 건강과 사회적 평안을 먼저, 함께 이루어야 하는 것은 아닌가.

모든 학문과 사상이 그 시대 상황과 필연적(必然的)으로 관련하여 성립한다고 볼 때, 정치적 · 사회적 혼란기인 춘추전국시대를 살았던 장자(莊子)가 부정적 · 초월적 태도를 취했던 것은 오히려 당연한 일일 것이다. 그럼에도 장자(莊子, B.C 365?~B.C 270?)의 이상적(理想的)인 삶을 자연(自然)의 이치에 순응하여 살아가는 것에 두었음은 잘 알려진 사실이다. 왜냐하면 그는 도(道)를 체득(體得)하는 체도(體道)의 삶을 강조했으며, 그가 이상적 인간상으로 말한 '지인(至人)' · '진인(眞人)' · '신인(神人)' · '성인(聖人)'은 모두 유위(有爲)를 초월한 사람이기 때문이다.

이 글은 현대사회가 안고 있는 정신적 위기와 정체성의 상실 등 이른바 '정신과 마음의 병'을 철학의 도움으로 치유(治癒)하거나 예방할 수 있는지의 문제를 『장자(莊子)』를 기본 텍스트로 해서 새롭게 모색(摸索)해 보고자 했다. 이는 철학상담(哲學相談)으로의 가능성과 확장성에도 의미가 있다. 그리고 오늘날 철학의 실천이 필요한 상황에서 단지 이론철학이나 순수철학의 틀을 벗어나고자 한 점도 있다. 이를테면 철학실천(哲學實踐)은 '철학하기'다. 따라서 철학상담(哲學相談)도 '철학하기'와 다르지 않다. 철학상담은 전문적으로 철학적 훈련을 받은 사람이 내담자(來談者)가 스스로 '철학하기'를 하도록 도와주는 대화의 과정이라고 할 수 있다. 그래서 철학상담은 일반적인 심리상담, 정신상담에서 통하는 현상적인 관찰과 답변에 머물지 않는다. 바로 이 점이 철학을 실천하는 철학상담자에게 맡겨진 임무이자 철학상담의 목적이라고 볼 수 있다.

일반적으로 철학은 삶의 문제를 지적으로 대응하는 일반 제반 학문 활동과 필연적으로 연결된다. 인간은 자연과 사회라는 환경 속에서 회피할 수도 포기할 수도 없는 문제 상황(aporia)에 늘 처해 있다. 이러한 문제 상황에서 인간은 여타 생물과는 달리 이성적이고 창조적으로 대응하는 특성이 있다. 우리가 진정 삶의 보존과 향상을 욕구하는 한, 우리 앞에 주어진 문제들을 그저 단순한 상식과 추측만으로 해결할 수는 없을 것이다. 게다가 삶의 지혜들이 모이면 모일수록 그것들은 더욱 종합적으로 정돈되고 개념화되어 총체적으로 체계화하지 않으면 안 될 것이다. 사실 역사를 되돌아보면 인간적 삶의 향상은 늘 어려운 상황 속에서도 직면한 삶의 문제들을 그와 같은 총체적인 지식으로 근본적으로 숙고하고 냉철하게 판단하며 용기 있게 대응해 온 사람들에 의해 성취되었다.[1]

오늘날 인간의 본성으로 너무도 당연히 여기는 개인의 이기적(利己的) 욕망과 탐욕은 곧 자본의 탐욕적 공격성을 반영한다. 이것은 자본주의적 삶의 방식 속에서 인간이 누리는 물질적 풍요와 자기 성취뿐만 아니라, 그 속에서 개인과 사회가 겪는 소외(疏外)와 정신 분열의 잉태(孕胎) 또한 자본주의적 생리의 필연적 반영임을 보여준다. 이런 점에서 인간 본성에 관한 논의는 유행처럼 '자본주의사회에서 인간의 욕망'을 주제로 한다. 이른바 푸코(M. Foucault) · 들뢰즈(G. Deleuze) · 라캉(J. Lacan)의 주장이 관심을 끌고 그 배경 이론으로서 스피노자(B. Spinoza) · 니체(F. Nietzsche) · 쇼펜하우어(A. Schophenhauer)가 주목받는 것도, 그리고 새삼스럽게 노자(老子)와 장자가 다시 논의되는 것도 그러한 이유일 것이다. 이것은 인간 본성의 문제가 삶의 문제와 필연적으로 연관되어 있음을 보여주는 것이고, 그와 같은 삶의 문제를 해결하고 극복하는 방향 또한 본성론적 논의뿐만 아니라 구체적인 사회경제적 삶의 원리 자체를 근본적으로 비판하고 모색함으로써 가능한 것임을 보여주는 것이다.[2] 그래서일까? 아헨바흐(G. B. Achenbach)가 1981년 5월에 시작한 철학상담은 철학실천의 대표적인 경우에 속한다. 우리 삶은 인간 본성에 따른 치열한 문제의 연속이기 때문에, 상황 변화에 따라 적절히 대응할 줄도 알아야 한다. 이러한 점에서도 '나'는 삶의 주체이자 동시에 독립된 사고 주체가 되어야 한다. 개인의 자유와 책임을 중요하게 여기는 현대인은 실존적 삶에 필요한 철학적 지혜도 결국 '나' 스스로 찾아야 한다. 여기에 철학상담이 도움을 줄 수 있다. 상담과 대화를 잘 훈련한 철학자는 철학의 문외한인 일반인을 위해 '스스로 철학하기'에 도움을 줄 수 있을 것이다.

오늘날 우리는 어디에서나 손쉽게 '마음'과 'Healing', 'Therapy', 'Care' 등 삶과 연계된 다양한 문구와 홍보물, 매체를 접한다.[3] 말 그대로 'Change your life.'를 쏟아 낸다고 해도 과언이 아닐 것이다. 그렇다면 우리는 누구나 쉽게 그렇게 될 수 있을까? 우리는 오래전부터 수많은 규범 속에서 살아왔다. 아주 어렸을 때부터 이른바 사회화의 과정을 거치면서 자신의 욕망을 실현하는 것이 규범에 어긋나지 않도록 교육받는다. 그런 교육 과정을 잘 수행한 사람은 착하고 도덕적이라고 평가받는다. 그런데 학교나 사회에서 권장하는 도덕적 인간형을 보면 느낌이 어떤가. 말 잘 듣고, 일상과 이성에 익숙한 사람, 딱히 이런 사람을 비난하지는 않더라도 때로는 답답하다는 생각이 들 것이다. 그것은 아주 자연스러운 생각이다. 도덕은 이념과 구체적 규범을 통해서 인간의 욕망을 길들이려고 하지만, 과연 그럴까? 아무리 잘 통합된 사회라도 개인의 욕망을 하나로 통합하지는 못한다. 그래서 우리는 욕망의 자유로운 실현, 곧 자유 갈망과 도덕적 강제가 충돌하는 경우를 종종 경험한다. 사실 욕망은 모든 실천의 동력이다. 인간이 도덕적으로 성장할 수 있는 것도 도덕적으로 성장하려는 욕망이 작용한 결과이다. 인류의 역사를 보면 욕망이 다양하게 발전하고 그에 상응해서 욕망을 실현하는 방법이 발전함에 따라 사회와 문화가 발전했다는 사실을 발견할 수 있다. 곧 욕망의 자유로운 실현을 도모하고, 그것을 억압하는 모든 외적 형식을 타파하는 것은 사회 발전의 중요한 조짐[4]으로 보기도 한다.

따라서 『장자』[5] 「내편(內篇)」을 텍스트(Text)[6]로 함으로써 장자적 사유(思惟)와 언명(言明)을 통해 단순히 그 철학상담의 의미를 넘어 철학상담에서 효용 가치를 살펴보고자 한다. 이는 철학상담에서 내담자뿐만 아니라 상담자를 위해서도 『장자』가 매우 유익한 텍스트 중의 하나이기 때문이다. 물론 다변화하는 세계와 삶 속에서 중심을 잃지 않고, 자연 본성을 잃지 않기 위해서도 누구에게나 상담자, 그리고 내담자로서의 위치는 잠재해 있다고 볼 수 있다.

2. 철학상담과 텍스트

철학상담이란 무엇인가? 이는 삶의 처방전 역할을 할 수 있는가? 철학상담을 한마디로 규정하기는 어렵다. 그러나 대체로 철학상담은 내담자 자신이 처한 삶의 문제를 해결하기 위해 철학적 사고를 수행할 수 있도록 돕는 일련의 과정으로 요약된다. 달리 말하면, 철학상담이란 진단과 처방을 통해 마음의 병을 고치는 심리상담이나 정신의학 상담과는 다르다. 자유롭고 개방된 대화를 통해 자기 삶의 조건을 향상시킬 수 있는 능력, 즉 '자기 치유(self-treatment)'의 능력이 내담자 자신에게 있음을 내담자에게 분명하게 알려줌으로써 내담자 스스로 자신이 처한 고통스런 상황을 의미 있는 상황으로 변할 수 있도록 창조적인 사고를 하는 과정이다. 따라서 철학상담이 추구하는 근본 목적은 내담자가 상담자와 자유로운 대화를 통해 내담자 자신이 지금까지 해결하지 못해 고통스러웠던 삶의 문제를 새로운 관점에서 스스로 성찰하고 이해할 수 있도록 도와주는 것이다. 그래서 내담자가 삶의 생기를 되찾아 자신이 처한 현재 상황을 부정하지 않고 수용해 스스로 도약할 수 있도록 독려하는 데 있다.[7]

현대 철학자인 러셀(B. Russell, 1872-1970)은 "철학은 여러 과학들의 기본 개념을 명확하게 하며 상이한 과학들을 종합하여 세계에 대한 하나의 종합적 견지를 가지는 지식"이라고 말하고, 분트(W. Wundt, 1832-1920)는 "특수과학에서 얻은 인식을 모순 없는 체계로 통일해 과학에서 사용되는 인식 일반의 방법과 가정을 그 원리에 귀속시킬 수 있는 보편학"을 철학이라고 말한다.[8] 철학은 학문에서나 삶의 지혜에서나 확실성을 향한 비약이라기보다는 불확실성에 대한 줄기찬 대결이자 끝없이 되묻고 되묻는 반성적 비판 그리고 형성의 작업인 것이다. 이러한 측면에서 슐리크(M. Schlick, 1882-1936)는 “항상 처음부터 다시 시작하지 않으면 안 된다.”는 것이 철학자가 하는 일의 특성이며, 야스퍼스(K. Jaspers, 1883-1969)는 철학이란 언제나 “길 위에 있는 것(Sein auf dem Wege)”, 실러(F. Schiller, 1759-1805)는 “영원히 만족할 만한 철학 체계는 없다 하더라도 철학적 욕구는 영원히 지속할 것”이라고 말한다.[9] 그럼에도 우리의 일상적인 태도와 생각은 설사 깊고 넓다 하더라도 종종 자의적(恣意的)이고 독단적(獨斷的)이며 정리되지 않은 채 복잡하게 얽혀 있는 경우가 많다. 철학은 무엇보다 그것들을 체계적이고 일관성 있게 조직하여 우리가 직면하는 삶의 문제들을 합리적이고도 지혜롭게 해결할 수 있도록 도와줄 수 있다. 왜냐하면 철학한다는 것은 의지를 가지고 진지하고 엄밀하게 또 철저하게 사고하고, 문제의 본질을 통찰하여 그 해결책을 논리적이고도 합리적인 형식으로 제시한다는 것을 의미하기 때문이다. 다시 말해 우리는 철학을 통해 문제점을 명확히 하고 선택해야 할 사실을 구별하여 더 나은 판단을 내릴 수 있는 능력을 키울 수 있다. 그러한 능력을 갖출 때에야 비로소 우리는 직접 문제에 접해서 자신의 태도의 옳고 그름을 구별할 수 있다. 철학함으로써 우리는 또 잘못된 것을 옳다고 주장하거나 사소한 것에 만족해 버리는 태도를 버릴 수 있다. 이러한 태도를 불식하려면 고정 관념을 맹목적으로 용인하지 않고 오로지 모든 가정과 방법, 비판적인 구분 기준이나 준거를 끈질기고 조직적으로 탐구해야 한다. 철학적 태도는 인생에서 중요한 문젯거리를 합리적으로 사유하고 해결할 수 있게 한다는 점에서 일종의 삶의 처방전이라고 말할 수 있다.[10]

일찍이 정신병리학과 실존철학을 융합하여 자신만의 독특한 진단과 치료를 시도하였던 야스퍼스는 철학의 사명이 실존의 위기를 진단하거나 분석하는 데서 한 걸음 더 나아가 진단을 토대로 한 치료를 고민해야 한다고 역설하기도 했다. 그리고 삶의 병리적 현상들을 진단하고 처방하는 철학으로서 임상철학의 필요성도 강조했다. 치료는 마음의 안정을 찾기보다는 삶의 의미가 무엇인지를 깨닫도록 하는 것이다. 여기에서 말하는 '삶의 의미'란 어떤 상황을 판단하는 기준이라기보다는, 자기 존재의 지향을 가리킨다. 인간은 자신의 주관을 벗어나 객관과 현실 세계와 대면할 수 있는 존재이다.[11] 그러므로 '삶의 의미'가 사람마다 다르게 나타나며, 문화나 상황에 따라서도 달라진다. 그런 만큼, 치료자는 환자가 느끼는 삶의 의미에 어떤 구체적인 답을 제시할 수 없다. 그럼에도 동양에서 '치유'는 마음을 다스리는 데 근본을 두고, 스스로 자신을 지키는 것을 의미했다. 왜냐하면 삶을 통해 빈번히 부딪치는 다양한 상황과 갈등의 문제를, 그것이 정신적이든 육체적이든 수양론(修養論)으로 스스로 해결하려는 태도를 끊임없이 견지(見地)했기 때문이다.

삶의 문제에 총체적이고도 근본적인 해결을 추구하면서도 철학과 전혀 다른 이른바 신앙의 방식으로 확고부동한 답변을 제시하는 또 다른 문화 양태가 있다. 그것이 종교이다. 사실상 종교는 우주와 인간의 근원에 대한 의문이나 죽음의 공포, 작은 도덕적 자책이 가져다주는 괴로움에 이르기까지 삶의 영역 전반에 관한 근원적이고도 총체적인 답변을 제시해 준다. 그러나 종교에서 진리는 이성적인 숙고를 통해 얻어지는 철학적 진리와는 다른 의미의 진리라고 할 수 있다. 그것은 오히려 이성이 좌초(坐礁)하고 합리성이 단절된 시점에서 지정의(知情意)를 총망라한 이성 저 너머로의 총체적 비약, 이른바 믿음이나 깨달음을 통해서 얻어지는 진리이다. 그럼에도 인간이 종교로 다가서는 이유는 문제 상황 자체를 근원적으로 해소할 수도, 그렇다고 회피하거나 포기할 수도 없는 인간 삶의 근원적인 특성 때문일 것이다.[12] 그런데 인간의 가치 갈등에서 비롯되는 고통과 불안은 신체적 문제나 심리적 문제로 환원해 다룰 수 없는 부분이 존재하기도 한다. 이런 맥락에서 본다면, 기존의 정신치료나 심리치료의 상담법과는 다른 상담이 필요하다. 바로 여기에 가치론적 고민을 집중적으로 논의하는 철학적 상담이 필요한 것이다. 인간은 단순히 신체적이고 심리적인 사실법칙의 지배를 받는 차원을 넘어 가치론적 차원을 고민하며 살아가는 존재이고, 또 이러한 상황에서 고통과 불안이 발생한다면, 이 영역은 분명 철학적 활동의 분야라고 할 수 있다. 매리노프(Marinoff)는 이런 맥락에서 상담을 심리적 상담 · 정신분석적 상담 · 정신의학적 상담 · 철학적 상담으로 분류하고, 특히 가치론적 차원과 관련해 철학적 상담이 중요함을 주장한다.[13]

그러므로 철학상담은 특정한 철학자의 관점에 서서 철학 원전의 내용을 활용해 내담자의 문제를 해결할 수 있는 통찰을 찾아내는 방식으로 할 수도 있고, 특정 철학자의 관점을 동원하지 않고 내담자의 비판적 사고력을 증진시킴으로써 문제의 해결책을 찾아내는 방식으로 할 수도 있다. 전자의 경우, 철학자가 자신이 전공하는 철학자에 따라 다양한 내용으로 철학상담을 할 수 있는 장점이 있다. 그런데 이보다 먼저 철학상담의 방법으로 연구되어야 하는 것은 '비판적 사고 교육'을 통한 철학상담이다. 무엇보다 비판적 사고 교육은 내담자의 자기 성찰력이나 판단력을 신장시켜 스스로 문제를 해결하도록 하는 데 결정적인 역할을 할 수 있다는 장점이 있다. 또한 비판적 사고는 철학의 핵심이기 때문에 비판적 사고를 활용하는 철학상담은 철학상담의 정체성을 확고히 하는 바탕이 될 것이라는 중요한 장점도 있다.[14] 일반적으로 장자는 언어와 현실을 부정하는 것으로 볼 수 있다. 그러나 실제로는 언어와 현실 자체를 매우 긍정한다. 당시 시대 상황과 비추어 봐도 장자는 직설적 화법을 사용하거나 인위적 동의를 요구하지 않는다. 장자는 이를 근본적으로 부정하는 것이 아니라 절대 자유를 추구하는 방법이 무엇인지를 긍정적으로 탐색한다.

3.『장자』와 철학상담

“『장자』와 철학상담이 관련이 있기는 한 걸까?” 하는 의문이 종종 제기된다. 이는 오늘날 『장자』의 텍스트화와 그 철학상담적 의미를 논의하는 것이 더욱 필요함을 의미한다.[15] 그것은 오늘날 대중의 다양한 욕망과 환상, 삶의 문제에도 시사하는 바가 매우 크다고 볼 수 있다. 장자가 말하는 자유(自由), 자연(自然)[16]의 경지가 문제 상황의 극복이라고 할 수 있기 때문이다. 특히, 『장자』「내편」은 ‘구속이 없는 절대의 자유로운 경지에서 노님[逍遙遊], 만물을 고르게 함[齊物論], 참된 삶을 누리게 함[養生主], 사람 사는 세상[人間世], 덕(德)이 충만하여 드러남[德充符], 크게 중심으로 삼을 스승[大宗師], 제왕이 되기에 알맞음[應帝王]’[17]으로 구성되어 있다.

장자는 “우언(寓言)은 열 가운데서 아홉이고 중언(重言)은 열 가운데서 일곱이며 치언(巵言)은 날마다 생겨나 시비를 초월한다”[18]고 했다. 그리고 그는 “치언은 앞뒤가 안 맞는 말을 써서 무궁한 변화에 순응하고, 중언은 사람들이 존중하는 옛사람의 말을 써서 진실이라 믿게 하며, 우언은 다른 것을 빌려 비유한 말을 써서 세상에 알렸고 홀로 천지의 정신과 오가며 만물을 얕보지 않고 시비를 가려 꾸짖지 않으며 다만 세속을 따라 동화(同化)되었다”[19]고 했다. 이러한 구성은 전달하고자 하는 뜻을 직접 표현하지 않고 여러 가지 비유법, 상징법 등 간접적인 방법을 써서 상대방으로 하여금 그 언어 매개 너머에 있는 화자(話者)의 진의(眞意)를 알게 하는 소통의 표현법이다. 물론 언어나 문자가 의미를 전달하는 방법은 한계가 있다. 그러나 장자는 그러한 한계성을, 『장자』 전편(全篇)을 통해서도 알 수 있듯이, 수많은 인물과 가상의 존재, 자연물을 무대 위 배우처럼 등장시켜 대화를 통해[20] 은유(隱喩)의 표현으로 넘어서고자 하였다. 그래서 장자는 이들을 통해 우리로 하여금 천지만물의 도(道)와 조화되는 건강한 삶, 진정한 자연과 소통하는 삶을 살기를 원했다고 볼 수 있다. 이것은 노자가 말한 '무위이무불위(無爲而無不爲)'의 도와 '소요유(逍遙遊)'하는 정신적 절대 자유인 장자의 도를 의미한다고 볼 수 있다. 특히 장자는 무위자연(無爲自然)의 도와 하나가 되어 무한한 자유의 '정신경계(精神境界, 境地)'[21]에서 소요유하는 것을 삶의 궁극적 목표로 보았다. 이것이 오늘날 일컫는 철학상담의 또 다른 표현이자 귀결점이라고 할 수 있다. 즉 『장자』 속의 한 구절, 한 구절들은 이미 2,300년 전부터 삶의 질곡(桎梏)을 우언(寓言)으로 보여주려 했던 것 아닌가.

> 사람은 습한 데서 자면 허리 병이 생겨 반신불수로 죽지만 미꾸라지도 그렇던가? 나무 위에 있으면 사람을 떨고 무서워하지만 원숭이도 그렇던가? 이 셋 중 어느 쪽이 올바른 거처를 알고 있는 걸까? 또 사람은 소, 돼지 따위의 가축을 먹고, 순록은 풀을 먹으며, 지네는 뱀을 먹기 좋아하고, 올빼미는 쥐를 먹기 좋아한다. 이 넷 중 어느 쪽이 올바른 맛을 알고 있다고 하겠는가. 암 원숭이는 긴 팔 원숭이가 짝으로 삼고, 순록은 사슴과 교배하며, 미꾸라지는 물고기와 논다. 모장이나 서시는 사람마다 미인이라고 하지만, 물고기는 그를 보면 물속 깊이 숨고, 새는 그를 보면 하늘 높이 날아오르며, 순록

은 그를 보면 기운껏 달아난다. 이 넷 중 어느 쪽이 이 세상의 올바른 아름다움을 알고 있을까? 내가 보기에는 인의의 발단이나 시비의 길은 어수선하고 어지럽다. 그런데 어찌 내가 그 구별을 알 수 있겠나.[22]

장자는 "만약 천지 본연의 모습을 따르고 자연의 변화에 순응하여 무한의 세계에 노니는 자가 되면 대체 무엇에 의존할 것이 있겠는가? 그래서 지인에게는 사심이 없고, 신인에게는 공적이 없으며, 성인에게는 명예가 없다."[23]고 한다.

그리고 "도란 본래 한계가 없고 말이란 애초 일정한 의미 내용이 없다. 그렇기 때문에 구별이 생기게 된다. 그 구별을 말해 보자. 사물에는 좌와 우가 있고, 말에는 대강과 상세가 있으며, 생각에는 분석과 유별이 있고, 다툼에는 앞 다툼과 맞 다툼이 있다. 이것을 여덟 가지 덕, 즉 도에서 떠나 얻어진 것이라 한다."[24]고 했다. 철학상담은 내담자가 스스로 마음의 주인이 되는 자각과 더불어 올바른 주인 노릇을 하는 행위를 함께 하게 함을 포함한다. 이는 마음의 주인이 주체화하게 되는 철학상담의 출발이며, 궁극적 목표이기도 하다. 그렇다면 상담자는 이를 구체적으로 어떻게 이끌어 주며, 내담자는 이를 어떻게 실행해야 할 것인가? 유소감(劉笑敢)은 '심재(心齊)'·'좌망(坐忘)'·'조철(朝徹)'·'견독(見獨)'을 통해 이룰 수 있는 수양법(修養法)을 다음처럼 언급했다.

'심재'는 정신적인 자유를 획득하는 중요한 과정으로서 자유 경계에 들어가기 위한 필수적인 자아 수양이다. …… '좌망'도 정신적인 자유를 획득하는 수양 방법으로서 좌망의 경계에 도달하면 "몸을 이탈하고 지혜를 버려서 대통(大通)에 같아질 수 있으니", "일체를 망각하여 거리낌이 없고 장애가 없는 자유세계로 들어간다. '조철'은 천하를 잊고 만물을 잊고, 생을 잊는 수양을 점점 거쳐서 암흑으로부터 갑자기 광명으로 나가는 체험에 도달한다. '견독'은 우주의 근본과 만물의 절대를 보게 되는 것이니 역시 체도(體道)한 것이다. 앞에서 말한 것들은 모두 정신적인 자유에 대한 추구와 체험을 가리킨다.[25]

따라서 철학상담의 요체(要諦)는 바로 자존적(自存的), 자생자화(自生自化)하게 해야 한다는 점이다. 장자는 이처럼 '심재'와 '좌망' 등의 실천적 정신수양 과정을 거침으로써 자유의 정신경계로 체인(體認)함으로써 성취될 수 있다고 보았다.[26] 「양생주(養生主)」의 두 우화를 보자.

우리의 삶에는 끝이 있지만 지식은 끝이 없다. 끝이 있는 것으로 끝이 없는 것을 따르면 위태로울 뿐이다. 그런데도 지식을 추구하면 위태롭게 될 뿐이다.[27]

공문헌은 벌을 받아 외발이 된 우사를 보자 놀라서 말했다. "아니 이건 어찌된 사람인가? 어째서 외발이 되었는가? 하늘 탓인가, 사람 탓인가?" 우사는 대답했다. "하늘 탓일세. 사람 탓이 아니야. 하늘이 나를 낳아 외발로 만들어 주었네. 사람의 형태에는 누구에게나 두발이 있게 마련이지. 이것으로도 내 외발이 하늘 탓이지, 사람 탓이 아님을 알 수 있단 말일세." 못가의 꿩은 열 걸음 걸어서 한 입 쪼아 먹고, 백 걸음 걸어서 한 모금 마시지만, 새장 속에서 길러지기를 바라지 않는다. 새장 속에서는 먹이가 충분하여 기력은 왕

성하겠지만 속이 편하지 못하기 때문이다.[28]

첫 번째 인용문은 「양생주」의 첫 내용이다. 여기서 지식은 장자가 말하는 도나 초월의 경지가 아닌 우리네의 지식을 향한 끝없는 욕망과 분별심(分別心)을 말한다. 그리고 두 번째 인용문에서 공문헌이 '오호개야(惡乎介也)'라고 묻는 것으로 보아 공문헌은 우사가 벌을 받아 한쪽 발을 잘린 것을 이미 알고 있었던 것 같다. 개(介)는 곧 월(刖)을 의미한다. 월은 발꿈치를 칼로 잘라 내는 옛 중국의 다섯 가지 큰 형벌 가운데 하나이다. 일반적으로 우리는 공문헌처럼 타인의 아픈 곳을 들추어낸다. 그러면 우리는 우사가 공문헌의 물음에 사람 탓이라고 했다면 그 둘은 어떻게 되었을지 상상이 될 것이다. 그러나 우사는 하늘의 탓이라고 함으로써 또 다른 다툼을 예방한다. 대게 사람은 하늘이 낳았다고 하지만 그 사람의 발을 잘라 낸 것은 사람의 행위임이 분명한데 왜 우사는 하늘의 탓으로 돌렸단 말인가? 우사는 인위(人爲)의 병폐를 우회적으로 말하는 것은 아닌가. 참된 삶을 누리고자 하는 것이 양생의 의미이다. 그래서 「양생주」의 주(主)는 그런 삶을 누리게 하는 요체, 스스로 주인됨을 말한다. 자연의 이치에 따르는 것이 마음의 양생임을 말한다. 마음이 편한 것보다 더 확실한 양생의 주가 있겠는가. 그러나 오늘날 마음보다 내 몸의 안위(安慰)를 더 중히 여기는 세상에서 장자의 양생주는 헛소리처럼 들릴 수 있다. 그러나 아무리 몸이 건강해도 마음이 편치 못하다면 늘 불안해 하며, 밤잠도 설쳐 가며, 몸마저도 해칠 수 있다. 그렇다고 마음고생 하느라 잠 못 이룬다고 수면제를 복용하며 살아야겠는가.

장자가 말하는 철학상담의 또 다른 방법은 무엇인가? 「인간세(人間世)」에 나오는 '화지이추(畵地而趨)'를 보자.

> 공자가 초나라에 갔을 때, 초나라의 광접여는 그가 머문 집 문 앞을 오가며 노래했다. "봉새여, 봉새여, 어째서 네 덕이 약해졌느냐. 앞날은 기대할 수 없고 지나간 날은 쫓을 수가 없다. 천하에 도가 있으면 성인은 이룩하지만, 천하에 도가 없으면 성인은 살아갈 뿐이다. 지금 이 세상에서는 형벌을 면하는 게 고작일 뿐, 행복은 깃털보다 가벼워도 담을 줄 모르고, 재앙은 땅보다 무거워도 피할 줄을 모른다. 그만두게, 그만둬. 도덕으로 사람을 대하는 짓은. 위험하네, 위험해. 땅에 금 긋고 허둥대는 따위 짓은. 가시여, 가시여. 내 가는 길 막지 마라. 내 가는 길은 구불구불, 발에 상처를 내지 마라. 산의 나무는 스스로 자기를 베게 만들고, 등불은 스스로 제 몸을 태운다. 계수나무는 계피를 먹을 수 있어서 베어지고, 옻나무는 쓸모 있어 쪼개진다. 사람들은 모두 쓸모 있는 것의 쓸모는 알아도 쓸모없는 것의 쓸모를 모른다네."[29]

위 인용문에 접여는 공자를 향해 유명한 '화지이추'를 남겼다. '땅에 금을 그어 놓고[畵地] 그 금 안에서만 뱅뱅 달린다[趨].'는 것이 그것이다. 오늘날 현대인의 자화상(自畵像)을 보여주는 듯하다. 다람쥐 쳇바퀴를 도는 모습과 같다. 여기서 '화지이추'란 공자가 세상을 향해 주장했던 인의예지신(仁義禮智信)을 말하고자 한 것은 아닌가. '인간세'란 사람이 사는 세상을 말한다. 『장자』의 편명에서도 알 수 있듯이 인간세는 세상과 삶을 되새기게 한다. 간혹 우리는 장자가 어지럽고 타락한 세상을 피해 편안히 살라고 한 것은 아닌지 의문을 갖기도 한다. 그러나 장자는 결코 세상을 피해 숨어 살라고 하지 않는다. 낮은 자리, 낮은 신분과 능력을 가졌더라도 마음 편히 사는 길이 있다는 것이 장자가 강조한 무위자연(無爲自然)이다. 그런데 속세를 피해 나 홀로 사는 것은 더 쉬워 보일 수 있고 함께 더불어 살면서 마음 편히 사는 일은 더 어려울 수도 있다. 그럼에도 장자는 인간세를 통해 함께 더불어 살면서 어떻게 살아야 마음 편히 사는지를 밝혀 주려 한다. 세상 삶을 살면서 몸은 건장하지만 마음이 편치 않음과 몸은 불편하지만 마음은 편함은 어떻게 헤아릴 수 있는가?「인간세」의 지리소(支離疏)를 살펴보자.

> 지리소라는 사람은 턱이 배꼽에 숨으며 어깨가 정수리보다 높으며 목덜미 뒤의 상투가 하늘로 뻗었으며 오장의 경혈이 위로 향해 있으며 넓적다리 두 개가 갈비뼈와 이어져 있었다. 그러나 그는 옷을 꿰매고 빨래를 하여 충분히 호구하며 산가지를 흔들고 잘 고른 쌀을 흩뿌리며 점치는 일로 충분히 열 사람을 부양하였다. 정부에서 징병하게 되면 지리소는 소매를 걷어붙이고 그 사이에서 왔다 갔다 했다. 정부에서 큰 역사가 있게 되면 지리소는 장기적인 질환이 있는 탓으로 일을 배당받지 않고 정부에서 병든 사람들에게 곡식을 나누어주거든 세 종류의 쌀과 열 묶음의 땔나무를 받았다. 무릇 그 형체를 잊은 사람도 오히려 충분히 그 몸을 부양하여 그의 자연수명을 다하거늘 또한 하물며 그의 덕을 잊은 사람이랴![30]

위의 인용문은 지리소[31]라는 불구자를 등장시켜 자기의 외형적 조건을 의식하지 않고도 자연 수명을 다 누릴 수 있듯이 지극한 덕(德)이 있으면서도 그것을 의식하거나 내세우지 않음으로써 자기 생명을 온전히 가꾸어 갈 수 있는 길이 있다는 것을 시사한다.[32] 몸이 온전치 못해도 몸을 보전해 천명(天命)을 유지할 수 있듯이 지리소는 자기 몸이 허락하는 대로 열심히 일해서 먹고살았다. 비록 불구의 몸이었지만 그 덕에 부귀영화나 명성, 야망 따위를 꿈꾸지 않는 자유를 누렸다. 몸이 성한 세상 사람들은 그런 지리소를 두고 비웃겠지만 덕이 지극한 사람은 오히려 지리소가 누리는 삶을 소중하고 귀하다고 여길 것이다. 일반적으로 질병과 불편함은 각각 신체적 통증(pain)과 마음의 괴로움(suffering)을 초래한다. 모든 질병이 즉각적으로 통증을 불러일으키지는 않지만, 통증은 신체에 이상이 생겼음을 뜻한다. 그래서 통증이 크면 병에 걸린 것이 확실하다. 마음의 괴로움은 어떠한가? 이것은 질병에 기인할 수도 있고 불편함에 기인할 수도 있다.[33]

『장자』「내편」에는 지리소와 유사한 많은 장애를 가진 이들이 등장한다. 「덕충부(德充符)」[34]의 기인(奇人)이나 장애를 가진 이들을 통해 철학상담에 유용한 '불언지교(不言之教)'와 '성망(誠忘)'의 방법적 모색을 하면서 음미(吟味)해 보자.

> 노나라에 발 하나가 잘린 왕태라는 이가 있었다. 매우 덕망이 높아서 그를 배우는 자가 중니의 제자와 맞먹을 정도였다. 그래서 상계가 중니에게 물었다. "왕태는 외발이입니다. 그런데 그를 따라 배우는 자가 선생님의 제자와 노나라를 반씩 잘라 가질 정도입니다. 그는 서 있어도 가르치지 않고, 앉아 있어도 의논하는 일이 없는데, 빈 마음으로 찾아갔던 자가 무언가를 가득 얻고 돌아옵니다. 본래 말 없는 가르침이라는 게 있어서, 겉으로 드러나지는 않아도 속으로 완성된 마음을 지닌 자가 아닐까요? 그는 어떤 사람일까요?" 중니가 대답했다. "그분은 성인이야. 나는 다만 꾸물대다가 뒤져서 아직 찾아뵙지 못하고 있을 뿐이다. 나도 장차 스승으로 삼으려 하는데, 하물며 나만도 못한 사람들이야 더 말할 게 있겠느냐. 노나라 사람뿐이 아니라 나는 온 천하 사람을 이끌고 그를 따르려고 한다." 상계는 말했다. "그는 한쪽 발이 잘린 병신인데 선생님보다도 덕이 훌륭하다고 합니다. 보통 사람들

보다야 훨씬 뛰어날 겁니다. 이런 사람은 그 마음가짐을 대체 어떻게 지니고 있는 것입니까?" 중니가 대답했다. "죽음과 삶 역시 중대한 일이다만 그 변화와 함께 변하는 일이 없고, 하늘이 뒤집히고 땅이 꺼져도 또한 그는 함께 떨어지지 않는다. 진리를 잘 깨닫고 있어서 사물과 함께 변하는 일이 없으며, 사물의 변화를 자연의 운명으로 알고 그대로 따르면서도 도의 근본을 지켜 나가고 있는 것이다." 상계는 말했다. "그건 무슨 뜻입니까?" 중니가 대답했다. "서로 다른 입장에서 본다면 한 몸 안에 있는 간과 쓸개도 멀리 떨어진 초나라와 월나라 같고, 같은 입장에서 본다면 만물은 모두 하나이다. 무릇 이 왕태와 같은 자는 귀나 눈이 좋아하는 것 따위를 모르며, 마음을 덕의 조화된 경지에서 노닐게 하여, 만물에 대해 그 동일한 것을 보고 외형상의 변화를 보지 않는다. 그러니 그 발을 잃은 일 따위는 흙을 떨어 버리는 정도로 밖에 생각하지 않는다네." 상계는 다시 말했다. "그는 스스로를 수양함에 있어서 자기의 지혜로 그 마음을 터득하고, 스스로의 마음으로 그 변함없는 본심을 터득했습니다. 그러고 보면 그것은 자기 자신을 위해서 한 수양인데도 세상 사람들이 그에게 모여드는 까닭이 어디에 있습니까?" 중니가 대답했다. "사람은 흐르는 물을 거울삼지 않고 잔잔하게 가라앉는 물을 거울삼는다. 잔잔하게 가라앉았기 때문에 다른 모든 가라앉은 것을 잔잔하게 할 수 있다. 그의 경우도 마찬가지다. 삶을 대지로부터 받은 것 중에 오직 소나무와 측백나무만이 정기를 지니고 겨울이건 여름이건 푸르다. 이와 마찬가지로 삶을 하늘에서 받은 것 중에는 오직 순임금만이 정기를 지니고 다행히도 올바른 마음으로 능히 뭇사람의 마음을 저절로 올바르게 할 수 있다. 대체로 도를 옳게 지키면 세상 일을 두려워하지 않게 된다. 용사가 혼자서 용감하게 적의 대군 속으로 쳐들어가는 일이 있다. 기필코 용명을 떨치게 되리라 믿는 자도 그런데, 하물며 천지를 뜻대로 다루고 만물을 내 것으로 삼으며, 육체를 한갓 객사로 여기고 귀와 눈을 가상으로 알며, 모든 지적 인식을 통일시켜서, 정신적으로 죽음을 초월한 자가 무엇을 두려워하겠느냐. 그가 길일을 택해 하늘로 오르려 하므로 사람들이 그를 좇는 모양이다. 그가 감히 사람들을 모으려는 따위 생각을 어찌 하겠느냐."[35]

위 인용문을 그대로 옮긴 것은 철학상담에서 상담자와 내담자 간의 대화의 모습이나 내담자 스스로 깨우치게 하는 소크라테스식 산파술(産婆術)의 또 다른 모습을 보여주기 위함이다. 당시 무도(無道)한 세상은 종종 후덕(厚德)한 자를 벌하려고 했다. 왜냐하면 부덕(不德)한 자의 눈에는 후덕한 사람이 거슬릴 수 있기 때문이다. '빛 좋은 개살구'라는 말이 있다. 겉보기는 근사하지만 마음 씀씀이는 그러지 못해서 부정한 짓을 일삼는 인간들이 얼마나 많은가. 공자의 제자로 나오는 상계는 지금 왕태의 겉만 보고 판단하지만 그 마음속은 볼 줄을 모르고 있다. 상계는 올(兀)이라는 형벌이 하늘의 뜻이 아니라 인간의 짓인 줄 모른다. 부덕한 세상이 후덕한 왕태를 벌했지만 하늘이 어찌 왕태를 버리겠는가. 그래서 장자는 상계를 통해 공자의 말을 빌려서 '허이왕(虛而往) 실이귀(實而歸)'를 묻게 하고 있다. '허이왕'에서 '허'는 덕이 없다는 의미이며, '왕'은 왕태를 찾아왔다는 것이다. 그리고 '실이귀'에서 '실'은 덕을 가득 채웠다는 의미이며, '귀'는 왕태의 가르침을 받고 떠났다는 말이다. 공자는 부덕한 인간이 왕태를 찾아왔다가 후덕한 인간으로 변해서 떠나게 하는 왕태의 가르침을 '불언지교'라고 제자에게 가르쳐 준다. 왕태는 말하지 않고 가르친다. 불언지교는 세상의 지식을 가르치는 것이 아니라 바로 상덕(常德)을 가르친다는 말이다. 결국 위 인용문에서처럼 장자는 왕태를 만나면 부덕한 인간이 후덕한 인간으로 변할 수 있음을 말해준다.

이번에는 '숙산무지(叔山無趾)'의 우화를 보자.

노나라에 발 하나를 잘린 숙산무지라는 이가 있었는데, 한 번은 다리를 비비적거리면서 중니를 만나러 왔다. 중니가 말했다. "그대는 근신하지 않아서 전에 죄를 짓고 이 꼴이 되었소. 그러니 지금 와 봤자 이미 늦었소." 무지는 대답했다. "저는 다만 도를 힘써 배울 줄도 모르고 경솔하게 처신하여 이렇게 발을 잃었습니다. 지금 제가 온 까닭은 발보다 귀한 것이 남아 있기 때문이며, 그것을 온전하게 하고 싶어서 입니다. 대저 하늘은 모든 것을 덮어 주고, 땅은 모든 것을 실어 줍니다. 저는 선생님을 하늘이나 땅같이 마음이 넓은 분으로 여겨 왔는데, 선생님이 이럴 줄은 몰랐습니다." 공자가 "내가 생각이 좁았소. 자, 안으로 들어오시오. 내가 듣고 아는 바를 말하겠소."라고 했으나 무지는 나가 버렸다. 그러나 공자는 제자들에게 말했다. "너희들도 배워라. 저 무지는 발이 잘린 불구자지만 그래도 애써 배워서 지난 잘못을 보상하려 하고 있다. 하물며 아무 결점이 없는 너희들이야 더욱 그래야 할 것이 아니겠느냐." 무지가 노담에게 말했다. "공구는 지인에 이르려면 아직 멀더군요. 그는 어째서 자꾸만 당신한테 배우려 할까요? 그는 매우 기괴한 명성을 바라고 있겠지만, 지인은 그것을 스스로를 묶는 수갑이라고 여긴다는 점을 모릅니다." 노담이 말했다. "죽음과 삶을 하나로 보고, 옳다 옳지 않다를 한가지로 여기는 자로 하여금 당장 그 수갑을 풀어 주도록 해보시지요. 그걸 될 텐데요." 무지가 대답했다. "그는 하늘의 벌을 받고 있습니다. 어찌 풀어 줄 수 있겠습니까?"[36]

위 인용문에서 장자는 노자를 통해 무지로 하여금 우화로써 공자의 인위를 비판하게 한다. 인위를 천형(天刑)이라고 한 것이다. 나아가 공자를 공구(孔丘)라고 함으로써 공자를 경시(輕視)하면서 노자를 노담(老聃)이라고 높이 칭하려는 마음을 보여준다. 공자는 무지를 형벌을 받아 불구가 된 자로 보았지만 노자는 무지를 지인(至人)으로 본다. 노자는 무지가 천지를 닮았음을 알았고 공자는 몰랐던 것이다. 대부분 도가(道家)에서 말하는 천지(天地)란 자연의 또 다른 의미이며, 자연이 하는 일을 '무위'라고 한다. '천무불복(天無不覆) 지무불재(地無不載)'를 무위로 보기도 한다. 하늘과 땅은 무엇이든 다 같이 덮어 주거나 실어 준다. 그런데 우리는 인위와 개인의 욕망, 외물(外物)로 빚어진 세상의 질곡(桎梏)에서 자유로울 수 있겠는가. 그렇다면 '인기지리무신(闉跂支離無脤)과 옹앙대영(甕盎大癭)'[37]을 통해 '성망'의 의미를 살펴보자.

> 인기지리무신이 위나라 영공에게 의견을 말했더니, 영공은 기뻐했다. 그런 뒤로 그는 온전한 사람을 보면 그 목이 야위고 가냘프게 보였다. 옹앙대영이 제나라 환공에게 의견을 말했더니, 완공은 기뻐했다. 그런 뒤로 그는 온전한 사람을 보면 그 목이 야위고 가냘프게 보였다. 그러므로 내면의 덕이 뛰어나면 외형 따위는 잊게 되고 만다. 그러나 세상 사람들은 그 잊어야 할 외형의 것은 잊지 않고, 잊어서는 안 될 내면의 덕에 대한 것은 잊고 있다. 이런 일을 '참으로 잊고 있음'이라 한다. 그러므로 성인은 마음을 자유로이 노닐게 한다. 그리고 일반적인 지식을 화의 근원으로 여기고 예의규범을 갖풀로 생각하며, 항간의 도덕을 교제의 수단으로 알고 기교를 장사 솜씨로 여긴다. 성인은 모략을 하지 않으니 어찌 지식이 필요하랴. 깎고 다듬지 않으니 어찌

갖풀이 소용되랴. 도를 잃음이 없으니 어찌 도덕이 필요하랴. 물건 매매가 없으니 어찌 장사가 소용되랴. 이 모략하지 않고 깎고 다듬지 않으며, 도를 잃지 않고 물건 매매를 잃는다는 네 가지는 자연의 양육이다. 자연의 양육이란 자연이 먹여 살린다는 것이다. 자연이 먹여 살리는데 어찌 또 인위가 필요하랴. 사람의 형체를 하고 있으나 사람의 정을 지니지 않는다. 사람의 형체를 하고 있으므로 사람들과 함께 살지만, 사람의 정이 없으므로 옳다 옳지 않다 하는 판단을 몸에서 구할 수는 없다. 성인이 너무도 작게 보이는 까닭은 사람들 속에 있기 때문이다. 그러나 얼마나 큰가. 홀로 그 자연의 덕을 이룩한 것은.[38]

위 인용문을 통해 알 수 있듯이 인기지리무신과 옹앙대영은 우리에게 스스로 부끄러움을 주려는 것 같다. 세상 사람들은 그 잊어야 할 외형의 것은 잊지 않고, 잊어서는 안 될 내면의 덕은 잊고 있다는 이 우화는 새겨볼수록 매우 의미있다. 마음의 수양보다는 외적 치장(治粧)에 탐닉하며 살아가는 삶이 과연 행복할 수 있겠는가. 어찌 보면 우리는 모두 성망이란 병을 앓고 있는지도 모른다. 잊어야 할 것은 잊지 않고 잊지 말아야 할 것은 잊어버리고 사는 병이 바로 성망이다. 이보다 더 무서운 병이 있겠는가. 마음속 욕망이 나날이 꿈틀대면서 남과 경쟁하듯이 살아가는 요즘, 이 때문에 찾아드는 공허함과 피로감은 어찌 해결할 수 있겠는가. 세상의 말처럼 "마음을 비워라!"가 그리 쉬운 것인가? 성망은 앞서 언급했듯이 '심재'와 '좌망'에 이르는 또 다른 마음 수양법을 말하고 있다. 서복관(徐復觀)은 바로 마음을 비우는 허(虛)에 이르기 위해서 '심재', '좌망'은 다음의 두 조건을 만족 해야 한다고 했다.

> 첫째는 생리적인 면으로부터 생겨나는 욕망을 해소하여 마음이 욕망의 억압과 강요로부터 해방되도록 하는 것이다. 이것은 다른 의미로서는 무용지용(無用之用)에 도달하는 해결 방법이 된다. 실용이라는 관념은 욕망으로부터 말미암은 것이기 때문이다. 따라서 욕망이 해소되면 용(用)은 존재하지 않으며 그때 정신은 자유를 얻는 것이다. 둘째는 대상(物)과 서로 접할 때 지식활동으로 인해 생겨난 시비 판단에 마음에 번거로움을 주지 않도록 하여야 한다. 이렇게 함으로써 마음은 지식에 대한 끝없는 추구에서 해방될 수 있고, 정신의 자유는 더욱 증대된다. 이 때문에 장자는 '심재'를 통해 지식의 속박으로부터 완전히 벗어날 것을 말하며, '좌망'을 통해 지식과 욕망의 속박을 완전히 벗어나야 정신이 철저한 자유를 얻을 수 있다고 한 것이다.[39]

장자는 세상의 사리사욕(私利私慾)의 한계를 비판하고, 세속화된 인간의 이기적 욕망을 지적한다. 인간의 이기적 욕망을 바로 보게 하는 방법이 바로 직관(直觀) 인식에 의한 지각 활동이라고 할 수 있다.[40] 장자는 지리소, 왕태, 숙산무지, 인기지리무신, 옹앙대영이라는 불구자를 통해 자신의 외형적인 조건을 인식하지 않고, 지극한 덕(德)을 가지고 있으면서도 그것을 의식하거나 내세우지 않음으로써 자기 생명을 온전히 가꾸어 갈 수 있는 길이 있다는 것을 제시했다. 오늘날 철학상담도 '철학하기'와 다르지 않다. 철학상담은 전문적으로 철학적 훈련을 받은 사람이 내담자가 스스로 '철학하기'를 하도록 도와주는 대화의 과정이다. 『장자』「내편」의 일부를 고찰해 보았지만 장자는 자신의 생각과 주장을 다양한 화법과 등장인물들을 통해 충분히 말하고 있지 않은가. 라베(Raabe)의 주장처럼 철학상담이 심리치료와 결정적으로 다른 점은 바로 '철학하기'에 있다고 볼 수 있다. 그런데 '철학하기'는 다름 아닌 '철학실천'이다. 따라서 철학상담이 심리치료와 결정적으로 다른 이유는 철학상담이 '철학실천'이기 때문이라는 결론[41]이 도출된다. 그러므로 오늘날 철학상담이 일반적인 심리상담과는 어떻게 다른지에 대한 현상적인 관찰과 답변 대신, 이와 같은 본질적인 측면을 제시하고 설명하는 것이 철학을 실천하는 철학상담자에게 맡겨진 임무[42]라고 본다면 『장자』는 충분한 방법론적 모색을 통해 훌륭한 텍스트로 활용할 수 있을 것이다.

4. 『장자』의 가치

아헨바흐는 오늘날 철학이 사변적이고 이론적인 학문으로만 치우쳐 삶과의 연관성을 잃어버린 현실을 비판할 뿐 아니라, 이론과 실천의 관계를 통합하고 있던 철학의 근원적 의미를 상기시키려는 의도로 '실천'을 말하고 있다. 그의 철학실천은 철학이 통합적이고도 근본적인 학문이라 말하고, 다른 한편으로는 철학이 사변적인 학문과 실천적인 학문으로 구분되고 난 뒤 철학이 지녔던 '실천'의 의미조차 오늘날 사라지고 말았음을 비판적으로 성찰한다.[43] 이러한 실천적 의미에서 매리노프는 철학상담이 심리상담과 다른 점을 말한다. 그는 '정상(normal)과 비정상(abnormal)의 구분이 있는 심리상담과는 달리, 철학상담은 내담자를 환자로 취급하지 않는다. 오히려 내담자의 사고와 결정을 언제나 존중한다. 이런 점에서, 우리가 괴로워하는 것은 질병(disease)이 아니라 불편함(dis-ease) 때문이며, 철학이 이러한 불편함을 편안함(ease)으로 변화시킨다.'고 했다. 따라서 철학상담에서 효과나 목적이 치료(treatment 혹은 therapy)라고 하더라도, 이것은 엄밀하게 의학적인 의미가 아니라 일종의 비유적인 의미에 불과하다. 혹은 치료라고 하더라도

자기치료인 것이다.[44]

20세기 이후 오늘날에 이르기까지 인간의 충동적, 이기적 본성의 이해가 오늘날 심대한 영향력을 갖고 발전하게 된 배경에는 그 지배력을 확대해 온 자본주의의 발달이 자리 잡고 있었던 것은 아닐까. 특히 자본주의 내적 원리로서 인간의 이기심과 경쟁적 삶 속에서 공격적 탐욕성, 그리고 그것에서 초래되는 인간 소외와 정신 분열은 프로이트(Sigmund Freud, 1856-1939)의 인간 행동과 삶의 이해와 직결되면서, 한편으로는 자본주의적 삶의 억압 구조와 한계를 해명해 주기도 하지만, 또 한편으로는 인간 삶에서의 자본주의적 사회관계의 내적 필연성을 뒷받침해 주기도 했을 것이다.[45] 그럼에도 우리는 오랫동안 시대의 흐름과 더불어 각종 제도와 규범, 법, 문화 현상 등으로 이루어진 다양한 사상과 가치관과 더불어 살고 있다. 또한 과학기술이 발전함에 따라서 인류는 점차 질병과 빈곤에서 벗어나 물질적으로 풍요로움을 누리고 있으나 다양한 정신 질환, 장애 등과 더불어 스트레스, 우울증 때문에 정신적으로는 오히려 빈곤하게 살고 있는지도 모른다. 즉 인류를 물질적 빈곤에서 해방하는 데 성공한 것처럼 보이지만 물질적 풍요가 곧 삶의 궁극적 목표가 아니라는 점은 분명할 것이다. 그렇다면 인간다운 삶, 건강한 삶, 아름다운 삶을 살아가기 위해서 우리는 물질적 풍요 속에서 정신적 평안과 사회적 안녕을 먼저 확보해야 하는 것은 아닌가.

2000년 이후 새로운 붐을 일으킨 인문학 열풍과 함께 철학치료(치유)는 그 이론적, 실천적 방법론의 모색에서도 성과가 있다. 서구적 시각과 학문 · 정신의학 · 심리학 · 상담학 등 여러 제반 학문들과의 상호 충돌과 협력 속에서 여전히 이어지고 있는 것도 지금의 현실이다. 그러나 이처럼 유사 방법론을 적용하거나 새롭게 창출하기에 앞서서 방대한 연구 성과가 있는 장자의 사상을—손쉽게 알 수 있는, 우리 삶의 이정표 역할을 할 수 있는 그의 철학을—새로운 시각과 관점에서 고찰하는 것 역시 의미 있는 연구일 것이다. 나아가 이러한 연구 성과가 쌓여 서구적 방법론, 타 학문의 방법론을 차용(借用), 보완해서 보다 면밀한 성과로 이어질 수 있다면 이 논의는 그 시작점에 있다고 볼 수 있다. 우리는 철학상담이 일반적인 심리치료와 유사점을 지니고 있는 것으로 이해할 수 있다. 그러나 철학상담의 근본은 철학이며, 심리치료의 근본은 심리학인 것처럼 철학상담이 심리학을 동원한다고 해서 철학을 포기하는 것은 아닐 것이다. 역시 심리치료가 철학을 동원한다고 해서 심리학을 포기하는 것은 아닐 것이다. 야스퍼스나 푸코가 철학적 대화를 심리학에 근원을 두지 않으려고 했듯, 심리학자나 심리치료사들 역시 심리치료를 철학에 근원을 두려고 하지는 않을 것이다.[46]

그러므로 『장자』는 오랜 세월 동안 동, 서양을 막론하고 전문가이건 학자이건 일반인이건 손에 놓지 않았던 저작물들 중의 하나일 정도로 매우 가치가 있다. 이는 임상적 현장에 적용될 수 있는 철학상담의 가능성을 모색하는 또 하나의 대안, 그리고 예방적 차원의 치유 가능성도 구축, 모색하는 데 전혀 손색이 없음을 의미하기도 한다. 그런데 오늘 우리는 『장자』가 시간을 뛰어 넘어 살아 숨 쉬고 있음을 놓치고 있는 것은 아닐까.

02

농촌의 도시자본농화에 대한 비판적 분석

— 황보윤식 —

1. 농촌의 자본시장화 문제

글쓴이는 40년 전 아내 초이 여사와 혼인을 하기 전 "우리는 나이 60이 되면, 농촌이나 산속으로 들어가 여생을 마친다."는 언약을 했었다. 그리고 언약을 지키기 위해 혼인하기 바로 전에 소백산 깊은 골에 화전민이 일구어 먹던 밭뙈기 하나를 사 둔 적이 있다. 그리고 처가 부모님이 그 땅에다 사과나무를 심어 재배하면서 생계를 유지해 오시다가 15년 전 연로하시어 농사를 더 이상 짓지 못하게 되면서, 아내 초이가 나이 50에 먼저 이곳으로 들어와 부모님께 농사를 이어받아 살고 있다. 글쓴이도 아내의 뒤를 이어 6년 전 도시 생활을 접고 귀농하여 살고 있다. 그런데 40년 전부터 보아왔던 농촌사회가 지금은 아니다 싶을 정도로 변해 간다. 지금 이곳 농촌은 전통적 농촌공동체 모습과 농심을 지닌 소농(小農)을 볼 수 없다. 돈에 도취(陶醉)된 농촌 사회로 치닫고 있다는 생각이다. 그렇게 되어서는 안 되는 농촌이 도시화되고, 농민은 자본농[資本形農夫]을 우상으로 삼는다. 정부의 잘못된 농업 정책 탓이다.

그 탓으로 이곳 농민들은 '사람'의 정신을 잃어버린 '돈' 신[幣神]의 노예가 되어 농사를 짓는다. 자본주의의 필연성 때문에, 농촌의 도시화와 농민의 자본농화는 현실적으로 소득의 격차를 만들어 내고, 소득의 격차는 농민의 계급분화를 부추길 수밖에 없다. 농민의 계급분화는 맑고 깨끗하던 농심(農心)을 사그라지게 만들었다. 선한 의지를 갖는 농심의 파괴는 한국인 '마음의 고향'을 꿈속 이야기로 만들었다. 따라서 글쓴이는 도대체 이 나라 농촌이 왜 이 지경까지 왔는지를 생각해 보고자 한다. 그리고 농촌과 농민들의 변해 가는 모습들을 역사적 상상력으로 살펴보고 그 대안을 찾아보려 한다.

2. 농촌 파괴의 역사적 배경

먼저 우리 농촌 사회가 이 지경이 된 사회적 배경을 이야기해 보겠다. 세계무역기구(世界貿易機構, WTO, 1993) 창설과 자유무역협정(自由貿易協定, FTA, 1995)이 시작된 이후, 대한민국 권력자들은 WTO와 FTA경제질서에 편입하기 위하여 자본권력과 결탁하여 농촌의 도시화와 농민의 자본농화/기업농화를 강제한다. 권력을 쥔 자들은 "공산품 팔아서 식량을 수입해 오면 된다."는 식의 식량 주권을 팔아먹는 이야기를 서슴지 않고 한다. 이에 대부분 나라사람들('國民'이라는 말의 현대판 어원이 일제시대 노예적 존재에서 나왔던 까닭에 '나라사람'으로 표기한다.)도 아무런 생각 없이 정부의 강압적인 의지에 맹종한다. 몽매(蒙昧)한 나라사람, 특히 여기에 무지한 농민들은 대한민국이라는 중앙 권력이 '미래 경제'가 가야 할 가치(價値)를 무시하고 농촌/농민에 '농업 외적 강제'를 강요한다는 사실을 모른다. 이러한 농촌과 농업을 자본가에 팔아먹는 중앙 권력의 농업정책으로 오늘의 한국 농촌은 급속도로 도시화되고 농민은 자본농화/기업농화 되는 과정에 놓였다. 정부 권력자들의 '미래지향적 경제가치'를 망각한 농업정책은 한국 사회에서 농민을 계급적으로 분화하게 만들었다. 그리고 소득 격차에서 오는 상대적 빈부 격차의 심화는 한국 농촌 사회에 있던 전통적인 농촌공동체의 틀을 무너지게 만들었다.

1) 일제의 토지조사사업과 시장경제의 도입

이 나라의 농촌공동체 사회의 틀이 무너져 내리게 된 역사적 배경은 다음 세 가지 경우를 만나면서다. 첫째, 일제의 조선 병탄(倂呑, 1910-1945)이라는 역사적 사실(史實)이다. 일제는 식민지 조선에서 농촌의 전통문화를 파괴하는 데 열을 올렸다. 강제된 식민지 정책은 가시적 효과를 나타낸다. 그렇지만 민족적 저항으로 그러한 정책은 내면적으로 농촌공동체의 결속력을 강화하는 역효과를 끌어낸 탓으로 크게 성공하지는 못했다. 다만 제도적으로 일제의 토지조사사업(1910-1918)의 결과 지번(地番)을 근간으로 토지를 매매함으로써 농촌에 시장경제(換金物産政策에 의한)가 도입된다. 이 탓으로, 나라 전체가 농토(農土)였던 조선 사회에 자본주의적 토지 거래가 성립되면서 환금물산(換金物産)이라는 사회현상은 한국 농촌의 전통적 농심/농얼을 무너뜨리기 시작하였다.

2) 1970년대 새마을운동과 그 실체

둘째, 해방 이후, 독재자 박정희 권력 때 새마을운동을 만나면서 농촌공동체의 파괴는 본격화한다. 새마을운동은 "잘 살아보자."는 그럴듯한 명분을 세웠지만, 그 실은 박정희의 제제화(帝制化: 영구 집권을 위한 황제화/총통제로 가는) 음모였다. 바꾸어 말하면, 영구 집권으로 가기 위한 길목에서 영구적 권력 통치에 필요한 분위기 조성에 이용된 전방위적(全方位的) 정치 수단이었다. 곧 박정희의 황제화 음모를 감추고, 나라사람들의 관심을 '잘 먹고 잘 사는' 쪽으로 돌리려는 계산에서 나온 게 새마을운동이다. 새마을운동이 본격화되는 시기는 유신헌법 체제로 나라사람들의 불만과 박정희 권력에 대한 불신이 팽배해 가던 시기였다. 이 시기 박정희는 그의 독재적 영도력을 선봉(先鋒)에서 휘날려 줄 대중운동이 필요했다. 이 결과로, 농촌 지역을 선두로 새마을운동이 시작된다. 그리고 서서히 한국 사회 전체가 오로지 박정희 황제를 위한 사회체제와 구조가 만들어지기 시작한다.

박정희 전제독재 음모의 선봉에서 총대를 메고 간 새마을운동("잘 살아보세")은 결과는 달리, 한국의 공동체적 농촌 사회(초가지붕문화, 우물문화, 모내기문화 등)를 속부터 무너뜨려 나간다. 당시 산업화 독재정책(경제개발 5개년계획)은 농촌의 인구 감소를 부채질한다. 바로 새마을운동은 이러한 도시의 산업화 정책과 맞물려 일어난다. 새마을운동은 농촌인구의 급격한 감소에 대응하여 농촌의 기계화와 농지의 규모화를 목표로 추진된다. 이 탓으로, 농촌 사회의 전형적인 모습인 연대와 협동이 파괴되고 조화로운 농촌공동체가 더 이상 지탱할 수 없는 현실을 만들어 낸다. 이후로 시작된 농업 노동력의 부족 현상은 당연히 자본주의 방식의 기계 농업을 농촌에 도입시킬 수밖에 없게 만든다. 겉으로 볼 때, 그럴듯한 논밭의 농지정리가 이 일환으로 나왔다. 대부분 젊은 일꾼들이 도시로 빠져나가는 바람에 농촌에 남아 있는 늙은 농민들은 농촌의 기계화에 의존할 수밖에 없었다. 인력이 부족한 농촌 현실에서 기계를 사지 않는다면, 돈으로 기계를 빌리거나, 사람을 사서 농사를 지어야 하는 현실에 뛰어들어야 했다. 이른바 대한민국에서 부르짖는 '농업의 선진화' 정책이 바로 이것이다. 농업의 선진화를 농촌에서 식견이 조금 있다는 농민과 어용 지식인들은 '사회적 진보'라고 부른다. 저들이 말하는 '사회적 진보' 탓에 지금 농촌에는 타락하고 부패한 자본주의식 삶의 방식이 이식되었다. 이러한 꼴값은 끝내 기계를 사서 규모농업을 할 수 있는 지주농과 그렇지 못한 영세농/무전농으로 계급분화를 심화시켜 나갔다. 그리고 영세농과 무전농은 자본주의 경제에서 철저하게 외면당하면서 자본에 밀려 가난뱅이로 남게 만들었다. 이러한 농촌 사회의 타락하는 모습을 잘 그려 낸 소설이 하나 있다. 바로 변경섭의 장편소설 『종태』(해드림, 2013)이다.

3) FTA정책과 농업의 존재 가치 상실

셋째는 최근의 FTA정책이다. 지역 간 자유무역협정이라는 것은, "가맹국끼리 상품 이동(상품 수출입의 자유화, 상품시장의 자유화)에 무역 제한을 철폐하는 조치이다. 이렇게 되면, 자유무역 품목에서 농수산물 등 취약상품은 당연히 불이익을 받을 수밖에 없다. 곧 도시 공장에서 생산되는 공산품은 유리하지만, 농촌과 어촌의 농수산물은 불이익이 따른다. 더구나 자본이 많은 나라가 자본이 적은 나라의 문화유산까지 독점할 우려가 있다. 이를 자본주의에 의한 '문화식민지'라고 한다. 이래저래 문화식민을 당하는 지역은 역사적 가치가 많이 남은 농촌이 될 가능성이 크다. 결국 FTA정책으로 불이익을 받는 지역은 이래저래 농촌과 농민이다.

한-칠레 자유무역협정 체결(2004. 4.1) 이후, 역대 각 정권들은 FTA에 대응한다는 명분으로 "외국과 경쟁력 제고(提高)"라는 명분과 함께 농촌의 시설현대화, 농어촌의 선진화를 적극 추진했다. 농촌의 선진화라는 말은 바꾸어 말해서 농민의 자본화, 농촌의 도시화를 말한다. 이 탓으로 이 나라의 농촌 지역에는 참 농부가 아닌 상공업자들과 다른 직업에 종사했거나 사업이 망해서 할 수 없이 기어들어 오는 귀농/귀촌자들이 점점 늘어났다. 때를 맞추어 정부 권력자들은 농촌의 도시화를 본격적으로 추진했다. 이로인해 지금 농촌은 벌써 자본시장화 현상이 나타났다. 농촌의 식량 창고인 대지/농토 위에는 영농조합이라는 이름 아래 무슨, 무슨 생산 공장, 가공 공장, 전기 생산(태양광판에 의한) 공장 등이 쉴 사이 없이 들어섰다. 이 때문에 농토 면적은 날로 줄어들고 식량 생산 면적의 가드라인까지 위협받고 있다. 농촌의 선진화라는 구호 아래 매일같이 일어나는 농촌의 도시화/자본화 현상은 이 나라 농촌 사회의 전통적인 연대와 협동을 바탕으로 한 농심(農心=농얼)을 사라지게 한다.

농촌의 도시화, 기업농화 과정은 농민들의 소득 격차를 가져와 농촌 사회에 빈부 격차가 심화되고, 농민 사이의 계급분화가 심각해졌다. 농촌의 도시화는 농촌을 생산지가 아닌 자본의 소비지로 전락시키려는 도시 자본가와 결탁한 정치권력의 술책(術策)이다. 그럼에도 농민들은 돈을 많이 벌 수 있다는 환상에 빠져 덩달아 도깨비 춤을 춘다. 그래서 요즈음 농촌의 농민들은 죄다 사장(社長)님으로 불린다. 그들 부인들은 사모님/여사님으로 위상이 억지(抑止)되었다. 관의 의도된 유혹에 걸려든 것이다. 바로 이것이 한국 농촌과 농업의 존재 가치를 왜소하게 만드는 원인이다.

3. 농촌/농민의 계급분화와 그 현장

위와 같은 정치적 음모의 진행으로 지금 한국 농촌은 농민의 자본농화에 따른 농촌의 계급분화가 급속도로 진행되었다. 일본의 구마모토현(態本縣)에서 평생 농부로 살다 간 마쓰다 기이치(1888-1968)는 일본 농민의 양태를 다섯 단계로 나누었다. 생활적 농민에서 시작하여 예술적 농민, 정서적 농민, 철학적 농민으로 계층을 나누고 종교적 농민을 높은 단계의 농민이라고 정의하였다. 그것은 정신적 가치를 기준으로 하였기 때문이다(홍순명, 『풀무학교이야기』, 부키, 2006, 83쪽 재인용). 그리고 일본의 농학자 쓰노 유킨즈(津野幸人, 1930-)는 농민의 양태를 국가의 의지를 구현하는 우수한 '국민적 농민'과 국가의 의지와는 관계없이 인간의 양심으로 지구의 생태 환경을 지키려는 '비국민적 농민'으로 대별하였다(쓰노 유킨즈/성삼경, 『小農-누가 지구를 지켜왔는가』, 녹색평론사, 2003, 21쪽). 이러한 구분은 농민이 어떤 정신을 가져야 하는지와 농업의 가치를 신성(神聖)함에 둔 데서 나온 기준이다.

역사가의 기술에 따르면, 우리나라에서 농부의 양태는 이랬다. 전근대적인 전통적 농민은 대농(大農=지주농)과 소농(小農=자작/소작농)만 있었다. 세부적으로는 서울에 살면서 관료(官僚)를 지내는 부재지주(不在地主), 농촌에서 비교적 큰 면적을 가지고 일꾼인 머슴을 두고 농사를 짓는 재지지주[在地農夫], 집약 농업을 기반으로 힘든 농업 노동력에 의지하여 농사를 지어 먹고 사는 자작/소작농으로 구분되었다. 다시 말하면, 전근대에는 농부의 양태가 간단했다는 이야기다. 그러나 지금은 소농과 대농으로 농민을 구분하기에는 시대가 너무나 변했다. 그만큼 '돈[資本=貨幣]의 시대'가 되면서 농민/농촌 사회에도 자본에 의한 계층/계급분화가 복잡하게 심화되었다. 이제부터 현재 한국 사회 농촌에서 농사를 짓는 농민의 양태를 짧은 세월이지만 지금까지 느낀 경험을 바탕으로 이야기해 보겠다.

1) 소농의 소멸과 생활농

현재 우리 농촌 사회에 나타나는 농민의 양태를 성질상으로 구분해 보겠다. 시골농부에는 토박이농부/토착농부 이외에 자본주의 발달에 따른 시대적 환경에서 생겨나는 귀농한 농부들이 있다(여기서는 도시농부는 제외시킨다). 귀농농부는 그들이 도시에 있을 때 종사하던 직업에 따라 성격을 달리하면서 이들 사이에서도 계급분화가 진행된다. 이러한 농민의 계급분화는 자본주의 경제체제에 수반하여 나타나는 현상들이다. 현재 대한민국 농촌에 살면서 농사로 밥 먹고 사는 농부를 글쓴이의 경험으로 주관적 분류를 해 보면 생활형 농부/생활농, 자본형 농부/자본농, 유식형 농부/유식농, 신념형 농부/신념농(農士)로 구분해 볼 수 있다.

농촌에 사는 농부 중 지주농을 제외하고 영세자작/소작농, 무전농은 대부분 토착적 생활농이다. 이들은 조상 대대로이든, 필연이든 숙명적으로 먹고 살기 위해 할 수 없이 힘든 농사를 짓는 농부들이다. 농촌이 도시화되고 자본농화 되기 이전에는 이들이야말로 전통적인 이 나라 자연환경을 지키던 소농들이었다. 그러나 오늘날의 대부분 생활농들은 안타깝게도 '농혼'(農魂/농얼: 농사를 짓는 사명감이나 농업에 신앙적 태도)이 깃든 소농을 버리고 세태(世態)에 민감한 관습농으로 변하였다. 생활농에게 농업은 사회적 · 경제적(선택적) 직업이 아니고, 필연적 생업이다. 이 때문에 농업 철학이나, 농사에 대한 자긍심이 없다. 이들에게서는 자본주의 개념에서 나온 직업(職業)이라는 개념이 필요가 없다.

우리가 말하는 태생적 생업(生業)과 자본적 직업은 개념 자체가 다르다. 태생적 생업은 인간의 자유의지로 선택되지 않는다. 팔자요, 필연이다. 하지만 자본주의 성립 이후 발생하는 직업은 선택(偶然)이다. 선택할 수 있는 직업은 '선택의 자유'가 있다. 그러나 태생적 생업은 농업 말고는 먹고살 수 없는 필연적 숙명(宿命)인 생업이다. 토착농부는 농사를 짓지 않고는 살 수 없다. 다른 직업을 가질 수 없는 자기 한계를 가진, 선택의 여지가 없이 태어나면서부터 운명적으로 농사를 짓는 분들이다.

새마을운동 이전만 해도 우리나라에는 소농이 있었다. 이들은 돈(화폐)을 벌기 위해 애를 쓰지도 않는 토착 가족농[小農]이 대부분이었다. 자본주의적 돈을 벌 재주도 없는 농부이다. 그래서 소농은 자연 그대로 순수한 농부였다. 세상에 때를 묻히지 않는 농부였다. 소농의 경제 원천은 집약 농업에서 나온다. 소농의 농업 노동의 모태는 한국 농촌의 전통적인 연대와 협동(두레, 울력, 품앗이)이었다. 그래서 한반도/한국의 농촌은 이러한 연대와 협동이라는 노동력 동원을 바탕으로 한 농촌공동체를 이루며 자주적 정신과 협동적 자치가 그들 삶의 원천이었다. 그런데 이러한 전통적 참 소농이 새마을운동 이후 사라지고 지금은 관습농법(보다 돈에 치중하는)을 배경으로 하는 생활농으로 변했다. 오늘날 생활농은 소농의 정신이 거의 없다. 그 이유는 '돈'의 시대가 되는 바람에 전통인 협동적/자치적 노동력 동원이 전혀 불가능하기 때문이다. 결국, 오늘날 우리 농촌은 자주성과 협동성을 갖는 두레 정신은 사라지고 돈을 매개로 한 품앗이만 겨우 남아 있을 뿐이다.

소농에서 생활농으로 변한 이들은 사실, '인간 중심의 농사'나 '돈 중심의 농사'라는 말조차도 모른다. 그저 살아 있기에 농사를 지을 뿐이다. 죽기 직전까지 농사를 짓다 죽을 뿐이다. 평생 농부이다. 이들은 근대적 삶의 문화[知識]에 무지하다. 그리고 오늘날 세상을 규범하는 서양식 교양(윤리, 도덕)에도 무지하다. 전통적 유교 윤리와 불교가 결합된 휴머니즘만 알 뿐이다. 따라서 환경이나 생태 등, 자연환경 보호와 서양식 교육을 알 리도 없다. 다만 인간적일 뿐이다. 그냥 농사나 지어 먹고살다 죽으면 그만인 이들이다. 이들은 소농이 무슨 뜻인지를 모른다. 그때문에 농촌이 돈 중심의 식민지가 되면서 "나도 돈 좀 만지자."는 욕심으로 관습농법에 의존하여 농사를 짓고 있을 뿐이다. 이들의 얼굴에는 가난에 찌든 주름살이 거미줄처럼 엉켜 있다. 입은 옷도 수십 년 입고 다니는 것처럼 허름하고 낡았다. 얼굴에 맑은 미소도 없다. 살아 있기에, 먹고살기 위해 고령의 나이에도 농사를 짓고 있을 뿐이다. 이들은 나라나 사회에서 아무런 혜택도 받지 못하는 그야말로 '힘없는 농부'로 사는 분들이다. 게다가 대한민국의 현실인 '가난의 세습'으로 이들의 자식들은 시골에 남아 부모의 농사를 물려받아 농사를 지을 엄두를 내지 못한다. 다만 농사를 업으로 잇는 자식은 지역사회 개발로 땅값이 올라가면 그 땅을 팔 궁리로 잠시 농사를 이어 짓고 있을 뿐이다. 가난의 대물림으로 생활농의 자식들은 고향의 노인들을 도와줄 경제적 여력이 없다. 그나마 대를 물려 농사를 짓는 순수한 농부/생활농은 농촌의 자본화라는 조류(潮流)에 밀려 그 수가 점점 적어진다. 소농에서 생활농으로 변질되었지만, 그나마 생활농이 줄어든다는 것은 언제인가는 한국 농촌의 전통과 옛 문화가 사라진다는 것을 의미한다.

2) 자본농과 농심의 파괴

최근 한국 농촌에는 토착적 생활농(小農)이 급속도로 자취를 감추면서 유식농, 자본농/기업농이 그 자리를 차지했다. 이들은 외래인으로 직업적 생활농이다. 지금은 토착 인구에 비하여 귀농/귀촌 인구가 약 8% 내외를 차지하고 있다(2014년 10월, 경상북도 기준). 외래농이 토착농에 비하여 인구수는 적지만 인구 비례로 볼 때, 토지 소유 면적은 외래농이 더 많다. 시간이 갈수록 귀농/귀촌 가구가 점점 토착 농민보다 더 많은 농지를 소유할 가능성이 커진다. 그것은 귀농한 농부들이 대부분 자본농/기업농을 추구하기 때문이다. 역사 속의 부재지주가 지금의 자본지주(資本地主)이다. 지금의 자본지주는 인간 중심이 아닌 자본 중심으로 농업을 직업으로 취급하는 자본가 부류이다. 이들은 대부분 농촌에서 기업농으로 변신했다. 농부라고는 하지만 직원을 부리는 기업농/자본농이다. 이들 자본농은 토착 생활농과 달리 도시에서 맛 들인 '돈'을 바라고 농사를 짓는다.

그런데 문제는 하나 더 있다. 기존의 토착 생활농의 자식들이다. 생활농의 자식들이 성장하면서 도시로 나갔다가 제대로 된 직업을 갖지 못하는 경우, 다시 제 부모 곁으로 돌아온다. 여기서 문제가 발생한다. 이들은 도시에서 경험한 '돈'을 소유하려는 욕구를 버리지 못하고 소농적(小農的) 생활농으로 살던 제 부모의 태도를 가차 없이 버린다. 그래서 조상대대로 물려받은 야산(野山)과 노동력의 한계로 버려두었던 땅들을 굴착기로 헐어내거나 개간하여 대규모의 농지로 만든다. 곧 자본농을 꿈꾼다는 이야기다. 사방이 안타까운 현실이다. 굴착기로 산을 헐어 논이 아닌 밭을 만들고 과원(果園)을 만들기 때문에 농촌의 지형이 크게 변했다. 더구나 산을 헐어 냄으로써 지역에 따라 기후변화까지 발생했다. 예를 들어 사방이 산으로 둘러싸여 온화한 겨울을 보내던 지역이 산 소유주가 한쪽 산을 헐어 냄으로써 밖의 바람이 안으로 밀고 들어와 지금까지 없었던 한냉(寒冷)한 겨울을 뜬금없이 맞게 되는 아연(啞然)한 경우도 생겨났다.

자본농에는 토착 농민 중에 부를 세습하여 새마을운동 이후, 농촌으로 스며드는 자본주의의 도래(到來)와 함께 자본농으로 변신하여 사는 농부/재지자본농도 있지만, 타지에서 흘러들어 돈을 목적으로 사는 귀농농부(타지에 있다가 귀향한 생활형 농부의 자식을 포함하여)들이 대부분이다. 이들 타지에서 들어온 자본농은 한국이라는 나라에서 시행하는 정부의 농업정책에 편승하여 나랏돈을 적당히 또는 독점적으로 받아 가며 자본농을 꿈꾸는 농부들이다. 한마디로 자본권력의 우산(雨傘) 아래서 부의 축적을 탐익(貪益)하는 부류이다. 그래서 이들은 시골의 농업 관련 관청과 그 안에서 생각 없이, 중앙 부처의 지시(指示)대로 움직이는 관료들과 손잡고 국가 시책에 충실히 부응한다. 이들은 사람과 자연 중심으로 농사짓기를 거부하는 부류다. 쓰노유킨즈의 말에 따르면 이들 자본농은 국가의 의지를 구현하는 '국민적 농민' 곧, 우수한 농민이다.

농촌의 농업 관련 관청과 기업들도 국가 시책에 부응하여 농촌의 도시화, 농민의 자본화를 적극적으로 부추긴다. '어떻게 하면 농민들에게 돈을 많이 잘 벌 수 있게 해 줄까'가 이들의 관심사이다. 박정희식 천박한 '잘 사는 농촌', '잘 살아보세'만을 되뇐다. 유신독재 시대의 낡은 우상 중 하나인 '새마을운동'식 썩은 삶의 방식만을 가르친다. 인간이 '사람답게 사는 방법'(인문주의)을 이야기 하지 않는다. 아니 그것을 말할 기본 소양조차 없다. '대박'이라는 우상만을 추종한다. 자동차가 두 대(승용차와 트럭)면 되고 남보다 좋은 자동차(값이 비싸거나 외제차)를 타면 장땡이다. 남보다 비싼 냉장고 가지면 되고, 남보다 좋은 메이커 옷을 입으면 된다. 이들은 또 명품(名品)을 최고로 여긴다. 과일 열매에 '명품 글자'(名品字, 합격, 당선=이명박 등 문구)를 붙이는 것을 좋아한다. 사람에게 해로운 화학농약과 화학비료, 그리고 독한 제초제를 뿌려서 모양 좋고, 때깔 좋은 농산물(한국의 GAP제도가 권장하는, 이것을 명품/우수 농산물이라고 부른다.)만 만들면 된다. 그래서 남보다 수확을 많이 해서 최고의 값을 받거나 수출만 잘 하면 그게 그들의 행복 원천이다. 사람의 참 먹거리 생산에는 관심이 없다.

최근에 농촌의 도시화와 농민의 자본농화의 영향은 곧 시골 전체에 나타났다. 농촌에서 이제는 모든 농부들이 죄다 사장님으로 불린다. 누가 돈을 많이 '벌었다'가 이들 대화의 주된 화제이다. 이들 대화 내용의 핵심은 어떻게 하면 돈 많이 버는 농부가 되는지이다. 그래서 돈 많이 버는 농사만을 꿈꾼다. 사람이 어떻게 사는 게 바르고 바람직한 것인지를 말하지 않는다. 이들은 타락한 자본주의 정신을 농사에 끌어들여 돈 벌 궁리만 한다. 그래서 자본주의식 투자를 유치하는 펀드를 이용한다. 곧 농촌에/농업에 투자 개념을 끌어들인다. 그것이 더러운 짓거리임을 모른다. '농촌 사랑'과 '농민 생활 안정'을 위해 만들어진 생협(生協, 소비자 생활협동조합)에서 시작한 '나무 한 그루 사주기 운동'조차 이제는 자본을 끌어들이는 수단으로 이용한다. 자본형 농부들은 인간과 환경, 자연 생태적 생각은 뒷전이다. 이를 교묘하게 돈벌이에 이용할 뿐이다. 다른 말로 하면, 친환경농업도 경쟁과 수출에 이용하기 위한 목적이지, 사람의 '참 생명'을 살리기 위한 게 아니다.

이들 자본농은 홍순명이 쓴 책에서 말하는 '예술적인 농부'에 비유된다. 농산물에 부가가치를 높이거나 좋은 가격을 받을 시기만을 골라 농산물을 내다 파는 등 경영의 묘를 살려 가며 농사를 짓는 농부이다(홍순명, 앞의 책, 2006). 사람의 먹거리는 신경을 쓰지 않는다. 이들 자본축적에만 몰두하는 자본농 때문에 농촌은 빈부에 따른 사회적 격차가 더욱 심화되었다. 이러한 농촌 사회 현상으로 지금 농촌은 도덕적 가치보다는 경제적 가치가 삶의 중심이 되고, 인격적 가치보다는 치부적(致富的) 가치가 인품(人品)의 척도가 되었다. 이런 현상은 토착 생활농들의 자괴감을 불러오는 한편, 농촌 사회를 타락하고 부패한 자본주의 정신에 물들게 한다. 결국 농촌의 도시화, 농부의 자본화/시민화는 선(善)한 정서를 생산하는 이 나라 사람들의 '마음의 고향(故鄕)'이 치부적(致富的) 욕망에서 나오는 사회 범죄를 배양하는 땅으로 바꿔 놓았다.

3) 유식농과 지적 분화

다음으로 귀농/귀촌한 유식농이 많이 늘었다. 이들은 근대적 지식(서양식 교양과 윤리)이 몸에 밴 사람들이다. 유식농부에도 여러 층이 있다. 도시에서 사회 지도층 인사로 살다가 뜻이 있어 농촌에 들어와 사는 유식농도 있고, 노년을 농촌에서 보내기 위해 들어와 농사를 여생의 업으로 삼고 사는 지식농도 있다. 이 중에서 후자가 대부분이다. 지금 이 나라는 한창 '다자간 FTA' 체결을 구실로 두뇌 구조가 썩은 정치권력과 치부에만 눈이 먼 자본권력들이 서로 결탁하여 농촌을 자본시장으로 전락시키기 위해 '농촌 침략'을 감행했다. 곧 자본이 정치권력과 결탁하여 자기 영토 안에서 '제국주의식 전쟁'(19세기 유럽의 자본주의가 상품 시장을 개척하기 위해 아프리카와 아시아의 영토를 침략하면서 보인 패권 전쟁)을 일으켰다. 학문과 세상에 대한 식견이 있는 유식농이라면, 신채호가 말한 "무전무병"(無錢無兵: 권력 없고 돈이 없는)의 농민을 끌어안고 농촌의 피해를 최소화 하도록 실천해야 한다. 그러나 현재 농촌에 들어와 사는 유식농은 이러한 의식을 가진 지식인이 적다는 게 문제다. 또 다른 문제는 대부분 농촌에 들어온 유식농들은 고령인데다. 사회 개혁의 의지가 부족하다는 점이다. 농촌이 자본화/도시화가 되는 현실에 무감각하다. 더구나 그 자신마저 정부 시책인 농촌의 도시화/농민의 시민화를 지지하거나 동화되기도 한다. 이 때문에 현실 속에서 유식농이 많아질수록 농촌 사회는 농촌 문화의 지적 향상이 아닌 지적(知的) 괴리감만 깊어지면서 유식농의 증가는 또 하나의 문화적 갈등을 만들어 내는 원인이 된다.

4) 신념농과 농얼의 부활

도시의 직업을 포기하고 일찍 생각의 눈이 트이면서, 농촌에 들어와 농업을 생업으로 삼는 유식농과 토착 생활농 중에는 신념농도 있다. 이들은 돈벌이보다는 인간과 자연 중심으로 농사를 짓는 곧 우주와 생명에 관한 철학으로 농사를 짓는 학자농부로, 현대판 소농이다. 신념농은 투철한 농혼(農魂)/농얼(農-)을 가지고 농사를 짓는 농부이다. 한국 농촌에는 최근 이러한 농혼을 가진 농부들이 소수이기는 하지만, 늘어나고 있어 다행이다. 미문(未聞)하여 잘은 모르지만, 전라도 변산 지역의 윤구병(尹九炳, 1943-) 학자농부가 처음인 것으로 안다. 그 뒤를 이어 여러 학자들이 신념형 농부로서 농촌에 들어왔다. 이들은 도시에서의 학자 직업을 버리고 농업을 생업으로 삼는다. 이들 신념농은 전통적인 소농으로 다시 태어나고자 노력한다. 그래서 농촌의 선한 인간성을 살려 내려는 사명감을 갖는다. 이들이야말로 전통적 소농을 대신하여 현대판 소농으로 살고자 하는 농부이다. 이 땅에서 사라져가는 전통적인 소농(小農)으로 돌아가고자 하는 분들이다. 이들을 농얼농부/농사(農士)라고 부르기로 한다. 중국에서 나온 한자 중 선비를 뜻하는 사(士)의 본래 뜻은 사회에 유익한 존재로서 농부에게 붙였던 글자다. 그런데 고대국가의 기구와 조직이 복잡해지면서 통치 철학을 공부한 자들이 관료로 들어오게 되자, 학자관료들이 저들 스스로 사(士)를 갖다 쓰는 바람에 농사(農士)는 농부(農夫)로 바뀌게 되었다. 곧 농사를 짓는 농부의 칭호는 원래 농사(農士)였다. 그래서 오늘날 농촌으로 귀농/귀촌하여 '소농'이 되려는 신념을 가지고 농사를 짓는 '신념농'을 글쓴이는 농사(農士)라고 이름 붙여 보았다.

농얼농부/농사는 자연농법, 유기농법 등, 친환경농업을 고집한다. 이들은 경제적 수익 때문(판매 경쟁이나, 수출을 전제로 하는)에 친환경농법을 선택하는 농부가 아니다. 그들은 농약 사용으로 자연을 파괴할 수 없다는 신념이 있다. 생태적으로 지속 가능한 농업만이 진정한 농업이라는 신념이 있다. 땅속 짐승이든 땅 위 짐승이든 죽여서는 안 된다는 '환경농업'을 신념으로 한다. 나만이라도 지구와 생명을 살려야 한다는 사명감을 갖는 농부/농사이다. 신념농은 농약이나 비료 사용이 "부득이한 경제행위의 필요악"이라는 자기 합리화를 하지 않는다. "식량 증산, 수출 확대, 판매 우위를 위하여 필요악"이라는 합리적 이유를 대면서 살생을 '필요악'으로 보는 그런 농사/농부들이 아니다. 이들은 화학농약은 '자연의 적'이라고 분명히 인식한다. 이들의 도덕법칙은 인간이 돈(자본) 때문에 공중(空中)의 동물과 곤충, 땅속 동물을 살생해서는 안 된다는 것이다. 이 때문에 신념농부/농사는 아직은 이웃 농부들에게 소외당하고 산다. "제깐 놈이 뭬 잘 나서 까불고 있어.", "제깐 놈이 무얼 안다고", "제깐 놈이 굶어 보기나 했어". 이런 말이 관습적 생활농 · 자본농 · 유식농들이 신념농한테 하는 비아냥거림이다.

그런데 문제는 이러한 살아 있는 용기를 가진 그리고 우리 희망인 농얼농부(소농을 지향하는)는 현재 농촌에 거주하면서 직접 농사를 짓는 한국 전체 농부의 0.1%(추산하면)도 될까 말까이다. 농얼농부는 대부분 자본농을 꿈꾸는 농부들과는 반대되는 삶을 산다. 다시 말하면, 자본형 농부를 꿈꾸거나 이미 그렇게 사는 농부의 태도를 거부한다. 그리고 생활형 농부의 무의식적 농사 태도(관습농법)에도 반대한다. 또 유식농들의 무사안일주의 농사에도 비판적이다. 신념형 농부는 생명과 우주의 법칙을 그대로 따르는 사람들이다. 화폐를 삶의 척도로 여기지 않는다. 이들은 대농이 아니다. 중농도 아니다. 신념농이야말로 전통적 소농을 추구하는 진정한 농사/농부이다. 농사(農士)는 경제가치로 농업에 종사하지 않는다. 바로 농부의 정직한 근성, 곧 '그저 먹고 살면 된다.'는 농사 철학으로 농사에 임한다. 이들은 소농이 많아지기를 꿈꾸는 신념농부이다. 그래서 농얼농부는 진정한 농사이다. 농얼농이 많이 발생할수록 농촌은 이 나라 사람들의 인성 교육장으로 그 가치를 보존하리라 본다.

4. 농촌은 인문주의 교육장이다

잠시 인성 교육을 생각해 보겠다. 교육의 교(敎: 가르친다)라는 말은 한자의 효성스럴 효(孝)와 칠/때릴 복(攵=攴)이 어우러진 뜻글자이다. 따라서 인간 교육은 1단계 인성[孝] 교육과 2단계 지식[文] 교육으로 이루어진다고 풀이해 볼 수 있다. 1단계 교육(孝育)은 효덕(孝德)이라는 인성 교육을 말하고, 2단계 교육 (文育)은 인문(人文)이라는 지식 교육을 말한다. 이 1단계 교육인 인성 교육은 건전한 농촌이 살아 있을 때 가능하다. 즉 옛적에 1단계 사회교육인 효육은 농촌이 그 교육장이 되었고, 2단계 지식 교육인 문육은 도시가 그 교육장이 되었다는 말이다. 이 말을 뒤집어서 말하면 건전한 농촌이 사라지면 인성 교육의 모범장이 사라져 인성(人性, 겸손과 순수, 양심)은 사라지고 수성(獸性, 교만과 기만, 거짓)만 남는다는 말이 된다. 그래서 농촌은 자본주의로 타락하거나 훼손되어서는 안 되는 곳이다. 신념형 소농들이 많이 등장해야 하는 이유가 여기에 있다. 농촌은 효덕(인문주의적 인성 교육)의 교육장으로 영원해야 하기 때문이다.

이제까지 계급적으로 분화되는 농부의 양태를 살펴보았다. 이를 다시 인품(人品)으로서 농부의 격을 말해 보겠다. 항간에서 말하는 인격의 높고 낮음으로 말한다면 가장 높은 격의 농부는 신념농부이고, 다음은 생활농부이고 그 다음은 유식농부이다. 가장 인품이 낮고 천박하고 부패한 농부는 자본농부라고 말할 수 있다. 그것은 자본농이 사람과 농산물을 인격과 식량주권으로 대하지 않고 돈으로 대하기 때문이다. 이 세상에서 가장 가치가 있는 것은 자본보다 사람이고 사람보다 자연이다. 그래서 자연환경과 가장 가깝게 살면서 사람을 사람답게, 식량을 순수한 먹거리로 여기는 신념농이 가장 격이 높다고 할 수 있다. 사람의 격으로 볼 때, 프랑스의 계몽사상가 루소(Rousseau, 1712-1778)가 말한 "농부처럼 일하고 철학자처럼 생각하는 인간"(『에밀』, 1762)이 가장 격이 높은 이상적 인간형, 즉 자연인이다. 이 말을 본글에 대입하면, 자연인에 가장 가까운 농부는 생활농이지만 철학하는 농부는 신념농이다. '생각이 없는' 농부는 자본농이다. 그래서 자본농은 인품/인격이 가장 낮은 농부라고 할 수 있다. 그리고 '농얼'을 가지지 않은 유식농은 농촌 사회에서 이것도 저것도 아닌, 있으나 마나 한 존재이다.

지금 이 나라 농촌은 자본의 압력을 받는 정치권력들 때문에 파괴된다. 농촌의 도시화(마을가꾸기운동, 특화사업, 사회적 기업 육성사업, 농촌의 관광지화 등) 그리고, 관관농촌정책, 농민의 자본화(전업농 육성정책, 농지은행 설립)정책, 도시 기업과 농촌 마을의 일사일촌(1社1村) 자매결연운동은 농촌공동체의 파괴를 가속화한다. 이런 식으로 나라의 농업정책이 지속된다면, 농촌은 선한 정서를 생산하는 어머니고향이 될 수 없다. 상점이 즐비한 휘황찬란한 대도시에 버금가는 화려한 소도시로 환태(換態)하고 만다. 농민들은 논밭의 주인이 아니라, 농지를 농지은행에 맡기고 농지연금을 타먹는 일자리 없는 농촌의 노숙객으로 전락한다. 농촌을 장악한 무리들은 이제 자본농과 도로변의 빵을 파는, 가촌(街村)은 물건을 파는 특화상인들로 그득하게 될 날이 멀지 않았다.

지금 이 나라의 농촌 마을은 도시의 마을처럼 대문이 서로 닫혔다. 이 탓에 이웃에 놀러 다니는 '마실문화'도 사라졌다. 인심 좋은 '여봐라, 이리 오너라.' 하는 무료 숙박은 사라지고 자본화된 펜션, 돈벌이 민박(民泊)이 판세를 이루고 있다. 경계가 모호했던 인심 좋은 논배미는 이제 경계측량으로 네 땅, 내 땅하며 감정싸움의 온상이 되었다. 그리고 농민들이 사장(社長)으로 격상되었다. 농민을 사장으로 부르는 것은 농민들을 죄다 기업농으로 만들겠다는 한국 정부의 빗나간 의지로 보인다.

5. 농촌은 자본주의 사회로 가면 안 된다!

이야기를 마무리하면서 요즘 한국 농촌의 현실을 되짚어 보겠다. 농지를 많이 가진 부자농/부농(이를 정부에서는 전업농으로 부르고 있다.)만이 농지은행에서 싼 이자(연 2부)로 돈을 얻어 쓸 수 있다. 가난한 농민(3000평 이하의 농지를 소유한)은 일반 은행에서 비싼 이자(연 5부 이상-연동제)로 돈을 얻어 써야 한다. 이게 대한민국이라는 나라가 행하는 '전업농육성정책'이다. 이것이 농촌을 도시화하고 농민을 자본농으로 만들겠다는 농림부(지금 농림축산식품부) 농업정책의 기조(基調)이다(농식품산업의 창조경제 중, 농업의 6차 산업화). 농촌을 자본시장으로 만들겠다는 대한민국 국가의 농업 백서이다.

농촌은 결코 자본주의 경제체제를 배워서도 안 되고 그렇게 가서도 안 되는 곳이라고 본다. 농촌이야말로, 타락하고 부패해 가는 자본주의사회에서 인간성(사람다움)을 지킬 수 있는 마지막 남은 최후보루(最後堡壘=인성 교육과 인문주의를 지키는)로 남아야 할 땅이다. 그것은 농촌/시골이 순정(純正)의 선(善)한 인간 정서를 배양하는 곳이기 때문이다. 곧 농촌/시골은 인간의 정서를 순화하는 마음의 고향이다. 인간의 선한 정서를 배양하는 농촌이 자본주의 때문에 타락하거나 사라지면 악(惡)한 인간성[獸性=人面獸心]이 창궐하여 인간적 도덕성[人性=인문주의]은 땅에 떨어지고 아비귀환의 세상이 된다.

농촌에 자본주의를 이식하는 것은 위험하다. 자본주의사회에서는 사람이 태어나면서부터 삶의 출발점이 다르다. 삶의 출발선이 다르게 그어 있다. 도시의 부잣집에서 태어난 아이들은 이미 앞선 출발선에서 인생의 마라톤을 시작한다. 가난한 집안에서 태어난 농촌의 아이들은 도시의 부잣집 애들보다 출발선이 한참 뒤로 물러나 그어져 있다. 그래서 자본주의사회에서는 사다리법칙이 있다. 부잣집/자본가/기업가 집에서 태어난 자식들은 이미 사다리의 맨 상단(上段)을 밟으며 계속 앞으로 나아간다. 사다리는 하늘 높은 줄 모르고 자꾸만 자란다. 그 맨 위에는 늘 부잣집 아이들, 연예인 자녀들이 자리를 잡고 있다.

그래서 가난뱅이 집에서 태어난 자식들과 서울 아닌 농촌 지역에 사는 이들은 사다리의 상단을 결코 밟을 수가 없다. 가난뱅이 자식들이 앞지르려고 하면 사다리 맨 상단에 앉아 있는 저들이 못 올라오게 다리로 밀어젖히면서 막는다. 온갖 더러운 핑계와 되지도 않는 혐의를 붙여 그를 아래로 떨어뜨리고 만다. 그 예는 2007년 신정아(申貞娥) 사건에서 엿볼 수 있다. 플레브스(plebes)계급이었던 서민의 아이가 대한민국의 귀족 사회 노빌레스(nobiles: 벌족) 세계로 비집고 들어가려 했다가 호되게 당한 사건이다. 이게 자본주의사회의 '사다리 법칙'이다. 귀족적 혈연(血緣)·지연(地緣, 尙道지방)·학연(學緣=SKY집단)·종연(宗緣: 같은 종교집단)이 다르면 한국 사회의 귀족적 자본주의사회는 그들 울타리 안으로 서민적 혈연·지연(非尙道지방)·학연(이른바 非SKY대학)의 자식들이 들어오는 것을 용납하지 않는다. 이런 자본주의 원리를 농촌에까지 끌어들이면 영원히 농촌공동체는 도시의 자본주의에 예속되고 농민의 자식들은 도시 귀족 자식들의 현대판 노예로 전락하게 된다.

그래서 농촌은 자본주의사회로 들어가서는 안 된다. 그리고 농부/농사는 자본 추구를 목적으로 농사를 지어서는 안 된다는 논리가 여기서 나온다. 농부는 '그저 먹고살면' 된다. 도시의 부잣집 애들과 경쟁할 필요가 없다. 이런 정신적 태도(農魂/농얼)가 자연적인 삶의 태도요, 숭고한 소농/농사(農士)의 정신이다. "우리도 도시 사람처럼 잘 살아보자."라는 박정희식 사고는 낡은 우상을 신봉하는 가난뱅이의 천박한 근성이다. 얼(魂)이 없는 삶의 태도이다. 농사(農士)가 아니더라도, 농부라는 존재는 돈(貨幣)을 벌기 위해 온갖 부패하고 타락한 자본주의 수법(친환경 농산물이라는 말도 알고 보면 상품 판매 촉진을 위한 자본주의 수법이다)을 배워서도 그렇게 해서도 안 된다는 천명(天命: 하늘이 내린 命題)을 받았다. 적은 땅을 가지고 직접 농사를 짓는 소농만이 진정한 농민/농사(農士)라고 할 수 있다.

안타까운 것은, 귀농한 유식농들이 늘어나면서 농촌은 다시 경제적 계급 분화에다 지적 분화까지 일어났다. 아직은 우려할 수준은 아니지만 경제 수준의 향상과 인간 수명의 상승은 귀촌과 귀농을 부추기고 그 결과는 농촌 사회의 지적 분화를 심화하리라 본다. 대한민국 정부의 무분별한 귀농/귀촌 정책은 소득에 따른 빈부 격차와 함께 유무식(有無識)에 따른 지적 격차의 분화도 심화하리라 본다. 이대로 간다면, 식자층과 자본농이, 농촌을 자본시장으로 만드는 시간이 빨라지고 농민의 자본농화는 갈수록 심화될 것이다.

우리 농촌은 지금, '돈'으로 무장된 자본주의와 결탁한 정치권력이 감행(敢行)하는 '농촌침략'으로 역사교과서의 국정화에 따른 역사의 식민사화(植民史化)와 함께 농촌의 식민지화(植民地化)가 진행되고 있다. 이를 막을 수 있도록 토착 생활농을 대신하여 소농을 지향하는 신념형 농부가 많이 늘어나야 한다는 대안을 생각해 본다. 여기에 중앙과 지역의 권력자들이 지구를 살리고 식량 주권을 지켜야 한다는 굳은 의지도 필요하다. 그와 더불어 정부와 농민이 다 함께 선한 정서(한국인의 착한 심성)를 생산하는 농촌공동체를 영원히 보존해야 한다는 결심(농촌의 도시화와 농민의 자본농화정책 중단)이 있어야 한다.

03

노인의 삶에 대한 역사인문학적 지평

— 황보윤식 —

1. 발달 과정에 따른 인간의 변화

유럽에서는 인간의 성장 단계를 흔히 유아기, 아동기, 청소년기, 장년기, 노년기로 나눈다. 불교에서는 인간의 삶 전체를 고통의 과정으로 보고 생로병사(生老病死)라 했다. 유럽과 인도는 신체적, 연령별 발달 과정에 따라 인간의 변하는 모습을 나누었지만 동아시아는 신체적 발달 과정보다는 의식의 발달 과정을 더 중요시 했다. 이것이 유럽과 동아시아가 사람을 보는 눈이 다른 점이다.

동아시아에서는 일찍이 유럽이 경험하지 못한 정치체제(중앙집권제 · 전체를 통치하는 왕 중심의)가 있었다. 그래서 동아시아는 정치 양태와 관련한 의식세계가 발달하였다. 이러한 동아시아인의 의식세계를 반영한 학문이 유학(儒學)/성리학(性理學)이다. 이 유학/유가의 창시자로 알려진 공자(孔子, B.C.551-B.C.479)는 나이별 자아의식을 다음과 같이 표현하였다.

> 15세=志學: 나는 나이 열다섯이 되면서 내 인생을 어떻게 살 것인지를 알아야 하겠기에 공부를 해야겠다는 의지를 가지게 되었다. 30세=而立: 나이 서른이 되어서 겨우 세상을 어떻게 살아가야 하겠다는 의지를 학문에서 배웠다. 40세=不惑: 서른에 세상을 어떻게 살아가야 한다는 의지를 갖게 되었으

나 세상 유혹, 속세의 진애(塵埃)에 흔들리지 않는 자유의지는 마흔이 되어서야 갖게 되었다. 50세=知天命: 세상 유혹에 흔들리지 않게 되는 나이가 지나고 쉰 살에 이르러서야 겨우 하늘이 나에게 내려준 대임(大任)과 불능(不能)이 무엇인지를 알았다. 60세=耳順: 육순이 지나면서 남의 말을 들어도 귀에 거슬리지 않았고 남, 세상 이치를 이해하는 마음을 갖게 되었다. 70세=從心: 죽을 나이 일흔이 되니 내가 무엇을 해야 되는지 마음의 소리를 듣게 되었다. 마음의 소리는 나를 자유롭게 만들었다.

("吾十有五而志于學, 三十而立, 四十而不惑, 五十而知天命, 六十而耳順, 七十而從心所欲不踰矩")[1]

지금 우리가 사는 세상은 공자가 살았던 2,500여 년 전 세상하고 비교하면 엄청난 사회 진화가 생겼다. 그러나 인간의 의식세계는 그때와 별반 다름이 없다. 예를 하나 들어 보자. 인간이 교육을 받을 수 있는 최소 연령이 만으로 7세라는 것을 알게 해 준 사람들은 그리스반도에서 살다 간 스파르타인들이다. 기원전 8세기경 스파르타는 나라 전체를 병영 사회로 만들고 7세부터 병영 생활을 하도록 사회구조를 만들었다. 그런데 스파르타 권력자들은 최초 교육연령을 더 낮게 잡을 수 없을까 하고 만 6세 아동들을 절벽 아래 바닷가에 모아 놓고 벼랑을 타고 위로 올라오게 하였더니 실패율이 컸다고 한다. 그래서 인간의 만 7세가 최초의 교육연령이라는 것을 알았다. 이후 오늘날까지 공교육의 최초 입학 연령은 전 세계가 7세이다.

마찬가지로 인간의 자아세계는 아무리 과학이 발달하여도 공자가 말한 자아의식에서 벗어날 수 없다고 본다. 오늘날 동아시아의 중국 · 일본 · 한국의 학자들이 공자의 자아세계 이야기를 여러 각도에서 해석하고 주석을 달고 있다. 글쓴이 또한 나름대로 해석을 해 보았지만, 세상의 이치를 깨단는 나이, 의식은 역시 60세/노인 이후라고 본다. 그런데 이 노인으로 사는 시간이 무척 길어졌다는 데에 문제가 있다.

2. 노인들의 의식세계

오늘날 과학과 의학의 발달, 다양한 먹을거리의 개발, 위생 관념의 고양 등으로 인간 수명이 70세를 넘어 100세까지 연장되기에 이르렀다. 글쓴이도 어느새 70을 바라본다. 옛날로 보면 죽을 시간을 앞두고 있다고 하겠다. 그러나 전혀 그런 기미가 보이지 않는다. 70대 이상의 자아세계는 미래에 해당된다. 이제 한국의 노인들이 살아온 시간을 공자의 자아세계에 대입하여 역사적으로 살펴보면서 우리나라 노인들의 의식세계의 변화와 함께 이들이 가져야 할 당면 과제는 무엇인지 생각해 보기로 한다.

공자는 자신의 나이 15세에 지학(志學)을 했다고 한다. 지학은 학문에 뜻을 두었다고들 해석하지만 오늘날의 형편으로 말하면 세상을 어떻게 살아가야 할지를 고민하였다는 말과 같다. 이 시기는 곧 10대이다. 이 10대에 우리가 배웠던 역사는 옛날이야기이다. "옛날에 임금이 있었는데 그 임금이 무엇을 했다. 그래서 좋은 임금이었다. 나쁜 임금이었다." 하는 식의 역사다. 우리는 흔히 옛날이야기를 '호랑이가 담배를 피던 시절 이야기'라고 한다. 호랑이가 담배를 피울 리가 없다.

그런데 그 옛날이야기가 역사적 사실을 일정 정도 말해 준다. 호랑이가 담배를 피웠다는 것은 담배가 17세기(적어도 1614년 이전) 우리나라에 들어올 때는 권력을 가진 자들만 담배를 피울 수 있었고, 호랑이처럼 무서운 세력가들이 농민 · 평민 · 민인(民人, 나라의 주인)들을 억압하던 시절의 이야기라는 뜻이다. 이렇게 옛날이야기에는 역사의 시대성(과거)이 들어 있다. 그리고 할아버지와 할머니의 역사관도 함께 들었다. 그래서 어릴 때와 10대에 배운 옛날이야기를 통하여 우리는 역사의 과거를 배우는 동시에 "어떻게 사는 게 바르게 사는지"를 알아왔다. 곧 역사를 통한 '지학'이 있었다.

20대, 30대 나이는 이립(而立)이다. 사람은 누구나 20, 30대에 자기 뜻을 세워 본다. 어떻게 살 것인가. 무엇을 해서 먹고 살 것인가. 어떤 사람이 될 것인가. 곧 세상을 '어떻게 살아가야 하겠다.'는 의지, 바꾸어 말하면 자기 뜻을 불태우는 시기이다. 함석헌(咸錫憲, 1901~1989)의 경우를 예로 들어 본다. 함석헌은 자기 뜻을 세우고 30대에 역사를 쓴다. 바로 『뜻으로 본 한국역사』(1934)이다. 그런데 함석헌은 '하느님의 뜻'에다 자기 뜻을 두었다. 그래서 함석헌은 이 나라 역사를 고난의 역사로 보고, 고난의 역사가 모두 하느님의 뜻으로 이루어졌다고 보았다. 곧 유신론적 역사 인식[神意史觀]이다.

그러나 반대의 뜻을 세우는 사람도 있다. 마르크스(Marx, Karl, 1818-1883)이다. 그는 30대에 유물론적 역사 인식/역사적 유물론(歷史的 唯物論)/사적 유물론(史的 唯物論)을 편다. 유물론적 역사 인식은 모든 개념이나 사상의 근거, 기준은 물질성에 기초한다는 논리이다. 인간 사회에서 나타나는 모든 역사적 현상은 신의 계시가 아니라 물질적, 과학적 발달에 근거한다는 주장이다. 유물론적 입장의 역사는 인간 사회에서 지배하려는 자와 지배 받지 않으려는 자 사이에 모순이 발생하기 마련이고, 이 모순의 극복은 계급투쟁으로 해결된다는 주장이다.

그러나 또 다른 사람들은 모순의 해결은 투쟁이 아니라 타협으로 해결된다고 주장한다. 곧 지양이론이다. 지양(止揚=타협)이라는 말은 평화적인 타협을 뜻한다. 이렇게 어떤 입장으로 역사를 바라보느냐에 따라 역사적 사실은 다르게 나타난다. 그러나 한국 사회는 일제 때부터 하나의 이념만 주입하는 바람에 다양한 역사 인식을 배울 수 있는 기회가 없었다. 그래서 한국의 노인들은 30대에 역사를 통한 이립(而立)을 할 수 없었다.

40대는 불혹(不惑)의 나이에 접어든다. 40대 불혹의 나이에는 자신의 주장을 강조하고 자기 생각이 진리인 양 떠드는 시기이다. 역사를 예로 들어 말하면, 자기가 배우고 읽은 역사가 모두 사실인 것처럼 고집하는 역사 지식을 가진다. 우리나라 역사를 이승만 · 박정희 · 전두환이라는 독재자 하에서 편찬된 『국사』라는 국정교과서에 의지하여 배웠다. 말을 바꾸면, 이제까지 우리는 왕조 중심의 역사, 지배층 중심의 역사, 권력 중심의 역사, 이념 중심의 역사만을 배웠다는 말이다.

그래서 한국의 40대 이후 사람들은 모든 사물의 인식을 권력, 지배층 중심으로 한다. 이 때문에 정치인을 '직업의 꽃', 최고의 직업으로 여긴다. 정치권력, 국가 폭력이 민인(民人)들의 인권(人權)과 민주주의 원칙보다 우선된다고 생각한다. 사회학적 개념으로 말하면 수구, 보수적으로 역사를 인식한다는 말이다. 역사의 진리는 변한다는 사실을 애써 부인하는 어리석음에 묻혀 산다. 이는 장기간의 독재 권력에 의해 역사적 사실(史實)마저도 일그러진 것을 배웠기 때문이다. 곧 어리석음이 강제되었다는 이야기이다. 그래서 40대를 살아온 한국 노인들의 '역사의 불혹'은 어리석음이다.

50대의 자아세계는 지천명(知天命)이다. 곧 "하늘이 나에게 내린 대임(大任)과 불능(不能)이 무엇인지"를 깨닫는 나이다. 적어도 국정교과서 『국사』 책으로 배운 불혹의 40대 사람도 시간의 흐름에 따라 50대에 접어든다. 곧 지천명의 나이가 된다. 한국 사회 50대 나이가 되면 민족의 당면 과제가 무엇인지를 알게 된다. 곧 영토 통일, 민족 통일이 당면 과제이다. 이게 하늘이 우리에게 준 대임(大任)이다. 그러나 강대국 간의 이해관계, 이웃 나라들과 경제적 손실과 이익 등이 복잡하게 얽혀 있어 통일이라는 대임이 어렵다는 불능(不能)도 함께 안다. 대임도 지천명이요 불능도 지천명이다.

세계에서 하나 남은 분단국가인 우리나라의 남과 북은 세계 평화에 위협이 되는 화약고(火藥庫)이다. 세계 평화를 위해서 한반도는 반드시 전쟁의 먹구름을 지우고 통일을 이루어 세계 평화에 이바지해야 함이 하늘의 참 뜻[天命]이다. 곧 민족 통일의 완수가 역사의 지천명이다. 그러나 권력욕에만 눈이 먼 '국가우월주의' 정치꾼들이 권력 유지를 위하여 고리타분한 이념 몰이만 계속한다면 민족 통일의 완수는 불가능해진다. 우리 사회의 불능을 떨치고 남북통일이라는 대임을 열어 나갈 책임을 지는 것이 50대를 지낸 이 나라 노인들의 '역사의 지천명'이다.

60대는, 지천명을 바탕으로 이순(耳順)의 자아의식을 갖게 된다. 이순의 나이는 이미 산마루를 넘어 내리막길을 달려 내려오는 노인의 나이를 말한다. 이순의 자아세계는 남의 거친 말을 들어도 귀에 거슬리지 않고 남이 아무리 나에게 노여움을 품어도 개의치 않는 자세를 갖게 된다. 상대방의 비난에도 자존심이 상하지 않고, 남이 나를 욕하여도 별 문제로 삼지 않는 나이는 역시 60이 넘으면서부터다. 이 말은 60대에 이르러서야 세상의 이치, 자연법칙이 무엇인지를 알게 되었다는 뜻이다.

'역사의 지천명'을 아는 60대 노인이 이 나라를 행복하게 만드는 길은 바로 민족 통일이다. 그리고 통일의 방법론으로 제시할 수 있는 해결책은 전쟁과 비방 등 폭력적 방법(사드와 같은)이 아니고 비폭력적 평화의 방법이다. 상대방을 인정하는 이순(耳順)으로만 가능하다는 말이다. 상대방을 인정한다는 말은 남과 북이 적대감정으로 전쟁 분위기를 고조하는 게 아니고 평화적 협상과 타협을 하는 것이다. 곧 자기 절제와 소통이다. 그리고 조화와 균형이다. 자기 절제와 소통, 그리고 조화와 균형은 남과 북이 어떤 외부 세력의 눈치도 보지 말고 상호 '이순의 법칙'을 가지는 것이다. 남한만이라도 진정으로 미국과 일본으로부터 '자주독립국가'를 선언한다면 한반도 통일은 단박에 이루어지리라고 본다. 이게 이순의 나이를 거쳐 온 60대 노인들이 가져야 하는 바른 생각이다.

공자가 말한 대로 70대 노인의 자아세계는 종심(從心)이다. 공자는 종심을 "마음의 소리를 듣고 마음의 소리대로 자유롭게 사는 것"이라고 했다. 마음의 소리를 들을 때, "진리, 하늘의 뜻을 알게 된다." 나이 70이 되면, 마음의 소리를 듣게 된다. 세상의 모든 걸림돌에 구애받지 않는 그런 삶이 무엇인지를 아는 나이다. 곧 자유로운 삶이다. 자유로운 삶의 바탕은 행복이다. 행복을 결정지어 주는 요소는 물질적 풍요가 아니고 마음의 평화이다.

마음의 평화가 무엇인지 알기 위하여, 역사학으로 풀어 본다. 이것을 '역사의 미래'라고 한다. 역사에 미래 사회의 모습이 빠져 있으면 참역사가 안 된다. 미래 인간 사회 모습은 복지사회요, 세계 평화이다. 다툼이 없고, 전쟁이 없고, 폭력이 없는 사회이다. 다툼 · 폭력 · 전쟁이 없는 사회가 되려면, 인간 사회에 권력 행위 · 권력 욕망 · 권위주의가 사라져야 한다. 남을 지배하려는 야심이 없어져야 한다. 이게 마음의 평화다.

현실로 말하면, 우리나라에서 통일이 이루어지는 것이 곧 마음의 평화이다. 곧 세계 평화이다. 그리고 복지사회이다. 역사는 바로 이러한 미래 사회의 모습을 설정하고 과거 성찰을 통하여 현재를 만들어 간다. 이것이 나이 70대에서 만나는 '역사의 종심'이다.

3. 노인들의 당면 과제

이제까지 공자의 자아세계에다 이 나라 노인들이 살아오면서 경험한 역사 인식을 대입하여 우리 사회 노인들이 어떤 의식세계에서 살아왔고 앞으로 가져야 할 당면 과제가 무엇인지를 알아보았다. 오늘을 살아가는 노인들이 이 나라 미래를 만들어 갈 책임이 있다. 지구상에는 지역마다, 나라마다 사회체제와 구조, 그리고 삶의 양태가 다르다. 그래서 각 지역 사회구조와 제도에 따라 지구 각 지역에 사는 사람들이 살아가는 모습은 다르게 나타난다. 오늘날, 지구상에서 가장 사람답게, 멋지고 행복하게 살아가는 지역은 북유럽의 네덜란드 · 핀란드 · 스위스라는 것을 우리는 익히 들어 알고 있다. 그곳을 여행하고 돌아온 사람들의 이야기를 글을 통해 들으면, 참 부러운 나라들이라는 것을 새삼 느낀다. 그에 비하면 우리나라는 한참 뒤떨어진 사회라는 것에 슬픔이 밀려온다.

위에서와 같이, 우리 사회 현실은 공자의 자아세계를 그대로 반영하기에는 매우 어렵다. 스스로 내 인생을 결정하는 나이인 15세에도 강제된 인생 궤도에 맞추어진 입시 제도라는 사회악 때문에 주체적 결정이 어렵다. 내 주체적인 삶을 찾는 공부는 어디로 가고 반강제적으로 출세하는 공부에만 매달리게 된다. 지학(志學)이 어려운 나라이다.

그리고 대학을 졸업해서도 내 삶을 찾아 나설 길이 없다. 이립(而立)을 할 수 없다. 나이 30에 이르러서도 갈 길을 잃고 방황하는 것이 우리 현실이다. 청년 실업이 너무 많고, 대학에서 전공한 공부대로 직장을 찾아 삶을 살아가기가 힘들다. 30대를 전후로 사회 범죄자가 많이 발생하는 것도 이립(而立)을 할 수 없었기 때문이다.

'지학'도 못 했고 '이립'도 없었으니, 나이 40에 어찌 불혹(不惑)이 있겠는가. '불혹'이 없으니 삶의 행복도 없다. 불혹이라는 말은 공자가 말한 것과 같이 "세상의 유혹이나 속세의 진애(塵埃)에 흔들리지 않는 자유의지를 가짐"을 말한다. 나이 40에 불혹이 없는데, 50대 '지천명'을 깨달을 리도 없다.

이 나라에서 50대가 되면, 직장에서 구조조정으로 밀려나 쫓겨나야지, 창업(創業)의 유혹에 빠져서 실패하지, 자식들 대학 등록금을 부담해야지 등으로 노후(老後) 준비가 안 되어 정신적, 육체적 고통을 당하는 게 이 나라 노인들이다. 그래서 50대부터는 사회적으로 강제된 노인의 삶을 살게 된다. 100세 시대가 오면서 살아온 날보다 앞으로 살날이 더 많은 노인이 되고 말았다.

그래서 노후 준비가 안 된 노인으로 사는 시간이 더 긴 만큼 미래 사회를 생각하지 않을 수 없다. 글쓴이는 미래 사회를 위하여 타의적으로 강제된 이 나라에서 우리 자신과 위정자들에게 두 가지를 제시해 본다.

첫째, 남북이 정전협정 대신 평화협정을 맺는 일이다. 남북이 평화협정만 체결하면 상대방이 서로 핵무기와 같은 '공격적 무기'를 '방어적 무기'로 전환함으로써 엄청나게 들어가던 국방비를 줄여 그것을 노인복지로 돌릴 수 있다. 둘째, 미래 사회의 모습은 절대 자유를 누리며 폭력없이 평화롭게 너와 내가 함께 사는 세상이어야 한다. 나라와 나라가 함께, 남과 북이 함께, 정부와 민인이 함께, 도시와 농촌이 함께, 강자와 약자가 함께, 부자와 빈자가 함께, 인간과 자연이 함께 할 수 있는 세상이 미래 사회의 진정한 모습이 아닐까 하는 생각을 가져 본다.

04

인간학적 장으로서의 사람책도서관

—박요섭—

1. 지혜와 사람책도서관

'사람의 인생을 한 권의 책이며 도서관'이라고 생각하는 정서는 지구촌 어느 곳에서도 크게 다르지 않은 것 같다. 독일의 소설가 장 파울(Jean Paul, 1769-1825), 프랑스의 작가 베르나르 베르베르(Bernard Werber, 1961-), 아프리카 작가 아마두 앙파데바(Amadou Hampate Ba), 유엔 사무총장이었던 코피 아타 아난(Kofi Atta Annan, 1938-)은 물론, 우리 주변에서도 많은 사람이 자신의 경험과 인생을 책과 도서관에 비유한다. 책은 삶에서 얻은 많은 경험과 지식이 활자화되어서 나온 것이다. 그러니 본질적인 측면에서 보자면 '사람이 책이고 도서관'이라고 할 수 있다. 삶의 여정은 만남의 연속이다. 만남에는 대화가 살아 숨 쉰다. 사람들의 만남은 관계를 형성하고 관계는 또 다른 만남을 파생한다.

여기에서 이야기가 생성되고 그것이 관계의 역학 속에서 만남을 거치며 확대 재생산된다. 이런 과정에서 사회적으로 논제가 설정(Agenda Setting)된다. 이렇게 형성된 논제 설정은 현실 세계를 여과(filtering)하고 재구성(reconstructing)함으로써 논제를 구축(Agenda Building)한다. 만남과 대화에서 형성된 이야기는 수많은 사유의 결과이기도 하지만, 이성의 재료와 양식이 되기도 한다. 사람들의 사유는 다양한 텍스트를 만들어 내기도 한다. 이야기든, 텍스트든 그것은 인간을 인간답게 하고 사회를 더욱더 아름답고 복되게 할 때 가치가 있다. 이것을 '인문학적 상상력'이라고 할 수도 있다. '인문학적 상상력'이라는 것도 이성의 작용이다. 인간이 동물과 다른 으뜸은 이성이다. 이성을 통해 문명을 발전시켜 온 인류의 발명 가운데 문자와 인쇄술이야말로 이 모든 것의 바탕을 제공했다. 그러나 문자와 인쇄만으로는 사람이 지닌 그 모든 것을 파악하고 전달하기 어렵다. 문자와 인쇄가 담을 수 있는 한계가 있기 때문이다. '사람책'과 '사람책도서관'이 필요한 것도 여기에서 출발한다.

지식과 정보가 넘쳐나는 시대에 살고 있지만, 사람들은 그만큼 가치관의 혼란과 첨예한 갈등의 소용돌이 속에서 시달린다. 사람들이 다양하게 존재하기 때문이다. 이런 문제를 극복하기 위해서는 다양성이 조화를 이루어 하나가 된 아름다움으로 빛을 발할 수 있게 해야 한다. 이것이 바로 지혜가 필요한 이유다. 지혜는 양심과 윤리를 포함하는 지적 역량이다. 지혜롭다는 것은 이치를 깨우쳐 분별력을 지니고 올바르게 판단하고 처리하는 정신적 능력이다. 지혜로워야 다양성을 조화롭게 만들어 낼 수 있다. 열역학 제2의 법칙은 고립계의 엔트로피(entropy)는 항상 증가한다고 본다. 소위 자연 상태에서는 무질서도가 증가한다는 것이다. 지혜로운 사람은 질서도를 높임으로써 엔트로피가 감소하게 한다. 지혜로운 사람은 각자의 창조 본래의 목적을 존중하되 그것이 조화를 이루어 서로 유익을 주며 아름다움과 행복을 창출하게 한다. 이런 맥락에서 지혜는 선(진리)에 깊이 뿌리를 내리고 흔들림 없이 '아름다움'이라는 꽃을 피우고, '행복'이라는 열매를 주렁주렁 맺게 하는 것이다. 지혜는 이성과 논리에 따른 실증적 결과에만 집착하려는 인간의 이기적 속성과 교만으로 흔들리는 초점을 바로잡아 주는 힘이다. 지혜로움의 결과는 우리에게 모두 불편함이 없고 평화로우면서 서로 이익과 행복을 가져다준다. 지혜로움은 이런 세상을 창출하는 통찰력과 능력의 바탕이 된다. '사람책도서관'은 이런 지혜를 유통하는 저수지다. 사회는 물론, 자연에서도 다양성이 조화롭게 아름다운 연합을 이루어 낼 때, 최적의 상태가 나타난다. 강제적인 획일화나 전체주의적 발상으로는 절대로 이런 상태를 만들어낼 수 없다. 아무리 좋은 것이라고 해도 획일화하는 것은 잘못된 것이다. 창조주도 사람을 획일화하지 않았다. 진리를 중심으로 살아야 하는 것은 틀림없지만, 사람들의 다양성을 획일적으로 통제하려 해서는 안 된다. 모두 동일하게 하나뿐인 해와 달을 바라보지만, 사람들은 모두 제각각의 다양한 생각을 한다. 다양한 사람이 살아 숨 쉬고 존중받을 수 있어야 아름다운 세상이다. 세상이 모두 검거나 희다면 어떻게 되겠는가? 생각만 해도 끔찍하다. 세상이 아름다운 것은 다양성이 조화를 이루기 때문이다. 조화로움은 나눔과 사랑이 넘치는 행복한 삶을 이루게 한다.

아리스토텔레스(Aristoteles, B.C.384-B.C.322)는 인간이 온갖 걱정이나 근심에서 벗어나 디아고게(diagoge, 도덕적 미와 즐거움이 살아 숨 쉬는 고상한 오락)를 누려야 한다고 했다. 그는 이것을 교양 있는 자의 행위며 진정으로 가치 있는 일로 여겼다. 이것은 인간이 만족스러워하는 행복 상태를 성취하게 만들기 때문이다. 이렇게 아름다운 것을 가능하게 하는 힘이 지혜에서 나온다. 지혜가 풍부해야 행복과 번영이 꽃을 피운다. 지혜는 갈등을 치유하고, 이해의 가뭄을 해소한다. 지혜는 행복한 세상을 열 수 있게 하는 신비로운 힘이다. 그러므로 아름답고 복된 세상을 만들기 위해 더욱더 효율적으로 지혜를 창출하고 모으는 방법을 찾아내야 한다. 벌들이 꽃 속에서 꿀을 모으듯이 사람들의 지혜를 모을 수 있는 시스템이 필요하다. 또한, 지혜를 모으는 것 못지않게 중요한 것이 나누고 공유하는 것이다. 이를 위한 플랫폼(platform)이 사람책(Human Wisdom Book)과 사람책도서관(Human Wisdom Library)이다.

2. 책, 도서관에 대한 발상의 전환과 가치 혁신

책이 영혼이라면 도서관은 사람의 몸처럼 영혼의 집이라고 할 수 있다. 다시 말해서 책과 도서관은 절대 분리할 수 없는 관계이다. 도서관은 수많은 지혜가 모인 지혜의 샘터와도 같다. 여기서 다양한 지식이 교감하며 융합하여 사람들의 심연에서 잠자는 갈망이나 사명을 자극한다. 지적인 소통이 영감을 불러일으키며 새로운 도약을 꿈꾸게 하는 희망과 용기의 공급처가 되기도 한다. 하지만 도서관이 여기만 머무르면, 지적 갈증에 지친 사람들의 목마름을 해소하는 것으로 만족해야 한다. 여기서 머물지 말고 새로움을 향해 힘차게 앞으로 나아가야 한다.

'사람책'이라는 지혜의 샘들이 하나둘 모여서 가치 혁신을 이루게 해야 한다. 이렇게 되면 도서관은 엄청난 유익을 생산하는 시대적 조류를 창출해 낼 수 있다. 먼저 책과 도서관을 바라보는 시선이 달라져야 한다. 다른 각도, 새로운 생각으로 바라볼 수 있어야 한다. 과거와 같은 틀 안에서 생각해서는 새로운 모습을 볼 수가 없다. 우리나라에서 도서관은 어느 정도 양적으로 팽창했다. 그러나 이것만으로는 도서관의 사명이 흡족하게 실현되었다고 말할 수 없다. 도서관에도 하드웨어와 함께 소프트웨어가 균형을 이루어야 한다. 그리고 여기에서 한 발 더 나가야 한다. 사람과 사람의 온기가 서린 지혜를 서로 가슴에 새기고 자라게 할 수 있는 시스템이 더해져야 한다. 발상을 전환해야 과거에 보이지 않던 모습이 보인다. 생각을 바꾸어 보면, 책과 도서관에 대한 새로운 시야가 열리고 가치를 혁신할 수 있다. 단순히 책을 모아 두기만 한다고 해서 도서관이 되는 것은 아니다. 도서관은 다양하고 많은 정보와 지식이 살아 움직이며 새로운 영감을 창출하게 만드는 공간이어야 한다. 도서관이 단순히 책을 빌려 주는 기능만으로는 이런 사명을 감당하기 어렵다. 그렇다면 과연 어떻게 해야 하겠는가. 사람과 사람이 서로 눈빛을 바라보며, 뜨거운 가슴을 맞대고 교류하며 공감하면서 함께 살아감에 감사하고 감격하며 더욱더 의미 있고 아름다운 미래를 만들어 낼 수 있는 곳이 되어야 한다. '사람책도서관'은 새로운 시대를 여는 발원지이다. '사람책도서관'은 지역사회에 사는 사람들이 오가며 자연스럽게 서로 만나고 교류하는 다리요, 광장이 되어야 한다. '사람책도서관'은 프로보노(Pro bono · 재능기부 봉사활동)를 넘어 지역공동체의 나눔 · 경제 · 봉사 · 여론형성 · 가치창출 · 삶의 질 향상 · 미래적 방향의 설정 등을 함께 고민하고 만들어 가는 유기체적 공동체라고 할 수 있다. 자신이 사는 마을과 정겨운 이웃들의 이야기를 아름답게 정리하여 알리고 공유하는 것은 물론, 후대들이 길이길이 보고 느끼며 배우도록 보존하여 역사로 만드는 일도 '사람책도서관'의 사명이다. '사람책도서관'은 책을 소장하는 것이 아니라, 독특한 경험이나 사연 그리고 지식을 나누고 싶은 사람들을 모아서 가동하는 일련의 서비스라고 할 수 있다. 책을 빌려 주는 공간이라는 한정된 이미지와 역할에만 머물지 않고 새로운 개념을 만들어 가는 도서관이다. 도서관이 지식과 경험을 나누고 공유하려는 사람들의 공동체로 가치를 혁신한 것이다. 오늘날 도시에는 마을이라는 공동체적 의미가 거의 사라져 버리고 행정구역상 명칭만이 내걸려 있을 뿐이다. 이것은 영혼의 교감이 단절된 영적 폐허를 의미한다. 이런 영혼의 단절을 아름답게 되살려 왕성한 교류가 일어나게 함으로써 공감하며 함께 호흡하는 유기체적 공동체를 만들어야 한다. 이것이 바로 21세기 도서관이 나아가야 할 방향이고 시대적 사명이다. 분명한 것은 '사람책'이라는 것이 종이로 인쇄하여서 만든 책은 아니라는 점이다. 사람이 책이라는 개념에서 출발하여 여러 모양으로 파생되는 새로운 흐름이다. 인쇄술의 발명 이후 종이 책은 인류 문명의 상징으로 영광을 누렸다. 디지털 시대에 들어오면서는 멀티미디어가 화려한 비주얼과 함께 엄청난 용량과 속도로 세상의 관심을 주도했다. 그렇지만 어느 것도 사람의 온기와 감성을 대신할 수는 없었다. 이제 사람들은 눈을 마주치고 가슴에서 솟아나오는 진실하고 따뜻한 지혜를 주고받고 싶어 한다. 이런 사람들의 욕구에 부응한 것이 '사람책', '사람책도서관' 같은 흐름이다. 누군가에게 살아온 경험과 지혜, 마음 깊이 간직한 진심 어린 이야기를 듣는 것이 웅장하고 감동적인 오케스트라의 연주보다 더 큰 울림과 아름다운 영감을 가져다줄 수도 있다. '사람책'이나 '사람책도서관'의 개념이 유치원 · 초등학교 · 중학교 · 고등학교 · 대학교는 물론 시민단체 · 공공기관 · 종교단체 · 기업체에 이르기까지 다양한 곳에 퍼져 온갖 모양으로 아름답게 꽃을 피울 수 있어야 한다. 이것이 곧 찬란한 문화가 아니겠는가. 문화는 수많은 삶의 요인들이 다양성 속에서 꽃을 피우는 정원이다. 이것은 모든 사람의 서로 다른 욕구와 지향을 조화하는 즐거운 힘이다. '사람책'이나 '사람책도서관'도 이 땅의 곳곳에서 저마다 싹을 틔우고 꽃을 피워 복된 열매들을 주렁주렁 맺을 수 있어야 한다. 이것이 바로 우리가 만들고 싶은 건강하고 아름다운 사회이다. 시대는 그때마다 새로운 상황을 만들어 낸다. 인간의 삶은 여기에 따라 새로운 틀을 요구한다. 지금 우리도 이런 시대적 요구 앞에 서 있다. 그렇다면 과연 어떤 사회가 바람직하다고 할 수 있겠는가? 하버마스(Jürgen Habermas, 1929-)의 견해에 따르면 무엇보다도 합리적 의사소통이 가능해야 한다. 창조적인 아이디어도 목적이나 기술에 얽매인 상태에서 나오기는 어렵다. 다양성이 숨 쉬는 열린 세계, 열린 의사소통에서는 수많은 발상이 생명력을 가지고 또 다른 아름다움의 가능성을 유기적으로 창출한다. 의사소통의 합리성(Communicative Rationality)을 확보하는 것은 물질문명의 이기(利己)에 따른 유익을 위해서가 아니라, 사람됨이라는 본질적 기쁨과 행복이 약동하는 휴머니즘을 회복하는 길이기 때문이다. 우리는 너무나 많은 이상증식이 넘쳐나는 시대에 직면했다. 명품을 구매하는 본질적인 이유도 따져 보지 않고 무조건 사야 한다고 생각한다. 등골이 휘어도 자녀들에게 명품을 입혀야 직성이 풀린다. 이런 사람들이 사는 것은 단순한 물건이 아니라, 계급적 특권의식의 발상에서 드러나는 과시인 셈이다. SNS(Social Network Service · 사회관계망서비스)도 실제적 의사소통보다 과시가 강력하게 자리를 차지하고 많은 문제를 만든다. 텔레비전의 각종 프로그램도 실재보다 더 과장된 실재적인 분위기를 연출한다. 이런 요구에 부합해야 인기가 있기 때문이다. 프랑스의 사회학자 장 보드리야르(Jean Baudrillard, 1929-)는 이런 현상을 초과실재(hyperreality · 과잉 또는 과다현실)라고 했다. 정보의 홍수 속에서 초과실재가 활개 치는 것만큼이나 진정한 의미와 실재는 가려지거나 묻힌다.

장 보드리야르는 이런 현상과 관련하여 "실재가 이미지와 기호의 안개 속으로 사라진다."는 말을 했다. 장 보드리야르는 이런 세태를 "악마적 권능"이라며 그 위험을 경고했다. 가공된 내용에는 이미 '진실'이 사라져 버린 것이다. 가공되는 순간 본질적 가치의 실재가 사라지는 것이다. 진실한 실재를 회복해야 진실한 아름다움, 진실한 행복 · 진실한 발전도 가능해진다. 진실한 실재에는 소통 · 나눔 · 배려 · 존중 · 사랑 등이 들어있기 때문이다. 그러므로 진실한 실재야말로 인류가 되찾고 누려야 할 소중한 가치이다. 인류는 산업혁명과 사회주의혁명이라는 커다란 변화와 갈등을 경험했다. 이런 소용돌이는 인류에게 큰 교훈을 남겼다. 산업혁명은 기술적으로나 경제적으로도 편리와 풍요를 선물했지만, 노동력 착취 · 개인주의 · 인간소외 등의 부작용을 초래했다. 이런 자본주의 폐해의 반작용이 사회주의사상을 잉태하는 온상이 된 것이다. 하지만 이렇게 발생한 사회주의혁명의 결과는 가식적이고 이기적인 발상에서 싹튼 독성과 폐해를 가르쳐 주었을 뿐이다. 인류는 이제 첨단 과학기술을 앞세우며 지식정보시대를 달려가고 있다. 보드리야르의 주장처럼 디지털의 왕성한 활동으로 아날로그의 정체성은 서서히 설 자리를 잃고 있다. 이것은 절대로 바람직한 것이 아니다. 이것이 바로 새로운 변화를 모색해야 하는 분명한 이유이다. 이제 인류는 디지털의 편리에 따듯한 온기를 불어넣어야 한다. 남녀 사이에도 '다름'에서 나타나는 '차이'가 있다. 그러나 이것이 '차별'이 되어서는 안 된다. 이것은 틀림과 잘못이 아니기 때문이다. 진정으로 사람을 사랑하는 마음에서 출발하는 공의와 정의가 강물처럼 흐르는 세상을 만들어야 한다. 누구라도 아무 제한 없이 푸른 하늘의 아름다움을 마음껏 누리듯 자유가 보장되어야 한다. 모두의 가슴에 희망이 무지개처럼 솟아나도록 손에 손을 잡고 앞으로 나가야 한다. 소유론적 이기심과 억압의 어둠을 잠재우며 환하게 떠오르는 진정한 창조 본래적 모습으로 회복해야 한다. 이것을 위해 '사람책'과 '사람책도서관'도 필요한 것이다. '사람책'과 '사람책도서관'은 사람의 본래적 가치를 조화롭게 실현하며 세상을 회복하는 하나의 방법이다. 이런 모든 노력과 회복을 통해 삶의 아름다움과 참된 행복이 마음껏 숨을 쉴 수 있게 될 것이다.

3. 만남과 새로운 창조적 동력

『동국이상국집』에서 1234년에 금속활자로 찍어 냈다고 기록한 『고금상정예문』은 1455년 인쇄된 서양 최초의 금속활자 인쇄본인 구텐베르크보다 200년이 넘게 앞섰다. 그럼에도 우리의 발전이 뒤처진 것은 대중화가 목적이 아니었기 때문이다. 서고 보관용 서적 간행이 그 용도였다. 반면 유럽에서는 인쇄술이 발명된 후 50여 년이 지나자, 200여 개의 인쇄소와 출판사가 생겨났다. 민간 영역과 시민사회로 확산이 급속한 발전의 원동력이었다.

1997년 베를린에서 열린 G7 정상회담에서 미국의 앨 고어(Albert Arnold Gore) 부통령은 '한국이 세계 최초로 금속활자를 발명하고 사용했지만, 인류의 문화에 더욱더 많은 영향력을 끼친 것은 독일의 금속활자였다.'는 말을 했다. 유럽의 인쇄술은 성경을 인쇄하여 보급하는 대중화의 도구로 쓰였기 때문에 급속한 발전을 이룩할 수 있었던 것이다. 경험과 지식이 순환하며 공유하지 못하면 이것은 죽은 것이나 마찬가지이다. 종이 서적이나 디지털 매체들만으로는 한계가 있다. 사람과 사람의 만남이 필요하다. 사랑을 종이로 만든 책이나 영화로 할 수는 없다. 사람이 만나야 가능하다. 자본과 발전의 원동력도 생명에서 나온다. 사람이 불어넣는 생명이 아니고서는 창조적 동력을 발휘할 수 없다. 새로운 창조적 동력은 만남에서 출발한다. 형태와 지향하는 바는 조금씩 다르겠지만, 이런 개념의 플랫폼들이 풍요롭고 아름다운 세상을 만드는 만남과 잉태의 텃밭이 되어야 한다.

4. 사람책도서관으로 바라본 인문학적 텍스트와 상상력

영국에서는 '노인이 품고 있는 지식은 도서관의 책보다 더 많다.'는 말을 한다. 은퇴라는 낙인에 찍혀 수많은 경험과 번뜩이는 지혜를 가진 훌륭한 도서관들이 폐쇄되었다. 어디 노인뿐이겠는가. 청소년들이며, 청장년들도 각자는 수많은 경험과 지혜가 있을 것이다. 갯벌은 밀물을 만남으로 생명을 잉태한다. 이런 일상의 만남을 우리는 무심히 여긴다. 면면히 이어온 시간과 지혜가 영원한 현재로 만남에 녹아 있다. 만남에는 엄청난 풍요를 배태한 생명 자본도 잠재되어 있다. 이것이야말로 인문학적 텍스트와 상상력의 텃밭이고 요람이다. 과학적 텍스트는 어떤 객관적 현상이나 원리를 서술하고 객관적 사실이나 정보를 제공한다. 반면 인문학적 텍스트는 객관적 시·공간에서 살아가는 사람들의 주관적 상상력을 표현한다. 인문학적 텍스트는 인간이 주관적 사유를 통해 펼치는 가능성의 세계로 확장을 의미한다.

'사람책'과 '사람책도서관'은 인문학적 텍스트와 상상력을 일깨우고 풀어내서 융·복합하는 컨실리언스(consilience·서로 다른 것들을 하나로 묶어서 새로운 것을 창출해 냄)를 이루어 내게 하는 플랫폼이기도 하다. 배추와 여러 양념이 섞여서 발효되면 최상의 건강식품인 김치가 탄생한다. 이것이 우리 민족의 저력이다. 2013년 유네스코 제8차 무형유산위원회에서는 우리의 '김장문화'를 인류 무형유산으로 결정했다. 김장문화에는 대를 이어 전해 주는 '사람책'이 있다. 이런 '사람책'들이 모여서 마을이나 지역별로 '사람책도서관'을 형성했기 때문에 모든 국민에게 전승되었다. 유네스코는 바로 이런 생활 속의 무형유산을 인정한 것이다. 이 밖에도 우리에게는 아름답고 소중한 많은 무형유산들이 전승된다. 글이 아니라 말로 전해 내려오는 문학을 구비문학(口碑文學)이라고 한다. 입이 내용을 기록하는 비석의 역할을 함으로써 입에서 입으로 전해 왔다는 뜻이다. 기록문학의 핵심이 종이 책이라고 본다면, 구비문학의 중심에는 '사람책'이 있다. 구비문학은 사람과 사람이 교감해야 가능한 것이다. 그리고 이것은 말로 존재하며 전승된다. 이것은 구연자에 따라서 다양한 발상이 가미될 수 있고, 그에 따른 발전 또한 가능하다. 구비문학은 기록문학의 불변성에 비해, 상당한 변화와 창의가 포함되어 전승된다고 볼 수 있다. 이런 맥락에서 보자면 가정과 마을도 온고지신(溫故知新)을 실현하는 '사람책도서관'이라고 할 수 있다. 구비문학에서도 보면 우리 민족이 '사람책'과 '사람책도서관'에 얼마나 탁월한 지혜를 발휘했는지 잘 알 수 있다. 이제 시대적 흐름에 따라 이런 저력이 있는 우리는 저력이 새로운 과제를 맞이했다. 사람들의 수많은 생각이 만남을 통해서 맛있고 건강한 새로운 성장 동력을 발효해 내야 한다. 이것이 바로 '사람책'과 '사람책도서관'이 존재하고 확산해야 할 이유이며, 생명력이다.

5. 사람책도서관과 인문학의 만남

인문학은 지식의 공급이나 증가를 목적으로 하지 않는다. 인문학은 공감과 배려로 싹을 틔우는 '행복학'이며 '희망학'이기도 하다. 인문학은 인간이 삶과 세상을 스스로 성찰함으로써 가치와 의미를 깨우치게 한다. 이런 반성과 깨우침이 삶에서 올바른 방향을 잡아 준다. 인문학은 인생의 참된 가치와 의미를 깨달아 호흡이나 체온처럼 항상 유지할 수 있도록 도와준다. 여기에서 행복한 삶이 이루어지고 희망이 싹트게 된다. 과학기술이 인간의 삶을 더욱더 생산적이고 안락하게 하는 편리와 유용성을 제공하는 것은 틀림

없지만, 그렇다고 그것이 삶의 의미와 가치를 일깨워 주거나 보장하는 것은 아니다.

반면 인문학은 인간의 존재적 가치를 깨우쳐 주고 삶의 올바른 방향을 제시하는 역할을 수행한다는 측면에서 매우 실용적이라고 할 수 있다. '사람책도서관'은 인문학을 토대로 삶의 향기와 가치를 발현하는 플랫폼이다. '사람책도서관'과 인문학의 만남은 인간의 실존적 이유와 삶의 궁극적인 목적을 깨우치고 유지하게 하면서 호흡처럼 희망을 지속할 수 있게 한다. 이것이 흔들리거나 단절되었을 때, 사람은 육체적으로는 살았으나 영원과는 단절된 상태가 된다. 본질과의 연결에서 공급되는 생명력을 발휘할 수 있는 상태가 영원한 현재를 사는 것이다. 영원한 현재를 사는 사람은 단순하게 앎의 분량을 확장하려는 지식 확장을 탐욕하지 않는다. 앎을 생명력에 용해하여 공유하고 또 다른 생명력으로 확산하는 가치 창출에 부응하는 존재적 이유와 가치를 성찰하고는 한다.

이탈리아의 역사가 베네데토 크로체(Benedetto Croce, 1866-1952)는 "모든 역사는 현대사다."라고 했다. 삶의 의미와 가치 역시 언제나 영원한 현재로 이어갈 수 있는 힘이 있어야 한다. 영국의 역사가 에드워드 핼릿 카(Edward Hallett Carr, 1892-1982)는 "역사란 과거와 현재의 끊임없는 대화다."고 했다. 우리는 어제와의 대화를 통해 교훈을 얻고, 더 나은 현재를 만들고, 더욱더 창의적인 내일을 이루어 나가야 한다. 식물이 광합성을 통해 생명력을 발현하고 유지하며 이어 가는 것처럼 삶에서도 이런 힘을 창출할 에너지를 공급받을 수 있어야 한다. 식물이 자신이 빨아들이는 양분으로 빛과 반응하는 광합성을 하여 포도당을 생성하는 것처럼 자신에게 공급되는 진리의 빛과 반응해 자신의 삶과 인류에게 유익한 가치를 생성해야 한다. 이것을 가능하게 하는 양분이 바로 인문학인데, 여기에서 공감과 배려의 힘이 나온다. 이것이 점점 더 자라면 존중과 사랑의 힘을 발휘하고 조화롭고 아름다운 공동체를 만든다.

이와 같은 생명적 메커니즘에서 없어서는 안 될 인문학적 토대가 무너져 버리면 위험한 사회가 되는 것이다. 세계적인 사회학자 울리히 벡(Ulrich Beck, 1944-)은 성찰과 반성 없이 근대화를 이룬 현대사회를 '위험사회(risk society)'라고 규정했다. 산업화와 근대화를 통해 이룩한 과학기술의 발전이 현대인들에게 물질적 풍요를 가져다 준 만큼 동시에 새로운 위험도 몰고 왔다는 것이다. 초기에는 이런 풍요에 도취해 부작용을 도외시 하지만, 점차 이런 문제가 고착화하여 일상적인 위험을 초래한다는 것이다. '위험사회'를 '아름다운 사회'로 만들기 위해 '사람책도서관'과 인문학이 유기적인 호흡을 하게 만들어야 한다.

6. 사람책도서관을 통한 인간성의 회복과 사회적 실천

인간이라는 말에는 관계라는 의미가 내포되어 있다. 따라서 제대로 된 인간으로 삶을 살려면 나눔과 배려, 상생과 협력이라는 관계가 살아 숨 쉬어야 한다. 그러나 현실에서는 생존경쟁의 치열함 속에서 약육강식, 적자생존의 논리가 갈등과 대립을 심화한다. 이런 문제를 해결하고 인간성을 회복하고 성찰적 실천이 가능한 시스템이 필요하다. 이 역시 '사람책도서관'의 역할이다. 포스터(E. M. Forster, 1879-1970)의 『인도로 가는 길(A Passage to India)』에서는 영국이라는 서구 정복 계층과 인도라는 동양의 식민지에 사는 사람들 사이에서 발생하는 갈등과 대립을 다루고 있다. 과연 이런 갈등과 대립에 해법은 불가능한 것인가? 『인도로 가는 길』은 억압된 타자와 저항의 문제를 이슈화한다. 이름조차 제대로 가지지 못하고 전혀 자신의 목소리도 내지 못하는 인도 여성의 처지는 조선 시대 한국 여성들이 당했던 부당함과도 공통점이 있다.

반면 서구 여인상을 대변하는 영국 여성은 오만하고 무례하다. 인도인들은 하나 되지 못하고 내부적으로 회교와 힌두교 등 다양한 종교와 계급제도 때문에 늘 분열과 갈등의 소용돌이에 휩싸여 있다. 영국인들은 문명과 야만, 지성과 무지 등의 이분법적 구조로 인도인들이 본질적으로 열등하기에 게으르고 한심한 존재라고 이미지화하며 식민지 지배를 영속화하려고 한다. 하지만 그 안에서도 제국주의적 담론에 저항하는 영국인들도 있다. 두 민족 사이의 문화적 차이가 원인이라고도 할 수 있겠지만, 이것은 표면적인 것이다. 내면적으로 보면 영악하여 조금이라도 더 많은 힘을 갖게 된 자가 펼치는 술수가 번뜩일 뿐이다. 신분과 계층의 문제는 인류사에서 늘 존재했다. 이 문제의 원인은 적자생존과 약육강식이라는 진화론적 문명화에서 찾을 수 있다.

인류의 삶은 농경으로 잉여가 발생했다. 이것이 풍요를 제공하긴 했지만, 욕심을 부추겼고 부와 권력의 차이를 발생시켰다. 불평등이라는 개념이 확대되기 시작한 것이다. 개념은 사회적 실천이 반복되어 생기는 결과다. 불평등과 계층, 신분 사이의 갈등을 심화시키는 개념의 확대를 어떻게 막을 수 있을까? 해결 방법은 차이를 차별하지 않아야 한다. 이와 함께 부와 힘을 우월적 지위로 생각하지 않게 하는 사회적 실천이 반복되어야 한다. 동양의 경천애인 사상을 사회적으로 실천하는 것도 좋은 방안이 될 수 있다. 동학에서는 '사람이 곧 하늘'이라고 한다. 기독교적으로는 예수그리스도가 십자가에 못 박혀 자신을 희생하기까지 사랑한 사람을 사랑하는 것이 하느님의 뜻에 부합하는 일이다. 하늘의 뜻을 따르며 경천애인을 실천하는 사람은 사람을 본질적으로 높고 낮음으로 구별하지 않는다. 욕심 · 시기 · 질투 같은 사악한 요인들이 인간의 이기심을 부추김으로써 신분과 계층을 만들어냈다. 이제 이것을 제거하고 인간의 아름다운 순수를 회복하는 길로 나가는 올곧고 성실한 사회적 실천이 필요하다. 지배적 우위에서 쾌감을 느끼는 파괴적이고 타락한 정서를 과감하게 버려야 한다. 서로 존중하고 사랑하는 공감 능력을 먹고, 자고, 숨 쉬는 것 같은 생명적 메커니즘과 동일한 맥락에서 길러야 한다. 이런 주장이 다분히 이론적이고 실천하기 어려운 것이라고 할 수도 있다. 그러나 모든 것은 사람 생각에서 출발하기에 생각부터 바꾸면 가능하다.

생각이 바뀌면 변화가 시작된다. 영국에는 신사라는 개념이 있다. 신사의 개념이 남을 억압하고 무시하며 제 마음대로 행동하는 것인가? 이런 것이 신사의 개념이라고 영국의 초등학교 교과서에 당당하게 실을 수 있겠는가? 이 소설에 나오는 무어 부인이 신사적인가? 거만한 영국인 의사 캘린다가 신사적인가? 아니면 다른 사람이 불러서 온 퉁가(인도의 교통수단 이륜마차)를 양해도 없이 가로챈 사람이 신사인가? 이런 분명한 해답을 합리화하려고 들면 신분과 계층 간 갈등과 대립은 끝없이 지속될 것이다. 힘의 논리에 따라 승자가 결정되고 승자의 모든 행위는 정당화되는 것이다. 하지만 인류의 발전은 힘을 가진 자의 논리에 따라 움직인 것만은 아니다. 인간의 양심은 착한 본성에 귀 기울이게 한다. 사람들의 착한 마음이 생각 없이 저지르는 악의 평범성(banality of evil)보다 강하다. 이것이 인류가 더욱더 살기 좋은 사회로 발전한 원인이다.

일본과 독일은 똑같이 식민 지배를 통해 많은 잘못을 했지만, 두 나라의 태도는 많이 다르다. 일본은 지금도 여전히 자신을 합리화하고 정당화하려고 한다. 반면 독일은 나치 정권이 잘못했지만, 나치 정권을 탄생시킨 것이 국민이라며 모두 반성하고 피해자들에게 사죄하고 보상에 적극적으로 나섰다. 신분이나 계층은 타고난다고 생각할 수도 있지만, 그런 종류의 혈액이 따로 있지 않음은 유치원생도 안다. 문제는 사람에 대한 사랑이다. 사랑의 마음을 회복하고 기르도록 가르치는 사회적 실천을 쌓아 갈 때, 신분과 계층의 갈등을 넘어설 수 있는 확고한 개념이 생성될 것이다. 이런 실천의 반복이 평화롭고 아름다운 사회를 만드는 것이다. 더 이상 '현실과 이론은 다르다. 그것이 말처럼 쉬운 것이 아니다.'는 핑계는 그만두어야 한다. 밥을 굶으면 배가 고프고 밤이면 졸리는 것 같은 생리 현상처럼 누구도 예외 없이 생명적 메커니즘으로 인간다움을 실현하려는 순수한 사회적 실천을 강하게 작동해야 한다. 세종대왕의 훈민정음 서문에서도 볼 수 있듯이 사람을 사랑하고 긍휼히 여기는 마음이야말로 신분과 계층을 뛰어넘을 수 있는 방법이고, 복되고 아름다운 세상을 여는 길이 될 것이다.

책을 많이 읽지 못하는 주된 이유는 바쁘다는 것이다. 그러나 실제로는 책을 읽을 만한 마음의 여유가 없기 때문이다. 시간이 없다고 말하는 사람도 휴대폰으로 인터넷도 보고, 텔레비전도 시청한다. 책을 읽지 못하는 주된 문제는 독서에 강한 동기부여가 부족하기 때문이다. 웬만한 의지로는 문자를 해독하고 사고력을 발휘하며 책을 읽는다는 것이 쉽지 않다. 독서는 각각의 단어와 문장을 해독하면서 이것이 글 전체와는 어떤 연계성이 있는지를 파악해야 하므로 많은 사고와 상상력을 발휘해야 한다. 독서가 좋다는 것은 바로 이런 이유에서이다. 텔레비전 시청이나 인터넷 검색은 깊은 사고와 많은 상상력을 요구하지 않는다. 그러나 독서는 책을 읽으면서 내용을 파악하고, 이해하며 기억해야 하는 것은 물론, 상상력까지 동원해야 한다. 독서가 이런 유익함이 있지만 한계도 있다. 독서만으로는 저자가 전달하고자 하는 것들을 시원하게 파악할 수가 없다. 그래서 책을 읽은 다음, 독서 토론을 하기도 한다.

미국 오바마 대통령과 힐러리 클린턴도 학창 시절 독서 토론을 통해 지도력을 키웠다고 한다. 이렇듯 독서 토론도 좋지만, 저자와의 만남을 통하여 해당 내용을 직접 들을 수 있다면 가장 좋은 방법이 될 것이다. 이제 종이에 문자를 기록한 책을 읽는 것을 뛰어넘어 저자를 직접 만나서 내용을 듣고, 궁금한 것을 물어보며 깊이 있게 이해할 수 있는 시스템이 필요하다. 이것이 바로 '사람책'을 대출하여 열람할 수 있는 '사람책도서관'이라는 시스템이다. 이것은 사람의 지혜를 모으고, 공유하게 함으로써 창의적 창조력을 발휘하게 하는 매우 유용한 플랫폼이다. 우리는 이것을 통해 독서를 뛰어넘는 아주 특별한 독서를 할 수 있다.

사회관계망서비스(Social Network Service)의 발달에 따라 정보의 전달은 빨라졌지만 그만큼 진정한 만남과 소통의 기회는 줄어들었다. 이런 문제를 해소하고 새로운 발전을 가져다줄 놀라운 선물이 '사람책'과 '사람책도서관'이다. 인문학적 상상력의 실현을 위해 누구라도 마음만 먹으면 '사람책'이 될 수 있고, 대출도 할 수 있다. 어려운 한자를 배우지 못해 억울함을 당하던 조선 시대 사람들이 한글 창제와 함께 엄청난 발전을 맛보며 상상할 수 없는 변화와 유익을 경험하게 된 것처럼, '사람책'과 '사람책도서관'의 출현 또한 인문학적 상상력과 통섭하면서 책 · 독서 · 도서관에 엄청난 변화와 유익을 가져다주며 아름답고 복된 세상을 여는 데 이바지할 것이다.

05

시대에 따른 삶의 지표

—이소흔—

1. 어른이 된다는 것

요즘 한 방송에서는 '어쩌다 어른'이라는 TV 프로그램을 방영한다. 그야말로 어찌어찌 지내다 보니 어른이 되어 있다는 의미의 제목으로, 오늘날 중년 이후의 어른이라는 이름을 가진 사람들의 자화상이다. 생활 전선으로 투입되어 좌충우돌하면서 이십 대를 마무리하고 생활에 쫓겨 정신없이 삼십 대를 보내고 나니 막상 어른이 될 준비도 못 한 채 그리고 어른으로 성장하는 과정을 느끼지도 못한 채 어른이 되어 있는 것이다. 비단 이것은 중년들만의 이야기는 아니다. 소위 노인이나 어르신이라고 일컬어지는 노년층도 마찬가지다.

오늘날 우리 사회가 이만큼 발전한 것은 현재 노년이 된 이들이 땀으로 이룩한 것임을 부인할 수 없다. 그러나 없던 시절 잘사는 것에만 너무 치중한 나머지 우리에게 가치 기준은 인간이 아닌 자본이 되어 버림으로써 우리는 많을 것을 잃어버렸다. 사회적 성공과 그로 인한 부유함만이 오로지 인생의 목표가 되어 전반적인 사회 분위기도 그렇게 형성되었고 교육 역시 그러한 방향으로 행해졌던 것이다. 돈이 성공을 가르는 척도가 되고 행복을 정하는 기준이 되었다. 그러다 보니 과정은 무시된 채 결과만이 중시되고 기본은 무시된 채 기술적인 것만이 부각되었다. 발 빠르게 변화하고 새로운 것만이 최고로 인식되었다.

이러한 사회적 분위기 속에서는 어른들의 설 자리는 점점 좁아질 수밖에 없다. 젊은이들은 아무래도 기술적인 것에 강하고 빠른 변화와 새로움에 거부감이 없으나 노인들은 대체적으로 기술적인 것에 약하고 변화에 둔감하고 새로움은 어색할 수밖에 없기 때문이다. 요즘 사회가 무척 복잡해지면서 변화에 적응하지 못하고 발맞추지 못하면 낙오되기 십상이다. 사회구조도 복잡해졌지만 일상에서 쓰는 물건 사용법도 복잡해져 기계에 익숙하지 않은 사람들은 오히려 사용하는 데 더 불편함을 느낀다. 모든 것이 자동화되는 시스템 속에서 속수무책일 경우가 다반사이다.

그뿐이랴? 오늘날의 언어생활은 어떠한가? 사고방식이 바뀌니 공감할 수 있는 부분도 적어질 수밖에 없다. 더불어 새로운 전문용어, 특히 영어로 된 전문용어가 많아졌을 뿐만 아니라 일상적으로 쓰는 언어 역시 국어를 대체할 정도로 영어가 넘쳐 난다. 새로운 어휘는 계속 생겨나는데 문제는 우리말의 어휘가 점점 잊혀 가는 데 있다. 게다가 대부분의 단어, 나아가 문장까지 음절 단위를 넘어 음소 단위로 줄여 쓴다. 단순히 청소년층 간의 은어로 사용되는 것이 아니고 사용하는 계층이 확산되면서 일상어로 쓰이는 양상이다.

이 모든 차이를 한마디로 집약하면 아날로그 세대와 디지털 세대의 차이라 하겠다. 이 두 세대의 차이는 문명 차이만이 아니라 문화 나아가 사고 체계의 차이를 양산한다. 단순히 차이만 있는 것이 아니라 아예 세대 간이 단절되고, 이러다 보니 세대 간에 소통이 잘될 리가 만무하다. 사고 체계가 다르면 같은 언어를 사용한다 할지라도 공감하기가 어렵기 때문이다. 아니 더 큰 문제는 서로가 이해하고 공감하려고도 안 한다는 사실이다.

2. 어른으로 산다는 것

고령화 사회로 접어들면서 노인 문제가 대두되었다. 이것은 부양해야 하는 계층보다 부양받아야 할 계층이 많아진다는 일차원적 문제만이 아니다. 이보다 더 복잡한 문제들이 양산되는 것은, 우리 사회가 농경 사회나 유교 사회에서 어른으로서 지위나 역할은 자리 잡고 있었지만 산업사회에서 어른의 지위나 역할은 제대로 인식하지도 못하고 그에 따른 변화와 대책에 소홀했기 때문이다. 예나 지금이나 노인은 단지 나이 든 사람, 부양해야 하는 존재인 것만이 아니라 함께 살아야 하는 이 시대의 어른이다. 그러나 본질은 같아도 사회가 변했듯이, 그에 맞춰 의식도 달라졌듯이 새로운 흐름에 따라 계층의 지위나 역할이 바뀌어야 하는 것이다.

요즘 이슈화되는 노인 문제 중 하나는 병리학적인 부분이다. 반드시 알츠하이머가 아니더라도 나이가 들면 뇌 기능이 저하되는데, 그 가운데 전두엽 기능이 저하되면 충동 조절이 잘 안 된다고 한다. 나이가 들면 애가 된다는 말은 노화로 전두엽 기능이 떨어졌기 때문에 나타나는 증상에서 비롯된 것으로, 이렇게 전두엽 기능의 저하로 충동 조절이 잘 안 되는 노인들이 많아진다. 물론 충동 조절이 잘 안 되는 사람은 비단 노인만이 아니므로 이것이 노인만의 문제라고 할 수는 없다. 즉 충동조절장애는 뇌출혈, 뇌경색 등으로 오는 경우, 게임 때문에 오는 경우, 자라온 환경에서 오는 경우 등 여러 경우가 있기 때문에 이러한 장애로 큰 사고를 일으키는 것은 노인이 아니어도 나타나는 것이다. 그런데 필자가 이것을 노인 문제로 보고자 하는 이유는 이것이 노화에 따른 질병으로서 파악된다기보다 노인의 특성 가운데 하나라고 볼 수 있기 때문이다. 충동조절장애가 심해 일상생활이 온전치 못하고 남에게 피해를 준다면 전문적인 치료가 필요하겠지만, 정도가 미미하여 증상이 잘 드러나지 않으면 병으로 인식하기 어렵다. 그래서 나이 들어서 나타난 모습이라 간주하여, 남을 배려하지 못하고 오롯이 나만을 보는 아집에 폭력적인 것이 노인의 특성이라고 생각하는 젊은이들이 많아진다면 이 시대의 어른인 노년층이 과연 어른 노릇을 하며 어른 대접을 받을 수 있을까? 아니 시대가 변했듯이 꼭 어른 노릇을 하며 어른 대접을 받아야만 하는 것이 아닐지도 모른다. 그렇다면 나이로 구분 짓지 않고 나이에 상관없이 어울려 살 수는 없을까?

서양에서는 친구가 되는 데 나이가 그리 중요하지 않다. 나이에 상관없이 마음이 통하면 친구가 될 수 있다. 그러나 우리는 그렇지 않다. 친구가 되는 데에도 그 반대의 경우에도 나이가 중요하다. 그래서 나이 차이가 많이 나면 친구가 되기 쉽지 않고 어울리기도 쉽지 않다. 서열 문화가 있기 때문이다. 이것이 극명하게 나타나는 것이 바로 언어이다. 즉 우리말은 높임법이 발달되어, 상대에 따라 주체를 높이기도 하고, 객체를 높이기도 하고, 청자를 높이기도 한다. 높임의 요소는 조사, 어미 그리고 어휘로 나타나는데, 화자와 청자, 주체와 객체의 관계가 어떻게 되느냐에 따라 실현 양상이 복잡하다. 청자를 높이는 등급도 6단계 이상으로 나누어지며 그에 따라 호칭, 지칭도 달라진다. 그러니까 한국어로 대화를 하기 위해서는, 친밀해지기 위해서는 위아래를 확실하게 해야 한다. 그리고 언어가 그러하다는 것은 우리의 사고 또한 그렇게 작용한다는 것이다. 언어는 그 언어가 속한 문화와 밀접한 관련이 있고 그 문화가 속한 이들의 의식과 관련이 있다.

그렇기 때문에 우리는 나이와 상관없이 함께 어울리기란 쉽지 않다. 여기에 유교 사상이 더해져 그동안의 우리의 인식은 어른은 어른다워야 하고 어린 사람들에게 공경의 대상이 되어야 했다. 그러나 어른다운 것은 쉬운 일이 아니다. 단순히 젊은이들에게 훈계하고 그들에게서 대접받는다고 해서 어른다운 것이 아니기 때문이다. 그런 어른들은 젊은이들에게 오히려 꼰대로 인식될 뿐이다. 어른이 어른다우려면 모범이 되어야 하고 삶에 대한 통찰도 있어야 하고 깊이도 있어야 한다. 그런데 우리의 인식은 내면보다 겉모습에 더 치중하여 어른은 점잖아야 하고 경박해서는 안 된다고 생각한다. 그러나 이것은 얼마나 편견에 사로잡힌 것인가?

우리 사회는 유교의 영향으로 아직까지 사회구조가 수직적인 경우가 많다. 위아래 구분이 확실하고 그럼으로써 나이에 따른 행동 기준을 둔다. 물론 나이에 맞게 생각하고 행동해야 하는 것은 맞다. 성인임에도 생각이 성숙하지 못하여 어린애 같고 철부지인 사람을 긍정적으로만 바라보기는 어렵다. 여기서 이야기하고자 하는 것은 내면이 성숙하지 못한 사람을 두고 하는 말이 아니다.

우리 윗세대는 유교적인 수직 구조 속에서 삶을 영위했으므로 이러한 문화에서 벗어나기는 쉽지 않다. 그러나 오늘날 우리 사회는 점점 수평 구조로 변해 간다. 사회가 수평 구조로 바뀌는 것과는 달리 우리 의식구조는 잘 바뀌지 않는다. 그것은 젊은 세대도 마찬가지이다. 단 오늘날 우리 의식 속 수직 구조는 예전과 좀 다르다는 것에 문제가 있다. 지난날의 수직적 관계는 신분 혹은 지위, 그리고 나이에 따른 것이었다면 오늘날은 돈과 힘이 작용한다. 좀 더 정확히 말하자면, 이 사회를 이끌고 있는 세대에게는 나이보다는 돈과 힘, 그리고 개인의 능력이 중요하다. 그런데 이제 일선에서 한걸음 물러나 있는 세대 즉 노년층에게는 이것이 큰 상실감을 주는 것이다. 예전 사회에서는 은퇴한 노년층이 사회의 지지대가 되는 공경 대상인 어른이었다면 오늘날에는 그저 부양해야 할 또 다른 계층에 불과하기 때문이다. 이렇게 노년층을 인식한다면, 돈이 없고 힘이 없고 능력이 없으며 나보다 나이 많은 사람은 결코 공경의 대상일 수가 없다. 그렇게 되면 어른들의 훈계는 꼰대들의 잔소리에 불과하며 어른들의 존재란 불편한 존재인 것이다. 물론 어른들의 훈계가 지난 시절이라고 좋게만 들렸겠는가? 그러나 오늘날 모르는 사람의 훈계는 소음이라 여기는 이들이 많고 또 훈계하는 이들은 감정적인 경우가 더 많다. 결국 소통이 되지 않는 것이다.

소통을 하기 위해서는 공감을 해야 한다. 바꾸어 말하면, 공감을 해야 소통을 할 수 있는 것이다. 각자 감정에만 빠져 타인은 전혀 보지 않고 내가 생각하고 싶은 대로 생각하고 말하는 것은 소통이 아니다. 각자의 입장만으로는 소통이 될 수 없다. 즉 이야기를 한다고 해서 공감이 되는 것이 아니고 또 공감은 억지로 노력해서 되는 것도 아니다. 그렇다면 어떻게 해야 공감할 수 있는가? 그것은 바로 서로 배려하고 존중하는 것이다. 나보다 나이가 많든 적든 타인을 배려하고 존중해야만 서로 공감대를 형성할 수 있다.

그렇다면 오늘날 우리는 얼마나 타인을 배려하고 존중하는지 생각해 보자. 우리는 점점 남을 생각하지 않고 오로지 나만을 생각하며 살아간다. 그것을 개인주의라고 포장하지만 그것은 개인주의가 아닌 이기주의의 발로이다. 나만 편하면 그만이라는 생각에 타인을 배려하지 않고 예의를 지킬 줄 모른다. 아이들에게도 아이들 기죽을 것만 염려하지 아이들의 인성 교육에는 무관심하다. 그저 공부만을 강조하며 경제적인 성공만을 주입한다. 내 상처에는 호들갑을 떨지만 남의 상처는 거들떠보지도 않는다. 나에게는 관대하여 양심을 잊고 지내지만 타인에게는 야박하다. 특히 유명인들에게는 공인이라는 굴레를 씌워 보통 사람들이 가지는 그 이상의 청빈한 도덕성과

애국심을 강요한다. 더구나 유명해졌다고 해서 공인이 되는 것은 아니다. 이는 공인의 의미를 잘못 해석한 탓이다. 그리고 물질적 풍요만이 행복의 지표라 여기고 나보다 못한 이들에게는 군림하려 한다.

3. 사람답게 산다는 것

요즘 인문학 열풍이 불고 있다. 그러나 그것은 허세와 과시욕으로 인한 허상에 불과하다. 대학에서는 인문학의 자리가 점점 좁아지고 있는데 그 인문학의 바람의 근원지는 도대체 어디란 말인가! 학문적인 깊이는 없어지고 재미있게 포장하여 우리 감성만을 건드리는 것이 과연 인문학의 본질이라 할 수 있을까? 포장을 하든 흉내를 내든 그것도 인문학의 하나라고 한다면 그것이라도 우리 삶으로 이어져야 하는데 실상은 그렇지 않다. 삶으로 이어지지 않는 학문은 공허할 뿐이다.

인문학이란 인간을 위한 학문, 인간을 연구하는 학문이다. 어떻게 해야 더욱 인간답게 살 수 있는지를 고민하고 인간답게 살 수 있도록 하는 학문인 것이다. 그러나 우리 사회는 가치를 사람다움에 두지 않고 물질에 둔다. 물질의 풍요가 삶의 질을 대변함으로써 인문학의 가치는 떨어지고 말았다. 물질을 중시하는 사회에서는 인문학은 걸림돌밖에 안 되기 때문이다. 그러나 인문학이란 실생활과 동떨어진 형이상학적인 학문인 것만은 아니다. 오히려 인문학은 일상과 이어져 있고 일상에 녹아 있는 그러한 학문이어야 한다. 그래야 인간이 물질, 기계에 노예가 되지 않을 수 있다. 히로시마에서, 인류애가 없는 기술 진보는 재앙이 된다는 오바마 대통령의 연설을 다시 한 번 깊이 새겨 보아야 한다.

삶이 인문학과 함께한다는 것은 그렇게 대단한 것이 아니다. 사람을 생각함으로써 질서를 만들고 그럼으로써 편안함을 주는 것이다. 그렇게 하여 만들어 낸 신호등이야 말로 바로 인간을 생각하는 인문학적인 사고에서 비롯된 것이라 할 수 있다. 인문학적인 사고를 함으로써 우리는 기계에 종속되지 않을 것이며 물질의 노예가 되지 않을 것이다. 그리고 사람과 사람 관계에서도 인문학적인 사고는 인간을 이해하는 폭을 넓혀 줄 것이다. 그러나 우리는 타인 이해가 전무하다시피하다. 아니 이해하려 들지 않는다. 그러니 타인 배려가 생길 수 없고 존중할 수가 없으며 기본 예의까지 상실하고 마는 것이다.

그런데 밖에서 열풍으로 보이는 인문학 바람이 실상 그렇지 않은 것은 왜일까? 첫째, 대중적으로 행해지는 인문학은 너무 감성에만 치우치기 때문이다. 깊이는 떼어 두고 대중이 흥미로워 할 부분만을 다루고 감성에 호소하며 재미로 포장을 한다. 그러면 관심을 끌 수 있을지는 모르나 여운은 오래가지 못한다. 둘째, 그것을 받아들이는 대중은 그 자리에서는 호응을 하지만 결국 내 상황으로 끌어오지 못하기 때문이다. 그것은 남의 이야기지 내 이야기는 아니므로 그저 재미난 좋은 이야기를 가볍게 듣는 것으로 끝난다. 그러니 아무리 좋은 강연을 듣고 훌륭한 말씀을 들어도 성찰이 이루어질 수 없다. 그저 다른 세상 이야기로 치부되고 마는 것이다.

감각적인 것만을 추구하다 보면 분석이 이루어질 수 없다. 모든 학문은 분석이 이루어져야 한다. 그래야 원인을 알 수 있고 결과를 예측할 수 있다. 인문학도 마찬가지이다. 감각적이기만 하면 흥미로울 수는 있으나 깊이가 없다. 그리고 감정적일 수밖에 없다. 깊이가 있어야 생각도 깊어지고 통찰력도 생기며, 냉철해야 분석할 수 있고 그래야 성찰을 할 수 있다.

성찰을 통하여 자신을 냉철하고 객관적으로 볼 필요가 있다. 더불어 타인도 주관적인 편견에 사로잡힌 시선으로 보는 것이 아니라 객관적으로 바라볼 필요가 있다. 그런데 이것은 오늘날 어른들도 잘 되지 않는 부분이다. 사는 데에 급급하여 자신을 돌아볼 여유를 갖지 못했기 때문이다. 인문학적 사고를 하고 산다는 것은 말처럼 하루아침에 이루어지는 것이 아니다. 몸에 습관처럼 배어야 하고 사고 체계가 그렇게 세워져야 가능한 일이다. 그렇지 않고 삶이 고달프고 여유 없는 사람에게 인문학은 그저 배부른 소리일 수 있다. 또한 이러한 사람들이 풍요로워졌다고 해서 인문학적으로 사고 체계가 바뀌고 습관이 되는 것은 어려운 일이다. 그러니 어렸을 때부터 그렇게 교육하고 훈련해야 한다. 그렇기 때문에 언젠가 인문학은 나이 들어서 하는 것이라고 한, 전 교육부장관의 말은 개념 없는 소리에 지나지 않는다.

4. 더불어 산다는 것

다시 서열 문화로 돌아가 보자. 우리 사회가 서열 문화에 지나치게 얽매이는 경향이 있다. 앞에서도 이야기한 바와 같이 서열 문화가 존재하는 것은 우리의 의식 체계에서는 어쩔 수가 없다. 그러나 이 서열 문화가 합리주의에 의한 것이 아닌 권위주의에 의한 것이라면 이것은 분명 바뀌어야 하는 부분이다. 어른 말은 무조건 맞고 어린아이의 말은 무조건 철없는 소리가 아니다. 어른도 때로는 틀릴 수도 있고 어린아이의 판단이 옳을 수도 있기 때문이다.

그런데 우리는 어른들의 말이 지나고 보면 맞는 말이라는 인식에 사로잡혀 있다. 그리고 아이들은 아직 판단이 미숙하다고 생각한다. 그래서 아이의 꿈도 부모가 좌지우지하는 경우가 많을 뿐만 아니라, 심지어 아이들의 현재를 계획하여 실행하고 미래를 설계하는 것 모두 부모가 나서서 하여 아이들을 꼭두각시로 만드는 경우도 많다. 아이들 스스로 판단하고 실행하는 것을, 그리하여 실수하거나 실패하는 것을 부모들은 견디지 못하기 때문이다. 그들은 자신들의 판단대로 따라 주는 것이, 자식이 성공과 부를 거머쥘 수 있는 길이며, 그것이 자식들의 미래가 보장되는 길이라 생각하기 때문이다. 그러나 그것에 아이들의 생각과 행복을 전혀 고려하지 않았다면 그것은 어른들의 오산이 될 수 있다. 어른들이 만들어 놓은 현재 이 세상이 과연 아이들에게 행복한 세상인지를 생각해야 하는데 어른들은 자신들이 정해 놓은 기준에만 맞추어 판단하려 하는 것이다. 거기에 물질과 힘만을 강조했다면, 그것을 위해 자기 자신만 보게 했다면, 결국 아이는, 눈치 보면서 강한 어른들에게는 거리를 두고 나약한 어른과는 선긋기를 할 수밖에 없다.

이렇게 어른과 아이라는 선을 긋고 자란 아이들에겐 어른들은 함께 어울릴 수 없는 불편한 존재가 될 수밖에 없다. 힘 있는 어른은 자신을 누르는 존재이고 힘없는 어른은 자신에게 거추장스러운 존재인 것이다. 그리고 이것은 계층에 상관없이 우리 사회에 전반적으로 만연해 있는 분위기이다. 인문학은 없고 천박한 자본주의만 존재할 뿐이다. 이런 구조 속에서 세대가 함께 어울릴 수도 없고 어른이 공경받을 수도 없다. 이것은 어느 계층의 문제도 잘못도 아닌 우리 모두의 문제인 것이다.

지금의 노년층이 청년으로 살았을 때와 지금 사회는 많은 것이 변했다. 그때라고 해서 어른 노릇이 쉽지는 않았을 것이다. 그런데 수직 구조가 수평 구조로 되면서, 그리고 개인주의화된 사회에서는, 어른 노릇은 차치하고서라도 어른으로 살기도 쉽지 않다. 옛 사고방식을 유지하면서는 더욱 그렇다. 그러나 나이 드는 것을 막을 수 없고 변화한 사회에 맞춰서 살아야 한다면 달라져야 한다. 그리고 젊은 세대를 이해를 해야 한다. 젊은 세대를 존중하고 배려를 해야 그들과 공감할 수 있고 그래야 비로소 소통이 가능해지는 것이다. 젊은이들과 소통이 안 되는 것은 단순히 젊은이들이 쓰는 언어를 몰라서가 아니다. 공감하지 못하기 때문에 그런 것이다. 나이가 적은 쪽에서 먼저 마음을 열고 편안하게 다가가기는 쉽지 않다. 그렇기 때문에 어른이라도 받기만 하려고 하기보다는 먼저 다가가야 한다. 물론 때로는 젊은 세대에게 충고도 하고 조언도 하고 훈계도 할 필요가 있지만 그보다 먼저 젊은 세대를 색안경을 끼고 바라보는 것이 아니라 이해하며 다가가야 한다. 그리고 그들의 말도 귀 기울여 들을 줄도 알아야 한다. 그렇지 않으면 젊은 세대는 어른들을 편안하게 느끼며 어른들과 함께 어울릴 수 없고 더불어 살 수가 없다.

젊은 세대도 마찬가지이다. 어른들이 마음의 문을 열면 젊은 세대들도 꼰대라고 치부할 것이 아니라 받아들여야 한다. 그런데 때로는 친구처럼 편안하게 대하는 것은 좋으나 어른들의 지나온 세월을 경시해서는 안 된다. 간혹 나와 생각이 다를 수 있겠지만 그 세월을 존중해야 하고 나이에 따른 대접을 해야 한다. 그래야 본인도 존중받을 수 있다. 아무리 평등 사회가 되어도 나이를 아예 무시할 수는 없다. 특히 경어법이 발달한 언어를 가진 우리로서는 더욱 그러하다. 요즘 우리 사회에서는 새로운 것만을 추구하다 보니 옛것은 낡고 촌스러운 것으로 치부하고 나이 든 사람은 그저 오래된 사람으로 치부한다. 방송에서도 나이 들어 유행에 따라오지 못하면 옛날 사람으로 간주하고 놀림의 대상으로 만들어 버린다. 오래된 것이 후진 것만은 아니듯이 나이 든 것이 고리타분한 것만은 아닌데 우리 사회는 그렇게 인식하는 것이다. 나이 많은 것이 무기도 아니고 죄도 아니듯이 나이 어린 것이 자랑은 아니다.

그런데 이렇게 벌어진 세대 격차를 노년층이나 청년층에서 노력을 한다고 무조건 해결될 수는 없다. 공감대가 형성되지 않으면 오히려 역효과가 날 수도 있다. 함께하기 위해서는 가교 역할이 필요한데, 그 역할을 할 수 있는 층이 바로 중장년층인 것이다. 중장년층은 중간에 위치하고도 있지만 현재 시대를 이끌고 있다. 그러므로 윗세대와의 관계, 아랫세대와 관계를 어떻게 원만히 이끌어 가는지를 각 세대에게 보여줌으로써 그 역할을 수행해야 한다. 법적 성년 나이는 만 19세이지만 우리가 생각하는 현 시대 어른의 기준은 아마도 중장년층부터일 것이다. 그러므로 중장년층이 중간에서 중심을 잡아 주지 않으면 사회는 흔들릴 수밖에 없다.

그리고 구조적으로 사회가 나서야 한다. 이것은 사회적으로 움직여야 그 변화를 느낄 수 있고 개인도 자각하여 변화의 필요성을 갖게 된다. 그러기 위해서는 그 밑바탕에는 인문학적인 사고가 깔려 있어야 한다. 천박한 자본주의 사고로는 인간 중심의 사회를 구현할 수 없다. 천박한 자본주의는 물질을 우상화할 뿐이다.

하루아침에 이 모든 것이 바뀔 수는 없다. 인문학이 사라지고 인문학적 사고가 어떤 것인지도 모르는 시대에서 갑자기 무엇으로 변화할 수 있겠느냐 말이다. 그러한 사회적 분위기를 만들기 위해서는 준비가 필요하다. 물질만능주의 사회에서는 인문학이 비현실적인 이야기일 수 있다. 그러나 조금만 인간 중심으로 들어오면 이것이야말로 가장 현실적인 것이다.

5. 어른답게 산다는 것

오늘을 사는 우리는 모두 성찰이 부족하다. 그러니 아무리 좋은 말을 들어도 그것은 남의 이야기요 옛날이야기에 불과할 수밖에 없다. 물론 깨달음을 얻기란 쉽지 않다. 이것도 훈련이 되어야 한다. 습관처럼 훈련이 되기 위해서는 교육밖에 없다고 하겠다. 교육이란 어렸을 때만 받는 것이 아니다. 노년이 되어서도 부족한 것이 있다면 꾸준히 받아야 하는 것이 바로 교육이다. 우리는 어른이 되고 어르신이 되었지만 부족한 것이 매우 많다. 먹고사는 데에 급급하여 인간다운 것을 놓치고 잊고 살다 보니 어른으로서의 자세를 갖추지 못한 탓이다. 단순히 나이가 들어 전두엽 기능이 저하되어서 그렇다기보다는 그런 자세를 갖추지 못했기 때문이다.

어른이 된다는 것은 원하지 않아도 누구나 다 되는 것이지만 어른답게 된다는 것은 쉽지 않다. 그리고 멋진 어른으로 산다는 것 역시 쉽지 않다. 나이에 구애받지 않고 젊게 살면서도 경박하지 않고 나이에 맞게 행동한다는 것이 얼마나 어려운 일인가! 그러나 조금만 생각을 바꾼다면 충분히 가능한 일이다. 나이가 들어도 젊은이들과 때로는 친구처럼 때로는 인생의 선배처럼 지낼 수 있다는 것은 참으로 멋진 모습이다. 그리고 이런 모습이야말로 이 시대에 진정한 어른다운 것이 아닐까? 젊은이들도 마찬가지이다. 어른을 공경할 줄도 알면서 또 때로는 격의 없이 지낼 수 있다는 것 또한 멋진 일이다. 역지사지(易地思之)! 서로의 처지를 바꾸어 생각하는 마음이 필요하다. 이것은 결국 서로에 대한 이해, 배려와 존중을 통한 공감에서 나온다. 그리고 공감은 소통을 불러올 것이다. 이 시대, 어른으로 살기! 어렵지만 충분히 멋있게 살 수 있다.

06

지각의 열림과 상황적 공간에서의 언어의 상관관계 해석

—정은희—

1. 의미의 몸으로서의 이중성

몸에 대한 담론은 오늘날 다양한 분야에서 새로운 관심사가 되었다. 근대의 철학과 과학에서 주체는 표상하는 활동을 통해 세계를 우리 앞에 대상으로 세웠다. 과학혁명과 계몽주의는 몸이 자아의 지배를 받는 것으로 생각하여 정신과 동떨어져서 독립적으로 존재한다는 생각을 하였다. 이때부터 자아만이 그 몸의 주인이라는 신념이 확산되었다. 이러한 몸과 마음의 분리, 몸을 지배 · 소유한다는 사고방식을 거부하고, 몸은 내가 가진 어떤 것이라기보다 그 자체가 바로 나 자신이라는 주장을 제기한다. 몸이 소유의 대상이 아니라 삶 그 자체라는 것이다. 특히 메를로-퐁티(Maurice Merleau-Ponty, 1908-1961)는 세계를 내 객체로 세우기 이전에 그리고 스스로 주체로서 그 객체에 의미를 부여하고 그것을 내 소유물로 삼기 이전에 세계의 조직 속에 만지는 몸과 만져지는 몸이 있다는 이중감각을 아주 중요한 출발점으로 삼는다. 즉 주체와 객체, 능동성과 수동성, 정신과 물질을 구분하는 각종 이원론을 극복하는 실마리를 이중감각 현상에서 발견한다. 이러한 이중성을 띠는 몸이야말로 두 속성을 동시에 지니면서 이 두 속성의 질서들이 열리는 원천이 된다고 보는 것이다. 이와 같이 메를로-퐁티는 몸을 통해 세상을 경험하고 인식하는 주체의 중요성을 강조한다.

나와 세계 사이를 매개하는 것이 바로 몸이기에 내 존재양식을 이해할 수 있다. 나는 세계의 사물이 아니지만 동시에 세계에 속해 있기 때문에 나와 세계 사이를 연결해 주는 몸이 필요하다. 이러한 의미의 '몸' 개념을 통하여 새로운 매개체를 제시한다. 그렇다면 세계와의 관계에서 세계와 일치할 수 없는 몸은 내부에 공백을 가지며, 이러한 내부 공백과 욕망의 원천은 몸을 외부로 기투하게 만든다. 그래서 몸은 자신의 자연적 존재 너머로 말을 붙잡으며 몸은 말의 표현으로 보이는 것 안에 보이지 않는 것으로 의미를 자리 잡게 한다. 그렇다면 말을 몸의 표현 양태로 삼는 것과 이러한 표현 양태는 지각이 행동에 즉각적으로 밀착될 때 이미 제시되는가? 몸짓으로 몸은 감각적 세계뿐만 아니라 의미의 세계와 관계한다. 여기에서 말하는 행위와 지각에서 유사한 진행이 발견됨을 알아보고자 한다. 또한 몸이 세계와 관계를 맺는 것이 닫힌 관계가 아니라 몸은 항상 상황의 몸이고 한 개인의 세계는 세계 일반과 일치할 수 없음을 밝히고자 한다. 나아가 필자는 언어를 인간의 몸처럼 경험하며, 언어를 세계로의 통로로서 지각하는 몸이 세계와 나 사이의 통로임과 같이 언어가 사고와 인식을 가능케 함을 논하고자 한다.

2. 의식하는 주체로서의 몸과 세계와의 관계

근대의 주체는 단순히 이성을 가지고, 자신의 의식을 반성한다는 의미가 아니다. 게다가 주체의 반성은 어떤 대상과 '자기'를 날카롭게 분리하기 시작했다는 것을 의미한다. 이것은 어디까지나 근본적인 역량으로 삼는 의식이나 정신의 주체이다. 데카르트에서 칸트를 거쳐 헤겔에 이르기까지 의식이나 혹은 정신에서 모든 대상들이 재구성됨으로써만 그것들이 뒤늦게 표상된다. 그러나 메를로-퐁티는 모든 인식은 지각에 의해 발생하며, 지각의 원초적 구조가 반성적 · 과학적 경험의 근거라는 사실을 밝혀낸다. 메를로-퐁티가 몸의 원초적 기능을 문제 삼는 것은 '세계 내 존재'로서 우리 몸이 갖는 '조망' · '시각'을 무시하고서는 또다시 객관적 경험이라는 함정에 빠질 수 있기 때문이다. 그가 예를 들고 있듯이 우리가 몸을 갖고 있는 한 객관적 공간, 즉 한정된 지점에서 그 집을 바라보게 되고, 집의 일면만을 관찰할 수 있다. 따라서 몸을 갖고 있는 우리가 사물을 바라보는 관점은 서로 다르며 상대적이다. 그런데 이러한 조망을 무시하고 집의 모든 측면이 한 번에 인식될 수 있다고 이야기한다면 이때 우리가 관계하는 것은 조망에 의해 조금씩 탐색되는 사물과의 관계가 아니라 내 마음속에 들어 있는 '관념'과의 관계일 것이다.

이와 같이 메를로-퐁티가 바라보는 몸은 우리가 바라보는 다른 대상들처럼 객체화된 존재가 아니다. 우리 앞에 세계가 존재하고 지각할 수 있게 되는 것은 몸이 수많은 조망 중에서 하나의 조망을 선택했기 때문이다. 다시 말하면 몸은 외적인 대상들을 결코 완결된 체계로서 관찰할 수 없다. 왜냐하면 몸이 세계 깊숙이 잠겨 있어서 스스로 한정된 조망을 지니기 때문이다. 비록 내가 모든 조망들을 모아 '완결된 대상'을 만들어 내려고 해도, 이는 가정일 뿐이다. 따라서 우리가 얻을 수 있는 경험과 지식은 상대적이며, 고정되어 불변하는 것이 아니다. 몸이 일정한 관점을 지니기 때문에 우리는 사물을 지각하고, 생각할 수 있게 된다.

메를로-퐁티는 주관과 객관, 몸과 정신의 대립을 극복하기 위해, 이런 대립이 생기기 이전의 지각의 세계로 나아간다. 그럼으로써 주관과 객관 · 몸과 정신 · 감각과 사유 이 모든 것이 그의 철학 속에선 구별되지 않고 하나로 융합되어 있다. 말하자면 전통적인 철학함과의 차이이며 고전주의와 인상주의 대립을 넘어서려는 시도라 하겠다. 이렇게 어느 한 곳에 묶일 수 없는 몸의 경험은 불가피하게 애매모호하다. 그의 철학이 애매성의 철학인 것도 이 지점이라고 생각한다. 결국 몸은 세계 속에서 객체화된 다른 대상들과 같은 존재가 아니다. 몸은 세계에 대한 관점이며, 주체-주관을 형성하고, 지각을 가능하게 해 주는 조건이다. 이것이 바로 몸이 중요한 철학적 문제가 되는 맥락이다.

지각의 주체인 몸과 관계를 여는 언어의 고유한 현상학은 말하는 행위 그 자체에 초점을 맞추는 것이다. 그렇게 보았을 때 말은 언어에서 가장 즉각적이고 언어가 시작되는 장소이다. 말은 지각에서와 마찬가지로 주어진 요소들의 조직화에 의한 변형의 결과이다. 언어 속에는 침전된 의미 말고도 말을 작동시키는 의미가 존재한다. 그것은 관습에 의한 의미에 비해 간접적이고 은밀하다. 이러한 말을 작동시키는 의미는 말 그 자체에 그것의 조직화와 변형들과 동시적이다.

1) 관계를 여는 언어와 몸의 지각

주지주의와 경험주의 모두 이성을 담보로 하는 반성을 통해 객관성을 인식의 원천으로 확보하고자 함으로써 지각이 경시되었다. 그러나 메를로-퐁티에게 지각은 몸이 대상이나 세계와 관계하는 가장 근원적 방식이다. 지각은 구체적인 주체성과 대상성이 동시에 솟아오르는 근원적인 장이며 구체적으로 존재하는 원초적인 세계이다. 그것이 구체적으로 체험되는 세계가 지각세계이다. 지각은 모든 형태의 앎의 근원이라 믿는다. 여기서 몸이 원초적 지각을 어떻게 수용하는지를 살펴볼 필요가 있다. 그리고 이러한 작업은 몸에 대한 철학적 입장과 위치까지도 밝히는 것이 됨으로써 몸이 새롭게 정립된다. 그는 지각의 선행성을 이와 같이 강조한다. "우리는 지각의 세계에서 사는 것으로 그치지 않는다. 우리는 비판적 사고로 지각을 초월한다. 그래서 우리는 진리에 대한 우리 관념이 지각에 기초를 두고 있음을 잊기에 이른다. 왜냐하면 지각된 세계는 모든 합리성 · 모든 가치 · 모든 존재가 언제나 이미 전제로 하는 기초"[1]이기 때문이다. 그에 따르면 지각이란 경험주의나 주지주의에서처럼 주관이나 객관 어느 한쪽이 다른 한쪽으로 환원되어 버리는 것이 아니라, 인간과 세계의 원초적 만남으로서 주관과 객관이 결합하는 원초적 체험인 것으로 인간과 세계를 묶는 요체인 것이다. 이때 인간은, 즉 지각의 주체인 '세계 내 존재'로서 세계 속에서 결코 분리될 수 없는 세계의 한 부분으로 체험하는 몸 주체가 된다.

지각의 주체는 생명을 지니고서 구체적인 시공간에서 살아가는 우리의 몸 자신뿐이다. 메를로-퐁티는 "지각한다는 것은 어떤 사물을 몸의 도움으로 현전케 한다."[2]고 했다. 메를로-퐁티에게 몸은 우리가 그것을 통해 세계 속에서 살아가는 체험된 몸이고 그것을 통해 세상과 관계 맺는 몸이다. 또한 그는 몸이 세계와 지각된 대상들에 대한 "내 '이해'의 도구"라고 보기도 한다. 세계와 언어 관계성 속에서 '지각의 장'으로서의 몸을 전제로 하고 있는 것이다. 완벽하게 몸 친화적인 관계 속에서 완벽한 언어를 구현할 수 있기 때문이다. 메를로-퐁티는 지각이 의식의 작용이 아니라 육화된 의식인 몸의 작용이며, 대상에서 오는 자극을 수동적으로만 받아들여 의식에 반영하는 현상이나 대상을 능동적으로만 조직하는 지성적인 능력이 아니라고 말한다. 경험론자들이 주장하는 바처럼 외부에서 오는 자극에 일대일의 반응으로 나타나는 감각 자료들의 총합이 아니라 세계 안에 있는 내 몸이 이

것들을 정리하고 통합해서 전체적으로 파악하는 것이다.[3]

메를로-퐁티는 감각과 지각을 구별하는데, '감각한다는 것'은 성질을 가지는 것을 의미하며 성질은 의식의 요소가 아니라 대상의 속성이라는 것이다. 이에 감각은 지각보다 이전에 일어나는 것이며 풍부하고 모호함을 가진다. 그러므로 순수감각이란 "무차별적이거나 순간적인 그리고 점묘적인 '충격'의 경험이 될 것이다."[4] 반면 지각은 본원적 기능이라기보다는 하나의 방향으로서, 참된 지각 현상은 "신호에 내재하는 의미 작용이면서 판단의 선택적 표현이기만 할 뿐인 의미 작용"[5]을 제공한다. 그러므로 지각은 일종의 행동, 즉 행동 그 자신과 그 행동이 의존하는 항을 따로 떼어 놓는 문제가 있을 수 없는 그런 종류의 행동인 것이다.

전통적 지각이론과 다른 것을 찾는다면 몸이 언제나 우리와 함께 있으며 곧 우리가 몸이라는 것이다. 동일한 방식으로, 우리가 우리 몸으로 세계에 존재하는 한, 세계의 경험을 세계가 우리에게 나타나는 대로 소생시키는 것이 필요할 것이다. 그러나 몸과 세계로의 열림을 언어를 통하여 우리가 발견하게 될 것은 상황적 언어와 관계된다. 왜냐하면 언어를 사람들이 자신의 몸으로 지각한다면 몸은 자연적 장이자 지각의 주체이기 때문이다.[6]

지각은 세계와 사물과 관계 맺는 탈존의 양태('또 다른 세계'를 보여줌으로써 인간 존재의 근본 조건인 나 바깥 ex에 섬 sistere, 나 바깥과의 관계 아래 있음, 즉 탈존 ex-sistence을 무시하고 관계 바깥의 어떤 주관성을 과장해 강조하는 것이 아니다. 다만 여전히 세계와 인간의 관계 맺음을 탈존의 방식--일상적, 획일적 탈존이 아닌, 보다 심화된 탈존--으로 나 바깥의 공간과 맺는 보다 깊이 있고 다양한 관계의 양상을 드러낸다.)로서 작동한다. 언어에서 말을 통해 우리 몸이 세계와 연결되며 말이 탈존을 가동시킨다. 고유한 몸 안으로 끌어들이는 것이 언어다. 언어가 몸과 연관되는 지점을 만들어 내고 표현함으로써 간접적 언어, 침묵의 목소리가 된다. 지각의 연장으로 밖으로의 열림이 탈존을 가동시키는데 이것은 일반 관념, 표상, 기억, 되돌림 등의 탈존이 가동됨으로써 의식 관념에서 말해진 말이 된다. 몸 공간의 지점을 언어가 정서적 몸짓으로 표현한다.

2) 자기 아닌 것과 관계맺음

메를로-퐁티는 하이데거와 달리 익명성을 몸성 그 자체에서 밝혀내고 익명성이 인간의 정체성이나 본래성을 구성하는 것[7]임을 해명했다. 그는 우리 몸을 이중 감각적 몸으로 보았다. 이중감각이란 예를 들어 내가 내 왼손으로 오른손을 만질 때 대상인 오른손도 역시 감각하는[8] 것을 말한다. 즉 왼손은 만지는 촉각을, 오른손은 만져지는 촉각을 느낀다. 만지는 촉각을 주관적이라고 본다면 만져지는 촉각은 객관적이다. 그것은 반대의 경우에도 마찬가지인데 오른손이 왼손을 만질 때 오른손이 만지는 촉각은 주관성으로 왼손이 만져지는 촉각은 객관성으로 기능한다. 이것을 좀 더 잘 이해하기 위해 시각의 경우를 예로 들어 보면, 내가 사물들 가운데 보고자 하는 '그' 대상을 바라볼 때 거기에는 '그' 대상만 있는 것이 아니다. 내가 '그' 대상을 응시할 때 주변에는 전체의 광경으로서 다른 대상들이 있다. 내가 '그' 대상을 응시할 때 그것은 내 시각에 살아나고 펼쳐지며 다른 대상들은 거기에 있는 것을 멈추지 않고 주변으로 물러나 잠자게 된다.[9] '그' 대상을 보는 시각이 주관적으로 기능하고 있다면 동시에 주변의 대상을 보는 시각도 객관적으로 기능하는 것이다.

메를로-퐁티는 이와 같은 이중적 감각이 우리와 타인과 관계 속에서도 이루어진다고 보았다. 내가 나 자신을 타인과 구별되는 주체로서 분명히 인식할 수 있는 이유는 앞서 시각 경험에서 설명한 것처럼 객관적으로 기능하는 그 무엇이 존재하고 있기 때문이다. 그 무엇이란 타인의 존재다. 즉 내 몸은 자아로서만 기능하는 것이 아니라 나와 타인은 세계 속에 포함되어 함께 의식하며 내 몸은 타인의 몸을 세계로 취급하는 익숙한 방식으로서 발견한다.[10] 타인의 몸을 발견한다 함은 내가 아무리 주체로서 존재하고 있을 때에도 항상 타인의 몸과 연결된 어떤 의식을 가지고 있다는 것을 뜻한다.

환경에 열려 있다는 것은 감각들의 의사소통이며 우리의 눈은 시각적 장의 일부에 고정된 하나의 성질로 나타나게 된다. 감각세계의 본질, 이념은 시간과 공간의 뒤섞임과 함께 구체적인 의미들을 갖게 된다. 따라서 타인의 시선이 나에게 닿을 때 나는 그 시선을 분명히 의식하며 그것을 따갑게 느끼기도 하고 따뜻하게 느끼기도 한다. 이렇게 우리의 몸은 항상 타인의 몸과 연결되는 '타자성'을 지니게 되는데 여기에서 타자는 특별히 누구로 지칭되는 것이 아닌 '사람들'로 풀이될 수 있는 익명성을 지닌 타자다. 그렇기 때문에 우리의 주체성 확립에는 반드시 타자로서 사람들과의 관계로 연결된 의식이 포함되어 있다. 메를로-퐁티는 바로 이 점에서 익명성이 우리가 정체성을 확립하는 데 필수적이며 사회성을 획득하고 세계를 향해 나아갈 수 있는 기반이 되는 것이라고 보았다. 사람들은 자신들 속에 있는 타자의 익명성이라는 매개된 눈을 가지고 사회를 지각하는 것이다.[11] 결국 그는 우리가 지니고 있는 타자의 익명성을 긍정적으로 해석하고 그런 익명성으로 내 몸이 사회에 참여하여 공동 문화를 만들어 간다고 보는 것이다.

메를로-퐁티는 언어란 다만 정식화된 의미를 위한 개념적 진술만이 아니라고 한다. 그 이전에, 언어가 언어공동체 내에서만, 타인과의 관계 내에서만 주어질 수 있다고 본다면, 언어는 언어를 사용하는 자의 신체적 몸짓인 동시에 신체의 음성적 표현이며 탈존의 표현이다. 언어는 몸의 연장으로 의미만을 이해하는 것이 아니며, 그 이전에 어떤 타인의 몸짓과 탈존에 접촉됨으로써의 관계맺음이다.

3. 몸의 내적 공간으로서의 끌어당김

1) 세계의 새로움: 생성의 열림

메를로-퐁티의 "세계-내-존재"로서의 몸주체 개념은 한편으로 서양철학에 뿌리 깊은 이분법적 사유 방식, 즉 인간을 주체로 세계를 대상으로 파악하는 이원론도 비판한다. 주체와 객체 이분법을 비판하면서 그는 인간을 세계와 그리고 세계 속의 타인들과 끊임없이 변증법적 대화를 나누며 살아가는 존재라고 본다. 그러므로 메를로-퐁티는 의식한다는 것이나 경험한다는 것은 "세계와 몸과 다른 인간들과 내적인 의사소통을 하는 것", 즉 그들 곁에 단지 존재하는 것이 아니라 그들과 함께 공존하는 것으로 본다.[12] 우리는 음료수를 먹기 위해 컵을 찾는 것처럼 손이 어디에 있는지를 애써 찾지 않는다. 이는 '찾는다'라는 의식적 행동 없이도 몸의 위치를 알고 있다는 것을 보여준다. 즉, 몸은 직접적으로 우리에게 현전한다. 왜냐하면 몸은 컵처럼 나와 다른 대상이 아니라 몸이 곧 우리이기 때문이다. 그런데 메를로-퐁티는 이러한 일이 가능한 것은 우리가 '몸 이미지'[13]를 갖고 있기 때문이라고 말한다.

몸 도식은 우리가 세계 속에서 하고자 하는 일들을 몸의 일부분, 즉 손 · 팔 · 다리 등의 위치에 대한 반추 없이 직접적으로 수행할 수 있게 해 준다. 그래서 몸 도식은 "원초적이고 전 반성적인 방향 설정과 고유 운동성을 필연적으로 수반한다."[14] 사유나 진실은 우리 몸의 지향적 움직임에 근거한 지각행위에 입각한다는 것이다. 말을 주고받거나 글을 읽으면서 우리는 세계와 세계의 사물들을 나의 고유한 몸 안으로 끌어들이는 동시에 대화자를 내 안의 고유한 몸(le corps propre) 안으로 끌어들인다. 그리고 말에서 말의 범주에 적용된 몸짓은 말하는 인간이 이미 몸짓으로 세계를 조직하는 중이고 음조와 스타일을 가지고 세계를 의미의 세계로 방향 지운다는 것을 뜻한다. 억양 · 리듬 · 말의 힘은 의미가 감각적인 것 안에서 재현으로서가 아니라 존재로서 실존하게 되는 방식이다. 내 음조, 내 말의 스타일에 따라 내 몸은 세계 안의 주체가 되며 동시에 세계는 내 진리가 드러나며, 베일을 벗는 장소가 된다.

세계와의 관계에서 세계와 일치할 수 없는 몸은 내부에 공백을 가진다. 몸짓으로 몸은 감각적인 세계뿐만 아니라 의미의 세계와 관계한다. 말하자면, 말하는 행위와 지각에서 유사한 진행이 발견된다. 내가 매끄러운 표면을 만질 때 표면의 지각과 만지는 행위는 동시적이다. 마찬가지로 우리는 어린아이의 경우에 말을 언표하는 행위가 그 말의 의미를 인식하는 것과 구분되지 않음을 본다. 의미의 인식은 말하는 행위에 선행하지 않는다. 오히려 말하면서 우리는 인식한다. 말은 몸을 자연적인 존재에서 벗어나게 하는 초월적인 운동에 속한다. 즉 말을 획득하면서 몸의 운동은 실존적인 운동이 된다. 몸이 세계와의 관계에서 닫힌 존재가 아닌 것 같이 언어가 우리로 하여금 세계로 열리며 들어오게 한다. 즉 지각이 세계와 나 사이의 통로가 됨과 같다.

메를로-퐁티는 말을 몸의 표현 양태로 삼는다. 보여주는 것도 말하는 것도 몸이다. 이러한 표현 양태는 지각이 행동에 즉각적으로 밀착될 때 이미 제시되었다. 몸은 스스로 우리에게 의미하는 사고나 의도가 되어야 한다. 몸짓에 의해서 몸은 감각적인 세계뿐만 아니라 의미의 세계와 관계한다. 그에게 있어서 말(parole)은 틀림없이 몸의 동작이고 그 의미는 세계이다. 말이라는 몸 동작에 의해 문화적으로 획득된 것이 바로 의미를 띤 목소리로 변조된다. 말이 기호가 아니고 몸짓이라고 함은 의미작용이 말에서 완성되지 않음을 의미한다. 몸은 '세계-에로-존재'로서 자기가 파악하려고 하는 대상을 명시적으로 자기 자신에게 표상함이 없이 세계와의 관계를 유지한다. 몸이 세계와 맺는 관계는 닫힌 관계가 아니다.

왜냐하면 몸은 항상 상황의 몸이고 한 개인의 세계는 세계 일반과 일치할 수 없기 때문이다. 고유한 몸의 문제는 모든 것이 거기에 그대로 있다는 바로 그것에서 성립된다.

2) 사물들: 고유한 몸과의 열림

외적 공간의 사물들의 만져짐이 고유한 몸 안에서 느끼는 점이 있다. 말을 주고받으면서 글을 읽으면서 우리는 세계와 세계의 사물들을 고유한 몸 안으로 끌어들인다. 우리의 고유한 몸(le corps propre)은 의식의 지향성에 의해 의식화된 몸이 아니라, 의식이 몸의 지향적 특성에 입각해서 자신을 세계의 사건으로 발견되게 만들어 주는 몸이다. 따라서 몸의 지향성은 단순한 몸의 반사행위조차 객관적이고 맹목적인 자극의 결과가 아니며, 어떤 상황에 처한 몸의 지향적인 표현으로서 주관의 실존적 의도를 내포하고 있음을 의미한다.[15]

의식의 작용은 몸의 활동을 통해서만 가능하고, 의식의 지향성은 이미 '몸의 지향성'을 전제로 한다고 설명한다. 글쓰기의 경우에 스타일, 양식으로 체화된 글쓰기는 의미를 규정하기 위한 것이 아니라 열림을 마련하기 위해, 차원을 열기 위해 존재한다. 메를로-퐁티는 유아의 동작에 의한 소통인 침묵의 언어적 소여와 어린아이의 말과 작가의 말, 철학자의 말을 접근시킨다. 어린아이나 작가는 자신이 인식하기도 전에 발화되는 말로 침묵의 세계를 변형시키고 세계가 자신이 보유한 새로움, 생성으로 열리도록 한다. 이러한 사실은 미리 주어진 것이 아니라 내가 읽을 때 몸 안에 새겨짐이다. 언어를 배우는 것은 언어를 실천함이며 그것은 말함 그 자체가 가지는 자발적인 성격을 깨닫는 것이다. 말함의 경험은 의식이 자기를 초과하는 세계의 의미를 이해함으로써만 가능하고, 의식 이전의 본래적인 나 자신이 속해 있는 세계의 의미가 내 표현 활동을 통해 강요하는 바를 실현하는 것이다. "나는 어쩔 수 없이 내 신체를 나를 가르치는 자발성으로서 파악하고 이것은 자발성이 내게 가르치는 것은 자발성 외에 다른 무엇으로도 알 수 없다는 것이다."[16]

언어는 사물 자체를 표현하기를 포기할 때 비로소 진정한 발화로 자리매김한다. 언어는 사유를 복사하는 것을 포기하고 스스로 해체되었다가 사유로써 다시 결합될 때 비로소 어떤 의미를 가지게 된다. 언어는 사유의 의미를 가진다. 따라서 기성 언어의 경험적 활용과 창조적 사용은 구별해야 한다. 경험적인 활용은 창조적 사용의 결과일 뿐이다. 경험적인 언어로서의 파롤(Parole)은 진정한 언어의 입장에서 보면 파롤이 아니다. 말라르메(Stephane Mallarmé, 1842-1898)가 말하는 것처럼, 그러한 파롤은 손 안에 얌전히 놓여 있는 못 쓰게 된 동전과 같다. 이에 반해 참다운 파롤은 무엇인가를 의미해서 결국 '꽃다발에 없는 꽃(L'absente de tous bouquets)'을 현전하게 함으로써 사물 속에 갇혀 있는 의미가 드러나도록 해 준다. 따라서 경험적 활용이라는 관점에서 보자면 참다운 파롤은 침묵일 뿐이다. 왜냐하면 이런 파롤은 일상적인 명칭으로는 진전되지 않기 때문이다. 따라서 언어란 원래 사유와 직접적으로 맞아떨어지는 것이 아니라 간접적이고 자율적이다.[17]

> 내가 꽃! 이라고 말하면
> 내 목소리에 따라
> 어떠한 윤곽도 남김없이 사라지는 망각의 밖에서,
> 모든 꽃다발에 부재하는 꽃송이가, 알려진 꽃들과는 다른 어떤 것으로, 음악적으로, 관념 그 자체가 되어 그윽하게, 솟아오른다.

말라르메에 따르면, '꽃(fleur)'이라는 단어는 지각의 연장으로 밖으로 열리는 탈존을 가능케 한다. '꽃'이라는 단어는 하나의 관념, 꽃의 관념을 불러 세운다. 그러나 여기서 꽃의 관념은 의식에 다시 나타난 꽃의 재현이 아니다. 그것은 구체적으로 보이는 꽃들을 환기시키지 않으며, 꽃 일반을 다시 사유할 수 있기 위해—이해할 수 있게, 의미를 부여할 수 있게 하기 위해—필요한 의식의 일반적 표상이 아니다. 꽃의 관념은 꽃 일반을 대신하지 않으며, 오히려 "알려진 모든 꽃과는 다른 것"이고, 모든 꽃의 "부재"로서의 꽃의 주어짐(존재) 자체이다. 다시 말해 그것은 꽃들을 지칭하고, 그에 따라 꽃들을 유사하게 재현(모방)하는 표상이 아니라, 오히려 모든 꽃들을 "떨림 속에서 거의 사라지게" 하는 꽃 자체의 역동적 · 동사적 현시이다. 말라르메가 '관념'이라는 말을 빌려 보여주고자 하는 것은, 하나의 단어가 쓰이는 맥락에 따라 지칭된 사물에 대한 재현, 그 초과이며, 이를 말라르메는 "모든 꽃의 부재"라고 말한다. 존재의 현시에까지 이를 수 있다는 것이다.[18] 그렇다면 언어는 '말하고' 있는 것에 의해서와 마찬가지로 '말하지' 않는 것에 의해서도 표현할 수 있는가?

4. 언어의 애매성 안에서의 열림

지각은 몸을 지니고서 세계나 상황 속에 깊이 참여하는 것이다. 전통적인 합리론이나 경험론에 따르면 지각은 감각적인 소재를 받아들이고 이러한 소재들을 개념적인 상태로, 즉 정확하지 않은 의미를 갖지 않는 상태까지만 종합하는 것으로 여긴다. 메를로-퐁티는 '세계에의-존재'에서 지각이 몸을 통해 그리고 몸이 지각을 통해 세계 속에서 이미 참여하여 세계 속의 타인들뿐만 아니라 대상들과 의미 소통 하는 것을 말한다. "우리가 경험하는 것은 세계에의 참여다."[19]라거나 "나는 주어져 있다. 즉 나는 내가 물리적이고 사회적인 세계 속에 이미 놓여 있고 참여해 있음을 발견한다. 나는 나 자신에게 주어져 있다. 즉 이 상황은 나에게서 결코 은폐될 수 없고 내 주변에서 결코 낯선 필연성으로 존재하지 않는다."[20] 우리는 세계를 소유하는 것이 아니라 세계를 향해 열려 있고 세계와 소통하고 있다. 그러므로 세계에 관한 객관적인 인식은 절대적일 수 없으며, 그것은 각기 다른 시각에서 얻어진 다양성이라 할 수 있다. 그것은 '모든 곳에서의 관점'을 의미하며, 모든 곳은 확실히 말해서 특별한 장소가 없다는 것이다. 그러나 그것은 무한히 많은 어떤 곳들을 미리 전제하는 것이다.[21]

몸은 애매성의 전체로서 상호 감각, 공감각에 의해 감각의 다양성에 통일성을 제공한다. 그러나 엄밀한 의미에서 감각의 다양성에 대한 종합과 공간지각의 통일성은 몸 도식(le schéma corporel)에 의해서 가능해진다. 다시 말해서 종합 작용은 대상을 향한 몸 도식의 지향적 움직임에 의해서 이루어진다. 일반적으로 심리학자들은 몸 도식을 "몸 경험의 요약",[22] 즉 다양한 자극과 몸짓에 수반되는 무수한 이미지들의 연합으로 규정하였다. 다시 말해서 몸 도식은 몸 전체에서 차지하는 국소적 자극의 위치뿐만 아니라, 몸의 부분적 운동을 위한 기관의 위치 변화를 지시하는 인상들의 전체를 의미하였다.[23] 그러나 메를로-퐁티에 의하면, 몸 도식은 몸의 현존하는 부분들의 복사나 전체적인 앎으로 설명될 수 있는 것이 아니라,[24] 세계와 연관되어 설명되어야 하는 것으로 보고 있다. 그러므로 팔 · 다리 · 머리 등 몸의 공간성은 외적 대상물들과 같은 "위치의 공간성이 아니라, 상황의 공간성"[25]을 의미한다. 우리의 몸은 단순한 기관들의 결합이 아니다. 가령 우리가 오른발로 공을 차려고 할 때 자동적으로 운동이 전이되어 왼발은 공을 차는 오른발의 축의 역할을 하게 된다. 그러므로 몸의 공간은 위치 관계에 있는 것이 아니라, 상황 관계에 의존하고 있다. 내 사지는 외부 대상처럼 지정된 위치의 공간성을 지닌 것이 아니라, 내 세계에 대한 투사에 의해 새로운 공간을 확보해 가는 것이다. 이것은 "대상을 향한 능동적인 몸의 정박, 자기 과제를 맞이하는 몸의 상황"[26]을 의미한다. 내 손이 사람들이 찍어 가리키는 내 몸의 장소로 향하듯 나는 말을 참조한다. 내가 어둠 속에서 내 코를 만지려할 때 의식하지 않고 몸이 그냥 따라가 준다. 표상 이전에 몸이 움직이듯이 말이 우리 입 밖으로 튀어나온다. 언어가 몸의 일부가 된다.

메를로-퐁티에게 언어의 문제는 관념성의 문제와 다르지 않다. 사실상 사유가 그 자신에게 투명하다는 생각을 반박하기 위해서 그는 언어로 주의의 시선을 돌린다. 왜냐하면 투명한 사유에 굴복한 자들에게 언어는 사유를 제시하기 위한 최상의 수단으로 여겨지기 때문이다. 관념론자들은 사유가 자기 자신을 소유하며 언어는 사유에 의해 전적으로 정의될 수 있다고 확신한다. 그러나 말해질 수 있는 것에 말해질 수 없는 것이 존재하듯이 사유 안에 비사유가 존재한다.

언어에 관해 말하자면 말은 사유에 대해 침묵하는 세계를 우리에게 열어준다. 세계의 의미는 말이 존재하도록 하기 위해서 그리고 말을 통해서 몸이 타자들에게 열리게 하기 위해서 우리의 몸을 생동시킨다. 이처럼 메를로-퐁티는 말을 사유의 힘으로 이끄는 대신에 몸의 지향하는 방향으로 이끌면서 의미의 기원을 찾는다.

1) 의식 밖에서의 지각과 언어의 관계

메를로-퐁티는 우리가 살고 있는 세계를 바로 언어적이고 상호 주체적인 세계라고 규정한다. 그에게 말(parole)은 틀림없이 몸의 동작이고 그 의미는 세계이다. 말이라는 몸동작에 의해 문화적으로 획득된 것이 바로 의미를 띤 목소리로 변조된다. 말이 기호가 아니고 몸짓(geste)이라고 함은 의미 작용이 말에서 완성되지 않았음을 의미한다. 메를로-퐁티는 이름이 의미를 갖기 이전에 이미 내가 누구를 부름을 통해서 관계를 맺는다고 보고 말이란 몸짓의 한 국면이라고 한다. 몸짓은 세계와 관계를 맺는 형태이다.

말은 몸짓이고 몸짓은 세계의 지형을 변경한다. 언어는 하나의 수단이라기 보다는 일종의 존재 같은 것이다. 타인의 얼굴이 무엇인가를 표현하듯이 언어는 자신을 표현한다. 이러한 언어는 말없이 말하는 말이고 침묵으로 말하는 말이다.

또 메를로-퐁티는 언어의 표현작용을 운동으로 보았으며 표현을 신체적 운동으로 풀어낸다. 왜냐하면 신체적 운동은 표현이기 때문이다. 언어는 양식(style)으로서 감정적 가치로서, 실존적 몸짓으로서 제시되는 원초적인 의미층을 가지고 있다. 우리의 사고와 의도와 목적이 신체적 동작에 육화되어 있으므로 우리는 신체를 통하여 세계를 말할 수 있고 다시금 세계는 우리의 신체를 통하여 우리에게 말할 수 있다. 내 몸과 세계가 의사소통하는 경험의 체계는 더 이상 구성하는 의식에 의해서 내 앞에서 펼쳐지고 흩어지는 것이 아니라 세계와 이 세계의 힘으로서의 내 몸을 통하여 미완성의 개인으로서 나를 가진다고 메를로-퐁티는 말한다.[27] 우리 중 어느 누구도 구성적 의식들이 아니라면, 우리가 의사소통하려고 하거나 공통 세계를 발견하려고 할 때 사람들은 누가 의사소통하고 누구에게 이 세계가 존재하는지를 묻게 된다. 어떤 사람이 다른 사람과 의사소통하고 상호 세계가 인식 불가능한 즉자가 아니라면, 그리고 상호 세계가 우리 둘에 대하여 존재해야 한다면, 그때 의사소통은 단절을 가져오게 된다.

우리는 두 경기자가 서로 100킬로미터 정도 떨어져 있는 두 체스 판에서 움직이듯, 각자 자신의 사적 세계에서 움직인다. 그 두 경기자는 여전히 전화나 편지로 자신들의 말의 움직임을 서로 의사소통할 수 있는데, 이것은 그들이 동일한 세계의 일원이라고 말하는 것과 같다. 우리의 신체가 대상을 향하여 움직일 수 있으려면, 우선 대상이 신체에 대하여 존재해야 하고 따라서 우리의 신체는 '즉자' 영역에 속하지 않아야 한다.[28]

메를로-퐁티 역시 "(…) 말이 대상과 의미를 나타내는 단순한 기호이기는커녕 사물에 거주하고 의미를 운반한다. 따라서 말하는 자에게 말은 이미 형성된 사유를 번역하는 것이 아니라 완성한다."[29]고 말할 때 의미가 사유 속에서 생겨나서 대상에 주어지는 것이 아니며 대상에서부터 다가오는 것이다. 말하는 것은 곧 사유이다. 메를로-퐁티의 언어 성찰에는, 언어를 쓰고 말하고 읽고 전달하는 감각적 · 정서적 경험이 의미의 문제를 떠나 조명되고 있다. 언어는 의미를 만들어 내기 위해 필연적으로 요청되지만, 그렇다고 의미를 만들어 내는 것이 언어가 가져오는 효과의 전부는 아니다. 왜냐하면 언어는 사유를 위해 전제되고 선행되어야 하며 사유의 개념적 진술이기보다 스타일로서 우리의 몸이 향하는 실존적 몸짓이다.

2) 말하는 말(parole parlante)와 말해진 말(parole parlee)

메를로-퐁티는 소쉬르(Ferdinand de Saussure, 1857-1913)가 그의 구조언어학에서 최초로 구분한 주관적 언어활동으로서의 말(la parole)과 제도화된 언어활동으로서의 객관적인 언어(la langue)의 차별은 별로 큰 의미가 없다고 생각한다. 다만 그는 말하는 말(parole parlante)과 말해진 말(parole parlée)을 구별할 수 있다고 본다. 전자는 의미화하는 지향, 행위와 떨어뜨려 생각할 수 없는 말의 측면을 뜻하고 여기서 실존은 어떤 자연적 대상에 의해서도 규정될 수 없는 어떤 '의미'로 자신이 합치하려고 노력하는 존재를 넘어서 있다. 이것이 실존이 자기 자신의 비존재의 경험적 받침대로서 말을 창조하는 이유이다. 말은 자연적 존재를 초과하는 우리 실존의 잉여이다. 후자는 이미 확립된 언어에 기댄 말, 관습화된 언어에 기초하는 말을 뜻한다. 요컨대 말하는 행위와 말해진 말의 불일치는 말하는 주체의 결여를 증명한다. 이 점은 이 둘을 동일하게 놓음으로써 말하는 주체의 통일성과 자존성을 강조했던 데카르트 철학과 대립되는 부분이다.

말은 생각의 기호가 아니다. 의미 이전의 말은 그 작동하는 의미가 있다고 한다. 말 자체가 가진 의미가 있는 것이다. 메를로-퐁티는 말해진 말과 말하는 말을 구분하며 말하는 말은 작동하는 지향성하고 분리시켜서 생각할 수 없는 것이고, 말해진 말은 이미 관습화된 언어의 차원에서 우리 앞에 놓인 수많은 언어적 단위들을 다시 사용해서 말하는 것이다. 작동하는 지향성이라고 하는 것은 주체의 의지와는 상관없이 일어나는 일이다. 작가는 자기 문체를 발전시킬 때 자기의 의도와는 상관없이 감각적인 세계를 안으로 담으면서 그것들이 바깥으로 펼쳐지는 과정을 중시한다. 메를로-퐁티는 작동하는 지향성이라고 하는 것은 바깥의 세계나 사물이 우리를 부르고 그 다음에 우리가 그것을 표현하게끔 만드는 것이라고 한다. 내가 말을 만드는 과정은 바깥에 있는 것을 중심으로 돌아가는 것이지 내 주체에 의지를 중심으로 해서 나오는 것이 아니라고 하는 것이다.

말이 말해진 말과 말로 나뉜다면 말해진 말은 관습적 언어, 약정된 언어다. 반면 말은 몸이 이런 작동하는 말은 창조의 과정을 거칠 수 있다. 메를로-퐁티는 말해진 말은 언제나 반성의 차원에서 사유의 차원으로 설명되는 범주에 들어간다면, 말하는 말이나 사유하는 사유는 작동의 측면을 갖고 있기 때문에 언제나 몸을 갖고 설명할 수밖에 없는 것들이라고 한다. 말하는 말은 말해진 말 없이 불가능하다는 그 논제의 도덕적인 것 그래서 적절하게 이해하자면 언어란 즉시 말하는 것과 말해진 것 모두를 의미한다.

5. 세계에 던져지는 상황의 공간성

메를로-퐁티는 언어의 진술과 지각에 관한 논의를 연결시키면 말하는 말과 말해진 말 사이에 독특한 비교 가능한 관계성을 찾아 볼 수 있다고 보았다. 그뿐만 아니라 언어는 사물을 형상화하고 의미화하는 것을 벗어나서 어떠한 작품 세계 안에서 보이는 것에 관한 의미 구성을 벗어나 보이지 않는 것의 존재와 탈존의 양태로 나타난다. 이와 같은 탈존은 세계와 관계맺음과 같이 모든 의미를 부여하는 관계맺음의 사건으로, 사물의 열림의 사건으로 현전으로서 부재의 사건으로 드러난다.

몸은 실제적 · 가능적 일들을 겨누는 태도로서 나에게 나타나고, 몸의 공간성은 외부의 공간성과는 달리 위치의 공간성이 아니라 상황의 공간성이다. 언어가 갖고 있는 상황으로의 옮김이 주어지는데 새로운 세계에서 우리의 존재는 어떻게 달라지는가? 우리는 세계에 이미 열려 있으면서, 세계와의 끊임없는 교환 속에 존재한다. 이는 주체가 세계에 던져지는 동시에 역으로 세계가 주체에 던져진다는 것을 의미한다. 결국 "주체는 세계의-존재이고, 세계는 '주체적인 것'으로 남아 있다. 우리의 지각은 반성 이전에 세계 안에 거주함을 통하여 몸이 위치 공간성 안에서가 아니라 상황의 공간성에서 실질적으로 일어나는 열림과 세계가 낯설지 않음을 통한 익숙함으로 우리 몸에 거주함을 찾을 수 있다. 지각은 몸을 지니고서 세계나 상황 속에 깊이 참여하는 것이다. 몸의 연장으로서 언어가 우리로 하여금 세계로 열리게 하고 들어오게 하는 것은 관계맺음이며 세계로 열리는 통로가 지각인 것처럼 언어에서 특별한 상황을 만들어 몸의 공간 내에 점들을 만들어 내는 것이다.

21세기 언어는 새로운 소통 문화로서 소통의 문을 열어 주는 것을 중요하게 생각한다. 컴퓨터의 도움으로 시간과 공간을 넘나드는 인간의 생각의 파편들, 현실에 대한 가상의 결정체를 통해 새로운 환경으로 소통을 일으키는 문화적 인터페이스를 재현한다. 가상공간이나 이미지들은 항상 현실 요소를 재현하고 있으나 그것은 더 현실의 물리성과는 이질적인 본질을 지닌다. 환경이 인간의 감정과 상호작용하듯이 가상이라는 새로운 환경도 감정을 일으키며 어떠한 상황에 대해 인간의 환영에 대한 마음의 동요인 것이다. 결과적으로 실재는 가상의 부분적인 요소로 작용하면서 새로운 형질로의 변화를 일으키며 진화한다. 가상은 논리적인 수학과 과학으로 대표되는 이성과 인간의 감성 사이에서 새로운 인터페이스를 만들어 주며, 소통의 문을 열어 주는 21세기 언어이다.

이러한 21세기 언어들 안에 탈존을 가능케 하는 가상 안에서의 언어적 활동과 실재적 언어 사용이 어떤 관계성을 맺을 수 있는가? 가상은 단지 가상일 뿐인가? 우리의 말하는 의도는 열린 경험에서만 발견될 수 있고, 말이 자연적 존재를 초과하는 우리 실존의 잉여로서 자기 자신을 자기 근거로 삼는 것을 넘어 기투하고자 모이고 다시 시작하는 기능들은 사이버 상의 몸의 탈존적 의미를 찾아보는 계기가 되어야 할 것이다.

제2부

종교적 삶의 해석

07

성서에 나타난 우리말 읽기

—이소흔—

1. 성서와 언어

인간의 정신세계를 표현하는 방법에는 여러 가지가 있지만, 그것을 구체적으로 표현하기 위하여 필요한 것은 언어이다. 그런 만큼 언어는 인간의 특징을 가장 잘 대변하는 도구라 하겠다. 고도의 정신세계만이 아니라 말초적인 감각을 표현할 때에도 언어는 그 역할을 훌륭하게 수행할 수 있다. 그렇기 때문에 언어를 주고받는 행위는 인간관계의 기본이 되는 것이다.

인간에게 고도의 정신 활동은 바로 종교이다. 물론 종교 활동이라고 해서 형이상학적인 부분만 있는 것은 아니다. 원시종교인 경우 아무래도 인간의 본능이 원초적으로 작용한다. 그러나 사회가 문명화될수록 종교는 더욱 형이상학적인 부분을 취하게 되고 그럼으로써 종교에서 언어는 매우 중요한 요소로 자리매김한다.

종교의식에서 소리를 내는 것은 중요하다. 신에게 인간의 의사를 전달하는 수단이기 때문이다. 그것은 외침으로 나타낼 수도 있고 낭송으로 나타낼 수도 있고 대화 즉 기도로 나타낼 수도 있다. 또한 구체적인 의미가 담기지 않은 부르짖음이나 구호, 주문과 같은 단순한 의미에서 심오한 내용에 이르기까지 그 유형 역시 다양하다.

제례를 행하면서 내는 소리가 위로 향한 의사 표현 수단이라면 설법, 설교와 같은 행위는 아래로 향한 의사 표현 수단이다. 이것은 신의 뜻을 대중에게 설파하기 위한 것으로 종교가 원초적인 것에서 벗어나 심오해졌음을 말해 주는 것이다. 사고로 언어가 발달할 수 있었고 언어로 인간의 사고가 깊어질 수 있었기에 언어와 사고는 밀접한 관련을 가졌다고 할 수 있다. 그러므로 종교에서 비롯된 심오한 사상을 표현하기 위해서는 언어의 역할이 중요하다.

종교가 발전하면 경전이 지어지게 마련이다. 경전은 대중들에게 전하는 신의 말씀이므로 경전을 쓸 때에는 어휘 선택이 중요하다. 어휘가 포괄하는 의미에 따라 왜곡될 수도 있기 때문이다. 어떠한 개념을 표현하기 위하여 어휘를 선택할 때 그에 적절한 어휘가 있다면 문제가 아니지만 걸맞은 어휘가 없다거나 여럿 있다면 어휘 선택에 있어서 걸림돌이 된다. 특히 경전을 번역을 할 때에 우리말에 없는 개념, 어휘 처리는 문제가 된다. 또한 아무리 그것이 신의 말씀이라 할지라도 사람의 관점을 통해 쓰이는 것이므로 어떤 문체를 쓰느냐에 따라 경전이 주는 권위는 달라질 수 있다.

그러므로 어느 사회에 새로운 종교가 들어올 때 그에 따라 들어오는 경전을 번역한다는 것은 결코 만만한 작업이 아니다. 우리말의 경우 어휘 외에도 종결어미 선택 또한 중요한 요소이다. 종결어미는 문장을 종결짓는 기능만이 아니라 청자 대우법, 그리고 더 나아가 양태 의미 기능까지 띠기 때문에 어떤 종결어미를 선택하느냐에 따라 그것이 주는 느낌, 의미, 권위는 매우 달라진다. 더불어 문체 역시 성경에 대한 관점을 나타낼 수 있으므로 중요한 요소이다. 다시 말하면 경전에는 단순히 하나의 언어로 쓰인 것 이상의 것이 담기는데, 바로 신앙관, 그리고 더 나아가 정신세계까지 고스란히 녹아 있는 것이다.

2. 한자의 영향

우리나라는 삼국시대에 불교가 전파된 이후 언어에도 불교의 영향을 많이 받았다. 한자어로 구성된 불교 용어도 있지만 산스크리트어를 한자로 음차한 용어가 고스란히 전해지기도 하였는바, 그러한 용어들은 불교 용어로만 쓰이는 경우도 있지만 일반어로 확장되어 쓰이기도 한 것이다. 그뿐만 아니라 한문으로 된 불교 경전을 해독하기 위해, 한자를 이용하여 만든 구결자로 한문에 토를 달기도 하였다. 즉 한자로는 표현할 수 없는 우리말의 문법적 요소인 조사나 어미 부분을 구결을 이용하여 한문에 달아 해석하기 편하게 하였는데, 한글이 창제된 이후에는 구결자 대신 한글로 달기도 하였다.

불교는 삼국시대 이래로 우리 민족의 정신세계를 지배해 왔다. 그리고 조선 시대에 들어오면 불교와 함께 유교가 전반적으로 우리 사상을 지배한다. 조선 시대는 숭유억불정책을 실시하였지만 그렇다고 해서 불교를 완전히 버린 것은 아니었는데, 전반적인 의식은 유교를 따랐지만 신앙으로서는 남아 있었다. 중앙에서도 계속적으로 불경이 간행되었다는 것은 불교를 우리 정신세계에서 완전히 배척한 것은 아니라는 것을 의미한다.

그리고 19세기 후반 서구의 새로운 문물이 우리나라에 본격적으로 들어오기 시작한다. 기독교[1]도 그중 하나인데, 기독교는 종교뿐만 아니라 교육, 의료 등 전반적으로 우리나라에 영향을 끼치며 자리를 잡았다. 물론 기독교 중에서도 천주교는 이보다 이른 시기에 들어왔다. 서학이라 하여 16세기 말에서 17세기 초에 들어온 천주교는 처음에는 학문의 개념으로 받아들였으나 18세기 후반이 되면 남인 학자들을 중심으로 해서 점차 신앙으로 받아들이기 시작했다. 그러나 천주교는 19세기 병인박해에 이르기까지 계속적인 탄압을 받았다. 그러다 1886년 한불조약 이후 국교를 회복하면서 기독교가 조선 땅에 뿌리내리기 시작하였고, 성서를 비롯하여 기독교와 관련된 서적들을 한글로 번역하는 작업이 본격화되었다.

모든 번역서가 그러하듯이 번역 자체가 쉽지 않은 것은 모든 언어가 다 일대일로 대응되지 않기 때문이다. 언어에는 그 언어를 사용하는 이들의 역사와 문화가 고스란히 담겨 있기에 각 언어마다 어휘가 지시하는 의미 지도가 다를 뿐만 아니라 어떤 언어에는 있는 개념이 전혀 없는 언어도 있다. 종교도 그러하다. 더구나 종교가 전파된다는 것은 하나의 새로운 사상이 들어오는 것이므로 그 땅 언어에는 없는 개념들도 많이 있을 수 있다.

앞에서도 언급하였듯이 불교는 일부 산스크리트어가 중국 지역에서 한자로 음차된 것이, 한자어권인 우리나라에도 그대로 전해지기도 하였고, 또 이렇게 만들어진 불교 용어 가운데 일부는 일상어로 사용 영역을 넓히기도 하면서 우리 삶에 파고들었다. 기독교의 경우 임진왜란을 전후하여 한문으로 된 천주교 서적이 소개되었으며 기독교가 본격적으로 전래되는 19세기 말에는 성경을 비롯한 기독교 서적들을 선교사들이 한글로 번역하기 시작하였는데, 그것의 기초가 된 것은 원어로 된 서적이 아닌 한문이나 영어로 된 서적이었다.

본격적으로 성경이 한글로 번역되기 시작한 시기인 개화기는, 국어사적으로 볼 때 근대국어에서 현대국어로 이행해 가는 과도기로 현대국어의 문법 체계가 세워지고 문체 역시 근대적인 문체에서 벗어나는 양상을 보인다. 개화기의 어휘는 국어사의 어느 시기보다 다양하고 역동적이라 할 수 있는데, 고유어와 한자어가 유지되는가 하면, 새로운 시대를 반영하는 신어와 외래어가 어느 때보다도 다양하게 쓰였기 때문이다(김동언, 1998).[2] 어휘뿐만 이 아니라, 문법, 문체 또한 새로운 시대를 반영한 것이라 할 수 있다.

우리나라에 처음 기독교가 들어온 것은 중국을 통해서이므로 한문으로 된 서적들을 먼저 접했고 그에 따라 어휘 역시 한자어의 영향을 많이 받았다. 한자어로 번역된 것도 있지만 사람 이름 같은 것은 한자로 음차된 것도 있다. 그러나 모든 기독교 어휘가 중국에서 번역된 한문 그대로 들어온 것만은 아니다. 우리의 신앙관에 맞게 연결되어 어휘 선택도 이루어졌는데, 가장 대표적인 것이 바로 '신'을 의미하는 '하느님'이다.[3] 또한 한자로 음차가 되어 들어온 어휘도 있지만 한자를 거치지 않고 서구에서 쓰이던 어휘가 바로 한글로 음차돼 혼용되어 쓰이기도 했는데, '마태오' 같은 경우이다.

이것은 천주교와 개신교에서 나타나는 차이이기도 한데 또 그중 하나가 의식에 관한 것이 있다. 우리나라 전통적인 의식으로 말하면 '제사'에 대한 용어로, 천주교에서는 '미사(missa)', 개신교에서는 '예배(禮拜)'라 부른다. 라틴어 'Missa'에서 유래한 '미사'는 중국에서 한자로 음차한 것이[4] 아닌 한글로 음차한 것으로, 이렇게 천주교에서는 '마태오'(복음), '루가'(복음)과 같이 한자를 거치지 않고 바로 한글로 음차한 용어를 사용하는 것이 많다. 그 반면, 개신교에서는 '마태'(복음), '누가'(복음)과 같이 중국에서 한자로 음차한 한자어가 들어온 것을 사용한 용어가 많다. 물론 이것은 관점의 차이라기보다는 성서를 번역할 때 어떤 입장을 취하느냐 그리고 어느 성서를 기준으로 하느냐에 따른 것이다.

3. 표기로 인해 달라진 의미, '하느님'과 '하나님'

우리나라에서 천주교와 개신교의 차이점 중의 하나는 신 명칭이다. 천주교에서는 하늘에 계신 분이라는 개념의 '하느님'을 쓰고 있는 데 반해, 개신교에서는 유일신 개념의 '하나님'을 쓰고 있다. 이것은 기독교의 중심인 신의 명칭인지라, 즉 신을 어떠한 대상으로 바라보느냐이므로 매우 중요한 문제이다. 신 관점을 달리한다는 것은 같은 기독교이지만 한국에서는 그 출발선을 다르게 잡는 것일 수도 있기 때문이다. 더욱이 천주교와 개신교가 함께 '공동 번역 성경'을 출판하기까지 하였으나 결국 개신교에서는 수용하지 않았다는 것은 이러한 견해를 뒷받침하는 방증이 될 수도 있다. 그러나 적어도 신을 바라보는 관점은 결코 다르지 않았다는 것이다.

천주교에서 사용하는 '하느님'은 우리나라 전통적인 신 개념이다. 18세기 종교로 수용하면서 신 명칭은 이때부터 사용되었을 것으로 보이는데, 우리나라의 보편적인 신 개념인 '하늘에 계신 분'이라는 의미의 '하느님'이 그대로 천주교에 수용되었을 것이다. 그러면 왜 개신교에서는 '하느님'이라는 용어가 사용되는 시점에서 '하느님'이 아닌 '하나님'이라는 용어를 사용하게 된 것인가?

천주교나 개신교나 신 명칭이 처음부터 달랐던 것이 아니다. 같았던 것이 후대로 내려오면서 달라진 것이다. 맨 처음 천주교나 개신교에서 사용했던 신 명칭은 '하ᄂᆞ님'이었다. 하늘을 뜻하는 '하ᄂᆞᆯ'에 접미사 '님'이 결합한 것인 '하ᄂᆞ님',[5] 즉 '하늘에 계신 분'이라는 의미의, 전통적으로 우리가 사용하던 신 명칭 바로 그것이다. 그런데 여기서 혼동이 되었던 부분이 'ㆍ'(아래아)로, 중세국어에서 근대국어로 넘어오면서 'ㆍ'의 음가가 소실되었기 때문에 나타난 현상인 것이다.

'ㆍ'는 두 단계를 거쳐 음가가 소실하였는데, 제1단계 소실은 16세기에 제이음절 이하에서 일어났다. 제이음절 이하의 'ㆍ'는 'ㆍ〉ㅡ', 'ㆍ〉ㅗ'로 변화하였고, 제2단계는 18세기 후반에 제일음절에서 일어났는데, 'ㆍ〉ㅏ'로 변화하였다. 예를 들면, 'ᄆᆞᅀᆞᆷ'(心)은 'ᄆᆞᅀᆞᆷ 〉 ᄆᆞ음 〉 마음'의 변화 단계를 거친 것으로, 이와 같이 하늘도 '하ᄂᆞᆯ 〉 하늘'로 변화가 일어난 것이다. 그러나 이것은 음가의 소실인 것이지 표기 자체가 없어진 것은 아니었다. 문자의 보수성으로 인해 'ㆍ'는 20세기 초까지 쓰이다가 사라졌는데, 1933년 '한글 맞춤법 통일안'이 제정되면서 소실된 음가의 문자는 더 이상 쓰지 않기로 하였기 때문이다.

처음 천주교나 개신교에서 '하느님'을 표기할 때에는 전통적 표기인 '하ᄂᆞ님'으로 표기하였으나 '맞춤법 통일안'에 따라 표기를 바꾸면서 천주교는 '하늘'의 표기에 따라 '하느님'으로 수정한 것이고, 개신교에서는 당시 'ㆍ'를 'ㅏ'로 바꾸었던 방식대로 수정하게 된 것이다. 다시 말하면, 개신교에서는 '하ᄂᆞ님'의 원뜻을 잃어버리고 새롭게 '하나님'으로 표기하면서 '유일신'이라는 의미를 부여하였다고 할 수 있다.

또한 본디 '-님'은 '직위나 신분을 나타내는 일부 명사 뒤에 붙어 '높임'의 뜻을 더하는 접미사'이다. 오늘날에는 '-님'이 의미가 확장되어, '사람이 아닌 일부 명사 뒤에 붙어 '그 대상을 인격화하여 높임'의 뜻을 더하는 접미사'나 '옛 성인이나 신격화된 인물의 이름 뒤에 붙어 그 대상을 높이고 존경의 뜻을 더하는 접미사'로 쓰일 뿐만 아니라 '그 사람을 높여 이르는 말'인 의존명사로도 쓰이고 있지만, 예전에는 '아ᄃᆞ님', '아바님', '스승님'과 같은 용법으로만 쓰였다. 그러므로 그 당시로서는 신 명칭이 아닌 숫자 '하나'에 '-님'을 붙이지는 않았을 것이다.

다시 말하면, 20세기 초까지도 '-님'이 그렇게 넓게 쓰이지 않았다. '해님', '달님', '별님'과 같이 대상을 인격화하여 높임을 나타내는 것도 현대에 들어와서의 일이다.[6] 또한 옛 성인이나 신격화된 인물의 이름 뒤에 붙어 그 대상을 높이고 존경의 뜻으로 쓰이는 것도 현대국어에 나타나기 시작한 것이다. 중세국어의 자료를 보면 '공자 가라사대'와 같이 "부텨 向향ᄒᆞᅀᆞᄫᅡ"(부처 향하여)로 쓰였다. 그러니까 '부처님'이라고 하는 것도 현대에 들어와서의 일이다. '예수'도 '부처님'처럼 성인이나 신격화된 인물을 높이고 존경의 뜻을 나타내기 위하여 '-님'을 붙여 '예수님'으로 쓰고 있으나 성경이 처음 번역되기 시작할 당시에는 '-님'이나 '님'이 그러한 용법이 없었으므로 '예수' 나 '예수씨'로 번역되어 있는 것을 볼 수 있다. 그런데 오늘날 언젠가부터 '씨'의 화계(話階)는 낮아지고 그럼으로써 '씨'만으로 높임의 정도를 만족하지 못하고 '님'을 붙여 의존명사로도 쓰게 된 것이다.

4. 성서에 나타난 인칭대명사, 그리고 문체[7]

종교 언어는 권위성 때문에 보수적인 성격을 띨 수밖에 없다. 개신교에서 1998년 개역개정판이 나오기 이전의 성경, 즉 대한성서공회에서 발행한 『성경전서 개역 한글판』은 많은 부분에서 옛 문체와 어휘를 사용하고 있다. 이 성경의 초판이자 대한성서공회에서 최초로 완성된 개역본인 『셩경개역』이 나온 것은 1938년이다. 1930년대면 개화기국어에서 보인 혼란한 양상이 어느 정도 정리되었을 시기이고, 또 1933년에는 '한글맞춤법통일안'이 마련되어 현대국어가 정비된 시기이다. 그런데 이 성경에는 이미 잘 쓰이지 않는 어휘, 문체를 사용하고 있다. 그것은 개화기에 번역되었던 어휘나 문체가 그대로 답습된 것으로 이는 종교 언어의 보수성에서 비롯된 것이다.

그러한 보수성을 띠는 어휘나 문체들 중 종결어미와 대명사를 들 수 있다. 종결어미는 문체뿐만이 아니라 청자 대우법과 관련이 있는 것으로 성경에서는 주로 해라체와 하소서체의 어미를 사용한다. 해라체는 일부 어미를 제외하고는 현재에도 활발히 사용되는 문체지만 하소서체는 성경이나 사극에서나 볼 수 있을 정도로 잘 사용되지 않는 문체이다. 그리고 대명사 '이, 그, 저'의 사용이다. 오늘날 '이, 그, 저'는 관형사로 주로 쓰이고 대명사로는 몇몇 특수 용법에서나 쓰이지 그 자체로는 잘 쓰이지 않는다. 주로 쓰이는 것은 '이것, 그것, 저것'과 같이 의존명사 등과 결합한 형태이다. 그런데 성경에서 전통적인 개념으로서 대명사 '이, 그, 뎌(저)'가 사용되는데 '그'와 '뎌'가 조금은 특이한 양상을 보인다. 이것은 문체와도 연관되고 또 문체는 종결어미와도 연관된다.

'이, 그, 저'는[8] 중세국어에서 '이, 그, 뎌'로 이것들은 대명사로 활발하게 기능을 하는데, 사람에게도 쓰이고 사물에도 쓰인다. 이러한 현상은 19세기 말까지 지속되나, 한편으로는 19세기 말부터 눈에 띄게 '이, 그, 뎌'에 '사람, 것' 등의 명사를 붙인 지시사 통합형이 사용되는 경향이 나타나기도 한다(김미형, 2001).[9] 이로 미루어 19세기에서 20세기로 넘어오면서 '이, 그, 뎌'는 점차 대명사의 기능을 잃은 것이라 볼 수 있다. 즉 현대에는 '이, 그, 저'가 사람에게는 '이들, 그들, 저들'과 같이 복수 용법으로 사용되며 사물에는 쓰이지 않고 앞의 말을 지시할 때 '이' 정도만이 쓰인다.

그런데 '이, 그, 저'가 제삼자인 사람을 가리키므로 이것도 인칭대명사 범주로 묶는다면 3인칭대명사라 할 수 있는데, 이것은 영어의 'He/She'와 같은 3인칭대명사와는 개념이 다르다. 오늘날 소설 같은 문어에서 인칭대명사로 '그'가 쓰이는 것은 영어의 'He'와 같은 3인칭대명사로, 지시적 용법이 있는 3인칭대명사 '이, 그, 저'와는 다른 것이다. 그러므로 현대국어에서 문어에 쓰이는 '그/그녀' 외에, 구어에까지 쓰일 수 있는 넓은 의미의 3인칭대명사는 복수를 나타내는 '이들, 그들, 저들' 말고는 없다. 이것도 '이들, 그들, 저들'보다는 '이 사람들, 그 사람들, 저 사람들' 따위가 더 활발하게 쓰인다.

이기문(1979)[10]는 '그'가 3인칭대명사로 쓰이게 된 것은 현대에 와서의 일이며, 이것은 서구 문학의 영향과 밀접한 관계가 있다고 하였다. 즉 새로운 소설 문학의 개척자인 이광수나 김동인이 서구식 소설을 쓰기 위하여 'He/She'를 대용할 수 있는 3인칭대명사로 '그'를 사용하기 시작하였다는 것이다. 그런데 여기서 이들이 '저'가 아닌 '그'를 선택하게 된 것은 1인칭(겸칭)으로 사용된 '저'와 동음(同音)인 사실에 피하게 된 것이라 추측하였다. 그러나 이 당시, 19세기 말-20세기 초에도 사람을 가리키는 대명사로 '그'와 '저'는 같이 쓰이고 있었을 뿐만 아니라 오히려 '저'가 '그'보다 더 활발하게 쓰였다.[11] 그러니까 이 시기에도 '이, 그, 저'가 계속 기능하고 있던 것이고, 그 가운데에서 3인칭대명사로 '그'를 선택하여 사용한 것이다. 그러나 성경에서는 새로운 개념의 '그'가 아닌 기존에 사용해 왔던 개념의 '이, 그, 저'가 계속 사용되었다.

(1) ㄱ. ᄯᅩᄒᆞᆫ 이 어린 ᄋᆞ희야 너ᄂᆞᆫ 지극히 놉흐신 [隔]이ㅡ의 션지라 닐ᄏᆞ름은 〈로가 이쟝 七六〉

ㄴ. 그ㅡ ᄇᆡᆨ셩 죄 업시 ᄒᆞ랴 구원ᄒᆞ심을 알게 ᄒᆞᆯ바ᄂᆞᆫ 〈로가 일쟝 七七〉

ㄷ. 이ᄂᆞᆫ <u>뎌</u> 잉ᄐᆡᄒᆞ지 못ᄒᆞᆫ ᄉᆞᄅᆞᆷ과 여ᄉᆞᆺ 달 되야 간 것슨 〈로가 일장 三六〉[12]

성경에서 3인칭대명사로 '저'가 활발히 쓰인 것은 1938년 대한성서공회에서 최초로 완성된 개역본인 『성경 개역』까지 지속되었으며 그 후 1956/1961년 한글판 개역이 나오기까지 그 예가 쓰이고 있음이 보인다. 그리고 1998년 개역개정판에 이르러서야 3인칭대명사 '저/저희'는 거의 사라졌다.[13] 최근에 이르기까지 '저/저희'가 쓰인 것은 '저'가 현대에까지 3인칭대명사로 계속 기능을 해서가 아니라, 특히 종교 언어에서 두드러져 나타나는 문자의 보수성에서 비롯된 것이다. '저'가 문자의 보수성 때문에 사용은 되었지만 그 의미는 퇴색된 것으로 보인다. 그러나 성경이 번역되어 나올 당시인 1938년에는 3인칭대명사로서 '이, 그, 저'의 기능이 살아 있었다.[14]

그런데 이때 문제가 되는 것은 '그'와 '저'이다.[15] 왜냐하면 영어 성경과 대조해 보았을 때 'he/she'와 'that'에 대응되어 나타나는 것이 '그, 저(뎌)'와 '그들, 저들, 저희(뎌희)'이기 때문이다. 물론 중세국어, 그리고 그 이후에도 '그'와 '저'의 의미 영역은 구분되어 사용되었다. 김미형(2001)은 중세국어에서 '그'는 주로 발화 상황에서 그 지시 대상을 보면서 쓰이기보다는 앞에서 나온 것을 받는 대용적인 용법으로 쓰인 듯하고, '뎌'는 발화 상황에 있는 사람을 지칭할 뿐만 아니라 앞에 나온 사람을 받아 지칭하는 경우에도 쓰인다고 한다. 그런데 그 경계가 명확하지 않다. 박근영(2006)[16]에서는 '뎌'가 자신의 의식 속의 것을 지시할 때도 쓰였다고 한다.[17] 이것을 현대국어와 비교해 볼 때, 문맥 지시 기능을 하는 '그'는 현대국어와 그 지시 영역이 다르지 않으나, '뎌'의 경우 현대국어의 '저'보다 지시 영역이 더 넓었다고 할 수 있다.[18]

그러나 이것이 '뎌'가 현대국어의 '저'보다 지시 영역이 더 넓어서인지 아니면 문체상의 차이인지는 좀 더 살펴볼 문제이다.[19]

개화기 자료인 성경 자료에서도 이러한 예를 볼 수 있다. 안증환(2009)[20]은 이에 대해, 성서에서 '뎌'와 '그'는 한국어 3인칭대명사 '뎌'와 '그'의 변별 기준과 거리가 있는데, 성서에서 '뎌'는 지칭 대상에 대한 청자의 인지 여부를 문제 삼지 않고 화자가 주도권을 쥐고 앞에 언급한 누군가를 지칭할 때 선택되고, '그'는 청자가 지칭 대상을 인지한 것을 전제하는 것으로 청자에게 주도권이 넘어갔을 때 선택된다고 한다. 이것은 가시권과 비가시권을 불문한다며, 다음과 같이 예를 들고 있다.

(2) 나의 ᄐᆡᆨᄒᆞᆫ 죵을 보라 나의 ᄉᆞ랑ᄒᆞᄂᆞᆫ쟈요 ᄆᆡ ᄆᆞᄋᆞᆷ에 ᄆᆡ우 깃버ᄒᆞᄂᆞᆫ쟈라 내가 내 셩신을 줄터이니 뎌가 심판ᄒᆞᆷ을 외방 사ᄅᆞᆷ의게 알게 ᄒᆞᆯ지라 그가 다토지도 아니ᄒᆞ며 들네지도 아니ᄒᆞ니 … 〈마 12:18-19〉

이와 같이 성경에서 '뎌'는 비가시권에도 쓰이고 '그'는 다시 그 대상을 언급할 때 쓰이고 있는데 이것은 1998년 개역개정판이 번역되기 전까지 그러한 현상이 지속된다.

(3) ㄱ. [隔]쥬님의 명ᄒᆞ심과 례로 힝ᄒᆞ온 사ᄅᆞᆷ 된지라 뎌희ᄂᆞᆫ ᄌᆞ식 업슴은 이리사빅이 잉ᄐᆡ 못 ᄒᆞᆷ이니 〈로가 1: 6-7〉

ㄴ. 그 새악씨의게 나타나시니 그 새악씨 일홈은 마리아라 ᄒᆞᆫ지라 텬ᄉᆞ씌셔 그의게 드러가셔 말ᄉᆞᆷᄒᆞ시ᄃᆡ 〈로가 1:27-28〉

ㄷ. 저희가 여리고에서 떠나 갈 때에 큰 무리가 예수를 좇더라 〈한글판 개

역 마태 21:29〉

And as they departed form Jericho, a great multitude followed him.

ㄹ. 그리하면 저가 자리를 베푼 큰 다락방을 보이리니 거기서 예비하라 하신대 〈한글판 개역 루가 22:12〉

And he shell shew you a large upper room furnished: there make ready.

ㅁ. 중풍병자에게 말씀하시되 일어나 네 침상을 가지고 집으로 가라 하시니 그가 일어나 집으로 돌아가거늘 〈한글판 개역 마태 9:6-7〉

(then saith he to the sick of the palsy,) Arise, take up thy bed, and go unto thine house. And he arose, and departed to his house.

그런데 이러한 현상은 성경이 지닌 문체적 특징으로 볼 수 있다. 프랑스어 성경에서도 이러한 문체적 특징을 언급하는 바, 황석자(1999)[21]에 따르면, 예수의 담화는 일반적인 커뮤니케이션 상황과는 달리, 예수인 화자가 인간이면서 신격 위치의 설교를 하는 특수한 담화 상황에서, 성공적인 커뮤니케이션을 위해 점진적 인칭의 전이를 통해서 화자의 신격을 청자에게 공인시키는 표현을 한다는 것이다. 즉 1인칭, 2인칭 대명사의 기능이 일반적인 경우와 차이가 나고, 2인칭과 3인칭의 적절한 사용으로 청자를 보편적 인류로 확장하여 나가는 지칭의 확대 효과를 본다고 하는데, 3인칭대명사의 담화 상황을 다음과 같이 언급한다.

3인칭의 우회적인 지칭으로 청자와 커뮤니케이션을 하는 설교로 청중과의 공감대를 형성한 후, 1인칭, 2인칭이 나타나서, 화자가 누구이며 청자와 화자의 관계가 어떠한가를 제시하게 된다. 또한 주목할 것은 3인칭적 담화일 때에도 수행문으로서의 언표내적 힘이 매우 강한 메시지로 일관되었다는 점이다. 그것은 다시 말하자면, 3인칭이 2인칭의 가치를 동시에 갖고 사용되었다는 말이 된다(황석자 1999: 7-8).

그리하여 화자인 예수는 청중에게 설교를 하면서 일반적인 인칭과는 차이를 보이는 일탈을 사용하는데, 마태복음을 보면, 설교의 시작이 청중을 앞에 두고도 〈vous〉라 지칭하지 않고 3인칭적 담화로 설교[22]하는 것을 볼 수 있다고 하였다.

황석자(1999)와 안증환(2009)의 논의를 바탕으로 볼 때, 이는 바로 예수 담화가 예수 중심으로 쓰였다는 것을 의미한다. 국어로 된 성경의 문체에도 이러한 특징이 반영되었는데 이때 3인칭으로 나타날 수 있는 것은 '그'가 아닌 '뎌/저'이다. 이와 더불어 예수의 설교나 행적을 이야기할 때, '뎌/저'가 지칭하는 것은 예수가 아닌 그 외의 사람이고 이때 예수는 '예수'라는 고유명사로서 나타나는데, 이것은 예수의 시선에서 무리들을 지칭하는 것이라 하겠다.[23] 이런 현상은 김영관 역 『신약전서』(1938)에도 나타나는데, 예수 · 성령 · 하나님 등 신적인 존재를 가리킬 때 '뎌'는 거의 나타나지 않는다.

그런데 특이한 것은 신적인 존재는 주로 '그'로 표현되고 간혹 '이'는 나타나나 '뎌/저'는 거의 나타나지 않는다. 이는 '그'는 그 자리에 없는 이를 지칭하는 즉 대용어적 용법이고, '저'는 누군가의 시선에 대한 표현이기 때문이다. 예수를 대상으로 해서 '뎌/저'로 지칭하는 경우는 대화에서나 성령 등의 시선으로 표현될 때이다.[24]

이 시기에는 텍스트 문체에도 변화가 생긴다. 당시 신구 양식을 대표하는 고대소설과 신소설의 문체 차이 중 하나가 종결어미인데, '-더라'와 '-ㄴ다'로 대표되는 이 두 문학 양식에서 어느 종결어미를 선택하느냐 하는 것은 글을 쓰는 데 단순히 종결어미 선택의 문제가 아니라 문체의 특징으로 귀결되는 것이다. 그것은 어떤 어미를 선택하느냐에 따라 서술자의 개입 양상, 서술 방식, 시점이 달라지는, 즉 전혀 다른 글쓰기 방식이 된다고 하겠다.

정은균(1999)[25]는 고대소설에서 나타나는 '-더라' 구문에서는 서술자에 의한 직접적인 서술이 주를 이루는 반면 '-ㄴ다' 구문에서는 서술자의 개입이 극도로 줄어들면서 허구 세계의 모습을 객관적으로 묘사하여 전달하는 서술 방식이 나타난다고 한다.[26] 즉 김미형(1998)[27]도 밝혔듯이 '-더라'는 보고자가 있어 직접 지각한 것을 청자에게 전달하는 보고의 뜻을 내포하는 데 반해 '-다'형은 보고자의 존재를 감추고 객관적 기술을 하는 방식의 형태인 것이다.

그런데 개화기 성경 자료에서 지문은 '-다'형보다는 '-라'형이 주를 이룬다. 그러므로 성경의 문체는 예수의 담화를 특수한 담화 상황으로 담기 위하여 2인칭을 3인칭으로 기술한 것으로 볼 수 있을 뿐만 아니라, 종결형을 주로 '-라'형으로 기술함으로써 '서술 대상 중심-보여주기'가 아닌 '서술자 중심-말하기'라 할 수 있다. 그렇다면 성경에서 3인칭을 지칭하는 것으로는 '그'가 아닌 '저'가 주를 이룰 수밖에 없는 것이다.

근대에서 현대로 넘어오면서 문체는 서술자가 말하는 방식에서 서술자가 장면을 보여주는 방식으로 바뀌게 된다. 즉 이러한 현대적 문체는 지문에 현장성이 나타나지 않고 문맥적인 상황만이 나타나게 되므로 문어에서 '저'의 사용 빈도는 줄고 '그'가 더 활발하게 사용될 수밖에 없는 것이다. 그럼으로써 본래 '이, 그, 저'가 지녔던 의미 기능은 사라지고 'He/She'와 같은

3인칭대명사로서의 ‘그’만이 쓰이게 되었다. 그러나 그러한 용법은 우리말의 어법과 상충되기 때문에 소설과 같은 문어에서만 기능을 하는 것이다.

언어 면에서도 보수적인 성격을 띠는 성경은 시대에 따라 혹은 대상에 따라 문체가 서술자가 말하는 방식에서 서술자가 장면을 보여주는 방식으로 바뀌기도 하였으나 현재까지 옛 문체를 고수한다. 그러나 문체는 고수하더라도 이미 의미를 잃은 3인칭대명사 ‘이, 저’는 문헌에서 사라진다.

문체에 관해 이야기하다 보면 언급해야 할 것이 있는데, 그것은 바로 종결어미이다. 개화기에 개신교에서 성경을 번역하면서 선택한 문체는 하라체나 해라체와 하소서체이다. 앞에서 논의하였던 ‘-라’형[28]을 제외한 해라체는 현재에도 공적인 글이든 사적인 글이든 기본적인 문체로 쓰이고 있지만 하소서체는 그렇지 않다. 개화기 당시 이미 하십시오체가 형성되어 많은 문헌에서는 하소서체 대신 하십시오체가 쓰이고 있었다. 또한 개화기에 보편적으로 쓰였던 문체는 하오체였다. 당시의 하오체는 윗사람에게도 쓸 수 있는, 즉 오늘날의 화계(話階)보다 높았을 뿐 아니라 문어에도 일반적으로 쓰던 것이다. 그러나 현대의 하오체는 개화기보다 화계도 낮아졌고 문어에서는 시험문제 같은 글에 명령형 ‘~하시오’ 형태 외에는 쓰이지 않는다. 그리고 하라체는 명령형 어미 ‘-라’에서만 나타난다. 현대국어에서 명령형 어미 ‘-라’는 간접 명령으로만 나타나지만 근대국어 시기에는 직접 명령에도 실현되었던 아주낮춤의 일반적인 어미였다. 그러나 19세기 말 아주낮춤의 일반적인 명령형 어미는 ‘-어라’로 대체된다. 그러므로 이 시기에 명령형 어미가 ‘-라’로 실현되는 것은 종교 언어의 보수성에 의한 것이다.

다시 말하지만, 하오체는 이 당시에 문어에서 일반적으로 쓰인 문체이다. 그와 달리 성서에서는 하오체는 대화 외에 지문에서는 거의 쓰이지 않는데,

그것은 문헌의 목적도 다를뿐더러 독자에 대한 태도도 달라서이다. 성서는 신의 말씀을 대중들에게 설파하는 것이 목적이므로 독자에게 권위적일 수 밖에 없기 때문에 대중에게 주는 말은 하라체나 해라체로, 그리고 대중이 신에게 하는 말은 극존칭을 사용하는데 좀 더 보수적이고 권위가 드러나는 하소서체를 쓰는 것이다. 개화기에 궁중이나 특별한 상황 이외에 일반적인 극존칭으로 많이 사용되기 시작한 문체는 하십시오체이다.

그럼에도 불구하고 하십시오체가 아닌 하소서체가 선택된 것은 종교가 가져야 하는 권위성 때문이고, 문자의 보수성 때문이다. 또 그렇기 때문에 성경의 대상이나 성격에 따라 하십시오체로 바뀌기도 하였지만 오늘날에도 여전히 하소서체가 성경이나 기도문 같은 문장에 쓰이고 있는 것이다.

5. 오늘날의 성서가 되기까지

개화기는 현대국어가 형성되고 자리 잡아 가는 시기이기도 하지만 근대국어에서 현대국어로 넘어가는 과도기이기도 하다. 그렇기 때문에 근대적인 요소라든지 새로이 생긴 어휘나 형태 그리고 일시적으로 나타나는 과도기적 형태들이 혼재되어 있었다. 이미 사라진 소리라든가 쓰이지 않는 어형 등이 문자의 보수성으로 인해 계속 문헌에는 쓰였다. 그러한 것들이 1930년대에 가서야 1933년 '한글맞춤법통일안'이 제정되면서 당시 쓰이던 형태로 정리되었다. 당시의 소리대로 수정되었으나 간혹 원래 쓰이던 표기에 따라 의미가 변하기도 하였다. 즉 '통일안' 제정으로 모든 표기는 당시의 소리대로 정리가 되는 과정에서 이미 달라진 의미와 형태로 개념 자체가 변하기도 하였던 것이다. 그것은 격변하는 시대에 언어 역시 급변하였기에 나타난 양상이다.

언어는 끊임없이 변화한다. 언어가 변화한다는 것은 결국 언어 자체가 변화한다기보다 언어 사용자가 변화한다는 것이다. 그러나 종교 언어는 시대가 변해도 보수성으로 인하여 잘 변하지 않는데, 그것은 형식은 바뀔 수도 있고 바뀌기도 하지만 종교가 갖는 본질은 변하지 않기 때문이다.

성서를 번역하는 데 어떤 어휘를 선택하고 어떤 문체를 선택하느냐는 것은 그 종교에 대한 관점, 해석 등 여러 요소에 따라 달라진다. 그러나 한 언어가 가진 그 언어만의 특징 때문에 해석이 달라질 수 있다. 대부분의 번역물이 그러하겠지만 성서 역시 번역을 한다는 것은 단순히 언어만을 바꾸는 것이 아니다. 언어마다 어휘의 의미 지도가 다르고 표현이 다르기 때문이다. 그러나 아무리 표현이 달라도 원전이 가진 기독교의 본질은 그대로 옮겨져야 하는 것이다. 그런데 여기에는 이와 더불어 우리만의 신앙관도 담길 수밖에 없다. 이는 오롯이 우리말로 표현되었기에 그러하다. 우리가 우리말로 그렇게 생각해 왔고 그렇게 표현해 왔기 때문에 그러한 것이다. 다시 말하면, 언어는 인간의 사고와 삶을 반영하기 때문이다.

08

변찬린의 '새 교회'론에 대한 의미와 전망*

—이호재—

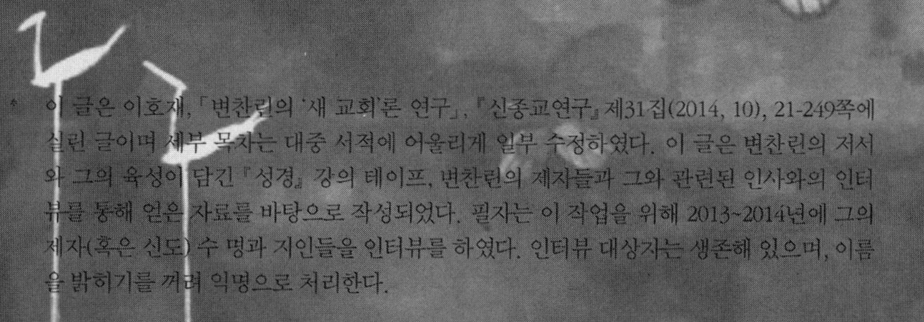

* 이 글은 이호재, 「변찬린의 '새 교회'론 연구」, 『신종교연구』 제31집(2014, 10), 21-249쪽에 실린 글이며 세부 목차는 대중 서적에 어울리게 일부 수정하였다. 이 글은 변찬린의 저서와 그의 육성이 담긴 『성경』 강의 테이프, 변찬린의 제자들과 그와 관련된 인사와의 인터뷰를 통해 얻은 자료를 바탕으로 작성되었다. 필자는 이 작업을 위해 2013~2014년에 그의 제자(혹은 신도) 수 명과 지인들을 인터뷰를 하였다. 인터뷰 대상자는 생존해 있으며, 이름을 밝히기를 꺼려 익명으로 처리한다.

1. '새 교회' 이야기

이 글은 변찬린(邊燦麟, 1934-1985)이 새 종교의 모태가 될 것이라고 주장한 '새 교회'의 창립 정신과 이념을 규명하는 데 목적이 있다. 변찬린은 생전에 '종교연구가'와 '영감시인'으로 활동하였다. 그가 저술한 『성경의 원리(聖經의 原理)』[1]는 1980년대에 출판된 후 교세가 급성장한 일부 교회에서 끊임없이 거론되고 있으며, 기독교계의 목회 현장에서 변찬린은 생소한 이름이 아니다. 왜 변찬린의 『성경의 원리』는 한국 개신교의 목회 현장, 특히 급속히 교회가 성장하는 목회 현장에 끊임없이 회자되는가?[2] 또 한 목회자가 변찬린의 『성경의 원리』를 베델 성서와 비교하여 평가한 글이 「한국 교회의 제3의 물결」이란 이름으로 소개된 적이 있는 등, 그의 『성경』 해석과 『성경』 연구 방법은 교계에 많은 논쟁거리와 화젯거리가 된 적이 있다.[3]

최근 한국종교인구조사에 따르면, 주요 종교 가운데 기독교만이 신도수가 줄어드는 초유의 사태가 발생하였다.[4] 한국에 기독교가 전해진 초창기, 기독교는 한국 사회에 '소금'과 '빛'의 역할을 한다는 긍정적인 인식이 있었다. 그런데 이제는 교단과 교파가 핵분열하면서 발생하는 '정통과 이단'의 끊임없는 논쟁만이 아니라 일부 대형교회의 출현과 그 교회의 폐해가 심해 이제는 사회가 기독교를 걱정하는 단계에 이르렀다는 비판적인 인식이 점증하고 있다. 특히 아직은 예수를 따라 자기 십자가를 지고 사회적 책무를 다하는 기독교인과 교회가 있지만, 오늘날과 같은 대형화, 교회 세습 등 교회의 역기능 현상이 나타날 것을 우려한 시선이 시대마다 있었다.[5] 그들이 교회와 기독교를 비판하고 질책하는 것은 '교회다운 교회'를 만들려는 기대를 전제로 하고 있음도 알 수 있다. 그런 측면에서 이 글에서 조명해 보려는 한 구도자의 교회 비판과 대안 제시에 귀를 기울여야 할 가치가 있다.

변찬린은 한평생 종교의 학문적인 수련과 종교 생활을 통해 '성경의 진리'와 동떨어진 '서구 신학에서 수입한 교리'와 선교사가 전해 준 교리를 창조적 해석 없이 수용한 기존 신학계를 비판하며 『성경의 원리(聖經의 原理)』를 저술했다. 그리고 예수의 사후 초대교회의 원형과 한국 교회사의 초기를 수놓았던 순수한 정신을 잃어버리고, 자본주의와 권력과 결탁한 한국 기독계의 목회 현장에 폐해가 나타났다고 비판했다.[6] 이에 변찬린은 1977년 4월 18일(음력 3월 초파일)에 새 시대에 새 종교가 필요하다는 인식으로 '새 교회'를 창립한다. 이를 통해 그는 한국 기성 교회가 지닌 양적 성장과 기복 중심의 예배 형태를 거부하고 '오순절 체험'을 성경적인 교회 모델로 삼아, 자신이 설립한 동방(한국)의 '새 교회'가 앞으로 세계적인 교회가 될 것이라고 주장하였다.

하지만 그의 '새 교회'는 물론이고 변찬린에 대한 기본적인 연구조차 학계에 보고된 적이 없다고 하여도 과언이 아니다. 이는 53세라는 비교적 젊은 나이에 생을 마쳤기 때문에 자신의 종교 사상을 펼칠 기회가 적기도 하였지만, 그의 저서를 시중에서 쉽게 구할 수 없었고 생전에도 주위 사람들에게 전혀 자신을 드러내지 않아 신비적인 인물로만 알려져 있었기 때문이다.

우선 장막에 가려져 있는 그의 종교적 생애를 조명하여 '새 교회'를 창립한 배경 정보를 제공하려고 한다. 나아가 그가 '새 교회'를 창립한 배경이 『성경(聖經)』에 근거한 교회의 원형을 복원하려는 의도이며, 이는 바로 오늘날 나타나는 교회 현상이 성경적이지 않다는 근거를 제시하고, '새 교회'를 통해 그가 추구한 종교적 염원이 무엇이었는지를 인식할 수 있기를 기대한다. 특히, 필자는 종교학자란 신종교의 연구에서 '소멸되어 가는 한국 신종교의 실상'을 기록으로 남겨야 한다는 의무감과, 신종교의 창시자들의 목소리를 하나의 종교현상으로서 기술하려는 노력이 필요하다는 주장[7]에 동감하였다.

따라서 이 글도 종교학계(신학계 포함)에서 객관적으로 조명조차 하지 않아 사라져 가는 한국의 종교 자산을 기록에 남기려는 생각으로 썼다. 이 글을 통해 변찬린이 주장한 '새 교회'와, 한국 사회에 만연한 성장 위주의 건물 교회의 차이점을 비교함으로써 현대 기독교계에 어떤 시사점을 줄 수 있는지 고찰하고자 한다.

2. 변찬린의 생애

변찬린이 생존한 시기는 한국 사회에서 유교・불교・무교 등의 종교와 동학(천도교)・증산교・대종교・원불교 등의 신(新)종교, 그리고 서양에서 전래된 천주교와 개신교 등이 종교계의 패권을 놓고 각축을 벌이던 시기였다. 역사적으로 해방의 기쁨과 남북 분단, 한국전쟁의 참상, 이어진 정치적인 혼란과 경제 일변도의 정책은 한국 종교 지도의 형성에 큰 영향을 끼친다. 한국 근현대사에서 기독교는 교회의 성장과 더불어 근대 교육과 사회복지의 확충 등에 큰 기여를 하였고, 일제시대 3・1운동의 주요 종교 세력으로 역할도 하였다. 그러나 일제시대의 신사참배, 해방이후 정치권과의 결탁, 대형화와 기복화 되는 교회, 토착화에 실패한 수입 교회 등의 비판에서 자유로울 수 없는 한계가 있었다.

이런 시대적인 배경하에서 활동한 변찬린의 종교적 약사를 간단히 알아보기로 하자. 변찬린은 1934년 9월 18일 함남시 함주군 홍남면에서 부친 변성명(邊星明), 모친 김성숙(金星淑)의 2남 5녀 중 막내로 태어났다고 한다. 어렸을 때부터 장로교 계통의 주일학교에 다녔으며, 그가 다니던 교회는 신사참배를 거부하던 교회로 해방 후 재건운동을 하던 교회였다.[8] 그는 해방 이후에 월남하여 최순직(1923-1999) 목사와 교류하였고,[9] 통일교에서 잠시 활동한 흔적이 있다. 젊었을 때부터 결핵을 앓았으며, 구도자로서 한계상황에서 친구가 주는 양잿물을 마시는 실수로 한평생 이유식을 외부에서 주입하면서 연명하였다. 일부 인사에 따르면 부산 고신대, 연세대 사학과 등에서 수학하였다고 하지만 학적에 기록으로 남아 있지는 않다. 1971년에 〈성서 · 동양학회〉의 발기인으로 강연과 학회 참석을 다년간 한 것으로 알려져 있으며,[10] 1970년 중반에 함석헌의 도움으로 생활을 하기도 하였다. 이때 한국종교친우회(퀘이커)의 모임에도 참석하였다고 한다.[11] 1972년 발표한 『선방연가(禪房戀歌)』[12]라는 시집(詩集)은 30대 중반의 '양잿물 사건'에서 목숨을 연명한 후 죽음의 문턱에서 쓴 시들로 그의 초기 사상을 연구하는 데 귀중한 자료이다. 1976년에 그의 친구인 이향(李馨)과 함께 다석 유영모(1890-1981)를 방문하기도 하였다.[13] 증산진법회의 배용덕 회장, 이열(1934-1986) 시인과는 친한 친구로서 지속적인 교류를 하였다. 그는 생전에 결혼을 하여 두 딸을 두었으며, 책을 팔아서 생활을 할 정도로 극심한 가난 속에 불우한 삶을 살았다. 그는 1985년 8월 20일 임종하였으며, 그의 유족과 제자들이 예를 갖추어 화장하여 낙산사의 동해 바다에 유골을 뿌렸고, 남은 위패는 두 딸이 용화선원(주안)에 안치했다.

변찬린이 남긴 육성『성경』강의 테이프와 저서 · 논문 등을 보면,『성경』에 해박한 지식과 서양신학은 물론이고 서양철학 · 사서삼경 · 노장사상 · 불교 경전 · 이론과학 · 종교학 · 인류학 · 심리학 등에도 상당한 식견이 있음을 알 수 있다.[14] 특히, 변찬린이 1965년부터 1985년까지 쓴『선 그 밭에서 주운 이삭들』[15]은 인류 문명의 전환기에 대한 시대적 고민이 담긴 종교 수상록이다.『성경의 원리(聖經의 原理)』는 그의 대표 주저로, 여기에서 밝힌 성경 해석을 '새 교회'를 통해 세계화하려는 사명으로 한평생 구도의 길을 걸은 종교구도자였다.

이런 종교 경력 가운데 특히 주목해 볼만한 점은, 변찬린이 1971년에 발기한 〈성서 · 동양학회(聖書東洋學會)〉의 발기인 가운데 한 명이자, 그것이 그의 생애에서 가장 오랜 활동을 한 모임이라는 것이다. 〈성서 · 동양학회〉는 1971년 김제태 목사가 주축이 되어 박선균 목사 · 김영호 교수 · 임영희 · 강승희 · 문명섭 · 변찬린 · 강승 등이 발기인으로 참여하였으며, 변찬린은 아픈 몸인데도 이 학회에서 강연을 하기도 하였다. 세간에 그의 대표작이라 하는『성경의 원리(聖經의 原理)』는 〈성서 · 동양학회〉의 "우리는 성서(聖書)와 동양(東洋)을 직결시켜, 성서적 바탕에 서서 동양사상(東洋思想)과 한국사상(韓國思想)을 탐구하며, 동양과 한국의 터전 위에서『성서』의 바른 뜻을 밝혀내어 '인간의 정신적 새 기초'를 수립해야 할 필요성을 공감한다."라는 취지문의 기본 정신을 오롯이 담고 있다고 평가할 수 있다.[16]『성경의 원리』는 그의 일생에 걸친『성경』연구의 학문적 성과로 수입 신학의 해설이나 소개하는 글이 아닌, 한국의 종교 심성으로 읽고 체험한『성경』을 해석한 글이다. 이는 당시 『성경』의 주체적 수용이라는 우리 신학계가 공감하는 문제의식과 『성경』의 통전적 해석, 유불도를 수용한 『성경』의 해석, 과학 등 기타 학문과 융합적인 사고로 쓰였다고 평가된다.[17] 다소 길 수도 있지만 『성경의 원리(聖經의 原理)』를 집필한 의도를 잘 알 수 있기에 인용한다.

> "西風이 불어오는 계절, 얼이 빠진 이 나라의 구도자들은 선교사들이 전해준 교파와 교리의 주형(鑄型)에 찍혀 고점화(固定化) 되었고 우리들의 몸에 맞지 않는 피에로 같은 서구신학의 옷을 입고 어릿광대의 춤을 추고 있읍니다. 교파와 교리의 주형(鑄型)에 찍혀 죽은 내 심령을 자각하던 날 저의 출애급은 감행되었고 그날부터 시작된 방황과 고뇌와 모색과 초극의 가시밭길은 저를 現代의 광야(曠野)로 퇴수(退修)시켰읍니다. 초극되어야 할 서구신학, 극복되어야 할 기독교라는 이름의 우상을 타파하기 위하여 저는 아버지께 번갯불을 원했습니다.
>
> 옛날 원효(元曉)와 고운(孤雲)과 퇴계(退溪)와 율곡(栗谷)에게 지혜를 주셨던 아버지께서 제게 번갯불을 주셨고 청자(青磁)빛 비색(秘色)의 하늘을 향해 저를 개안(開眼)시켜 주시고 본래의 大道인 風流道와 선맥(僊脈)의 하늘을 開天시켜 東方의 지혜(東洋의 지혜가 아님) 로 『성경의 원리(聖經의 原理)』라는 각서(覺書)를 쓰게 했음을 감사합니다. 『성경의 원리(聖經의 原理)』는 서구신학에 오염되지 않은 자리에 앉아 성경 해석의 새 地平을 연 獨步的인 文書임을 자부해도 아버지는 저를 自高하다 나무래지 않고 하늘에서 빙그레 웃으실 줄 압니다. 이제는 우리 가락에 따라 남의 소리가 아닌 제 소리를 외쳐야 할 때가 아닙니까?

천주교가 전래된 지 200년, 개신교가 수입된 지 100년의 세월이 되어 비로소 제가 첫 닭소리를 홰쳐 울었읍니다. 많은 거짓 선지자와 삯군 목자들이 교계를 주름잡고 뻐기며 으시대고 있습니다. 그들의 거짓 복음에 많은 민중들은 미신과 광신과 맹신의 독초(毒草)를 먹고 독수(毒水)를 마시고 종교공해의 피해자가 되고 있읍니다. 부흥회는 기독교 무당들의 굿놀이 장소가 되었고 사령(邪靈)들의 능력으로 행하는 치병, 방언, 축복 등의 기적을 성령의 은사로 오해하는 타락된 기독교의 현장(現場)을 불꽃같은 눈으로 굽어 보십시요. 세계 제일의 교회, 세계 제일의 집회, 세계 제일의 헌금을 자랑하면서 아론의 금송아지 우상을 섬기고 있는 변질된 십자가의 현장(十字架의 現場)을 청소할 이 시대의 엘리야는 누구입니까? 언제 無所有한 참 목자들이 나타나 양들을 푸른 초장과 잔잔한 시내가로 인도하여 참 진리의 꼴을 먹이며 생명수 샘물로 민중의 허기진 배와 갈증을 해소하겠읍니까?"[18]

변찬린은 한국 기독교계에 만연된 수입 신학에 비판적 시각과 서구화되어 수입된 기독교를 우상이라고 인식하고, 시장화되는 목회 현장에 우려의 시선을 보냈다. 혹자는 『성경의 원리(聖經의 原理)』가 통일교의 『원리강론』을 모방한 것이라고 하지만, 위의 글에서도 보이듯이 기독교계의 비(非)성경적 현상을 해부하고, '『성경』은 성경으로 풀어야 한다.'는 성경 해석의 방법론으로 성경을 새롭게 해석한 책이라는 것이 정당한 평가일 것이다. 그는 "서양신학(西洋神學)에 오염(汚染)되지 않은 무지(無知)하고 담담(淡淡)한 마음으로 전인미답(前人未踏)의 비경(秘境)인 성경(聖經)의 산(山)으로 입산(入山)하였다. 번개와 피와 아픔으로 쓴 글임을 고백한다. 『성경의 원리』가 새 종교의 새벽을 예고(豫告)하는 예루살렘의 홰쳐 우는 닭소리가 되길 바란다."[19]라는 구도자적 사명감을 가지고 세계 종교계에 내 놓은 새『성경』해석의 전범이 될 것이라는 의식을 가지고 있었다. 그가 '새 교회'를 만든 것도 이런 연장선상에서 '『성경』의 정신'을 사회개혁운동으로 실천하려는 종교적 활동이었다고 할 수 있다.

그렇다면 변찬린은 한국 교회의 어떠한 현상을 비성경적이라고 보았으며, 기독교 전통의 신앙생활을 해 온 그가 '『성경』공부모임'과 '새 교회' 운동을 전개하려 했던 그의 이상은 무엇이었을까.

3. 한국 교회의 종교 현상 비판

한국 교회의 현상을 알아보기 전에 교회가 만들어진 역사를 간단하게 요약하면서 한국 사회에 있는 교회 현상의 좌표를 음미해 보기로 하자.

교회 생성의 근거로 예루살렘에서 시작된 오순절 마가 방의 공동체 모임은 자발적인 공동체였다(사도 2:44-47, 사도 2:1-13). 이 공동체에는 총회장-노회장-당회장, 목사, 장로-권사-집사 등의 계급이 없었으며, 교황-추기경-주교-사제 등의 위계질서적인 계급과 제도도 없는 자율적인 공동체였다. 그러나 기독교 공동체의 확산에 따라 제도적 교회의 모습이 바울로서간에 "감독", "집사"라는 형태로 나타나며, 급기야 313년 콘스탄티누스(306-337) 황제의 기독교 공인을 통해 국가교회의 면모를 띠게 된다. 가톨릭은 마태오복음서 16:18-19 "너는 베드로이다. 내가 이 반석 위에 내 교회를 세울 터인즉 죽음의 힘도 감히 그것을 누르지 못할 것이다. 또 나는 너에게 하늘 나라의 열쇠를 주겠다…"라는 구절에 근거를 두고, 교황을 정점으로 한 주교-사제의 위계질서를 가진 제도교회로 바뀌게 된다.

교황은 황제 다음의 지위를 가지며 교회는 점차 교황-주교-사제의 위계 질서로 편제된다. 325년 니케아공의회와 381년 콘스탄티노플 공의회에서 '하나의'·'거룩한'·'보편적'·'사도적'이라는 성격이 교회의 성격을 결정짓는 데 큰 역할을 하면서 사도 계승이 교리화되고, 성찬례를 거행하는 거대한 성직자 제도가 정비된다. 이에 반해 종교개혁자의 교회는 '성도들의 모임', '성도들의 교통'으로 파악한다. 루터가 천명했듯이 모든 성도들이 사제이다. 또한 이 교회는 신도들의 모임이며, 사유화해서는 안 되는 지상의 천국 모형이라고 할 수 있다. 성사도 간략화되며 세례, 성례와 복음에 집중하게한다. 특히 "사도적"이라는 사도성을 로마가톨릭은 교황에 연결시키는 반면에 개신교는 복음과 성찬례가 복음의 순수한 정신에 따라 집행될 때 교회가 사도적이라 말한다. 특히 한국 개신교의 목회 현장에 큰 영향을 미치는 칼뱅은 특정한 시대에 나타나는 임시직(사도, 선지자, 복음전도자)과 루터가 주장한 영구직(감독, 장로, 목사, 사역자)을 인정하였다. 교회는 신앙조항을 제정하고 해석하며, 교회법과 교회의 재판 집행권을 부여하였다. 이외에도 칼 바르트, 한스 큉, 볼프하르트 판넨베르크 등은 『성경』의 해석과 사회변화에 따른 교회의 사회적 기능에 대한 다양한 교회론을 주장한다.[20] 많은 개신교 학자들의 교회론의 공통점은 교회는 천국의 모델을 지상화한 성도들의 모임이라는 것이다. 교회론 자체가 당시 종교 상황을 반영하면서 변화했으며, 이를 주도한 것은 당시의 교권을 가진 주체들의 논의의 결과이다. 따라서 저명한 신학자마다 다양한 교회론을 주장한다. 이런 『성경』과 다양한 교회론에 의거한 한국의 교회 현상과 목회 현장은 어떠한가? 한국의 목회 현장은 일부 대형교회의 성장 일변도의 목회 추구와 교권 다툼으로 많은 교파로 분열되었다. 목회자와 신도가 직접 성경을 읽는 풍토보다는 교리를 통한 성경 읽기를 하는 것은 아닌가. 누가 직업종교인에게 성경 해석의 독점권을 부여하였는가. 바울로신학에 근거한 '의화론'으로 '오직 예수이름으로' 쉽게 천국을 가고, '교회밖에 구원은 없다.'는 배타적인 환상을 심어 주고 있지는 않는가. 교회는 세습되고, 교단 신학자는 자기 목소리를 내는 데 주저하고 있지 않는가.

우리는 변찬린이 당시에 한국의 교회 현상을 어떠한 시각으로 바라보았는지 알아보기로 하자. 변찬린의 글은 약 30년 전의 한국 교회의 어두운 면을 지적하는 것이나, 오늘날에도 그리 긍정적인 변화의 모습을 보여주고 있지는 못하다.

첫째, 건물교회는 하느님을 모시는 성전이 아니라고 주장한다. 하느님은 영으로서 무형의 존재이기에 건물교회에서 예배를 받는 존재가 아니라는 것이다.[21] 특히 바른 신앙고백 없이 아무 곳에나 교회를 세우고 매매하는 것은 직업종교인의 종교 상거래에 불과하다고 폄하한다. 교회의 바른 맥은 바른 신앙고백을 하는 인격과 심령으로 전수되는 것이지 하나의 건축물에 불과한 건물교회가 아니라는 것이다.[22] 또한 『요한계시록 신해(新解)』에서는 건물교회를 더욱 신랄하게 비판한다. "예수는 베드로의 바른 신앙고백을 듣고 심령의 반석 위에 살아 있는 인격 교회를 세우겠다고 약속했지, 대리석이나 시멘트로 만든 교회를 세우겠다고 약속한 것이 아니다. 하느님이 거하시는 성전과 교회는 각 사람의 인격과 심령이지 건물로 만든 교회가 아니었다. 베드로의 반석교회는 인격교회였고(마태 16:17-19) 바울로가 증거 했던 교회도 거듭난 인격과 심령들의 공동체였다(에페 2:20-22). 그러나 예수가 승천하고 사도들이 순교한 후 이 땅 위에 세워진 교회는 건물교회로서 분열하는 교회, 교파와 교리로 당을 짓는 교회가 되었다."[23] 한국 개신교는 개교회주의를 표방하고 교회성장학을 바탕으로 목회에 성공한 교회는 사회에서 발생하는 모순을 그대로 답습한다. 이는 대형교회의 부익부현상과 작은 교회의 빈익빈 현상이 나타나며, 신학교의 난립에 따른 미인가 신학교에서 검증되지 않는 목회자의 양산 등은 교계 내부에서도 시급히 해결해야 할 과제로 제시하고 있다.[24] 이런 현상이 성경에서 제시하는 바른 길인가. 단지 교세를 확장하고, 교권을 확보하려는 권력적 속성에 기인한다고 할 수 있다. 그러기에 한국 기독교계는 성경이 제시하는 교회관과 예수와 사도들이 걸어간 길을 깊이 성찰해 보아야 한다.

둘째, 현대 교회는 '신약의 마당에 세워진 구약교회이며 교파교회'라는 것이다. 변찬린은 현대 교회는 신약의 마당에 세워진 예수그리스도를 신앙하는 공동체이지만, 아직도 목회 현장에서 여호와 신관을 벗어난 신약교회는 없다고 한다. 여호와 신관은 유대교의 신관이다. 기독교에서 보면 여호와는 구약의 유일신이지만 그는 여호와는 천사라고 주장한다. 특히 예수가 하느님을 아버지라고 불러 우리를 부자 관계로 맺어 주었고, 여호와는 신약에 한 번도 표현된 적이 없다는 것을 근거로 하고 있다.[25]

기독교가 유일신이라는 절대자를 신앙하면서, 가톨릭과 개신교, 개신교 내에서도 수백 개의 종파로 갈리는 것은 영적으로는 한 하느님의 영을 받은 것이 아니라 다신의 영을 받은 것이며, 현상적으로는 교권과 교단의 정치적인 흥정에 의한 것이다. 근본적으로는 세속적인 원리에 따른 분열 현상이자 교권 투쟁의 결과라고 볼 수 있다. 이를 단지 『성경』과 예수를 거론하며 포장하고 있을 뿐이다.

서양에서 시작된 기독교는 복음의 겉 진리만 이해했을 뿐 속옷 같은 속 진리는 전혀 깨닫지 못한 종교였다. 기독교는 입으로는 유일신(唯一神)을 부르고 있지만 사실상 多神教이다. 핵분열(核分裂)되듯 수많은 교파로 찢겨나간 열교(裂教)가 된 원인은 무수한 多神의 영(靈)들이 作用했기 때문이다. 한 성령(聖靈)이 作用했다면 교파가 생길 까닭이 없다. 기독교가 열교(裂教)로 분열되고 교파(教派)와 교리(教理)를 양산(量産)해낸 것은 성령을 가장한 다른 영(靈)들이 선교회(聖教會)에 침입했기 때문이다.[26]

교회의 초기 역사를 보면 예수의 정신을 선포하고 실천하고, 절대자와의 종교체험을 통한 공동체 형성으로 출발한 것이다. 그러기에 초대교회는 예수를 중심으로 한 지역적인 공동체, 즉 에페소 지역에는 에페소교회가, 필라델피아 지역에는 필라델피아교회가 있었다. 하지만 성경을 교리화하고 교조화하여 만들어진 가톨릭, 개신교의 장로교 · 예수교 · 감리교 등은 초대교회의 기본 정신과는 떨어진 교조화된 교회라는 것이다. 예수가 기독교의 창교자가 아니고 교단의 교주가 아니지 않은가. 만일 동일한 절대자를 믿으면서 공동체를 형성하지 못하고 교파로 분리되어 '정통과 이단'의 싸움을 하는 현상은 교단을 운영하는 직업종교인의 세속 논리라고 볼 수밖에 없다.

셋째, 한국 교회는 자본주의의 시녀인 기업교회라고 주장한다. 변찬린은 "기업화된 현대 교회는 몇만 명, 몇십만 명의 교인을 거느리고 맘모스(Mammoth)화 하고 있으니 비성경적(非聖經的)인 교회들이다. 거대한 공룡처럼 비대화(肥大化)된 교회는 공룡처럼 사멸(死滅)할 날이 올 것이다. 하느님이 일부예배, 이부예배, 삼부예배, 사부예배를 받고 있다고 착각하는 공룡교회들은 사랑의 공동체가 아니라 부실교인(不實教人)을 양산하는 거대한 공장인 것이다. 그 속에서 사심과 개인주의를 버리지 못한 기복 신앙자들이

상품처럼 쏟아져 나오고 있다. 거대화되고 비대화(肥大化)된 교회의 목자(牧者)들은 배우처럼 인기에 들떠 자기를 우상화하고, 신자들은 배우의 손짓에 따라 아멘 할렐루야를 연발하며 복 받기를 바라고 사랑은 전무한 시신화(屍身化)된 교회가 기업교회들이다."[27]라고 역설한다. 그는 자본주의의 금송아지 우상을 제단에 세운 현대 교회[28]와 예수의 이름을 팔아 종교재벌이 된 종교약장사[29], 그리고 불황을 모르는 종교상인 부흥업자[30] 등이라고 신랄한 비판을 한다.

이처럼 한국 교회는 자본주의의 꽃인 주식회사마냥 지속적 성장을 추구하는 기업이다. 가톨릭이라는 독점 체제와 여러 개의 교단과 수백 개의 교파가 분열된 개신교는 같은 종교시장에서 양적 성장을 추구한다고 할 수 있다. 교회의 성장이 종교다원주의 사회에 순기능을 하거나 개인의 종교적 삶을 고양하는 것도 아니라면, 신도들이 내는 '헌금'으로 운영되는 교회는 신도에게 어떤 종교적인 서비스를 해 주고 있는가. 이어 그의 말을 더 들어 보기로 하자.

> 신장개업한 상가 모양 각 교파의 간판을 내걸고 신장개업한 현대 교회들은 싸구려 은혜와 축복을 바겐세일 하는 부흥회를 쉴 새 없이 개최하고 있다. 십자가는 상표, 방언(方言)은 성령을 받은 품질보증서가 되었고 목사의 심방은 고장난 상품을 수리하는 아프터 써비스가 된 현대 교회를 보라.[31]

> 대형 건물을 짓기 위해 온갖 명목으로 건축 헌금을 강요하는 교회들은 본질적으로 비성경적인 상업교회(商業教會)요 주식회사 교회이다.[32]

현재 한국 교회에 영향력을 미치는 일부 대형교회가 추구하는 교회 건물의 대형화와 신도 수의 양적 성장을 통해 몸집을 키워야 해외 선교를 할 수 있고, 더 많은 자선을 베풀 수 있다는 논리나 기업의 성장 논리나 무엇이 다른가. 종교 조직이 가진 종교부동산을 팔아 그들이 구제하고자 하는 사회적 약자에게 돌려주고, 기독교인들은 창교자가 걸었던 길을 따라가는 것이 바른 신앙을 실천하는 것이 아닌가. 예수와 사도는 전대를 메고 '하느님 나라'를 선포하지 않았다. 만일 '돈이 부족해 선교도 못 한다.'라는 직업종교인이 있다면 그 말이 바로 이미 자본주의의 시녀라는 것을 자증하는 것이다. 물신을 섬기는 교회, 이것이 현대 교회의 자화상은 아닌가.

넷째, 교회는 하느님의 말씀이 없고 신앙 체험과 성령 체험이 없는 기복교회라고 비판한다. 변찬린은 "오늘날도 이런 거짓 선지자 종교적 사기꾼들이 부흥사의 명칭을 내걸고 양(羊)들을 미혹하고 있음을 볼 수 있다. 그들은 산 기도를 하다가 이상한 영(靈)을 받고 성신받았다고 오해하고 있으며 자기의 꿈을 하느님의 계시라고 믿고 있다. …중략… 거짓 선지자들이 게(蟹) 거품을 내면서 떠벌이는 부흥회에 가 보면 그들은 무당처럼 양(羊)들을 흥분시킨 다음 돈을 갈취하고 있음을 볼 수 있다. 할렐루야 아멘을 연발하고 '주의 이름으로 축원합니다.'를 연발하면서 집단 최면을 걸어 흥분시키고 양(羊)들을 떨게 만든 다음 성신을 받은 자 손들고 일어나라고 외친다. 웃기는 노릇이다."[33]라고 하면서 기복 신앙을 하는 교회의 실태를 고발하는 것이다. 나아가 그는 오늘날 샤머니즘화한 부흥회에서 일어나는 통성기도와 박수 치며 '아멘! 할렐루야' 하는 광적인 분위기의 교회 현상에서는 오순절의 성령강림이 일어날 수 없는데, 직업종교인은 이를 성령강림의 현상으로 과대 선전하고 있다고 주장한다.[34] 성령 체험을 했다면 성경에 정통하는 것은 물론이고 성도들의 모임인 교회는 오순절의 마가 다락방에 일어난 것처럼 '사랑의 공동체'가 탄생해야 한다. 공동체 내부에는 유무상통의 심리적 소통과 경제적 교류가 이루어지고, 공동체 외부에는 '빛'과 '소금'의 역할을 하는 종교적 순기능이 작동되어야 한다. 교회는 '성경에서 말하는 예수그리스도의 삶'을 실천하는 모임이 되어야 한다.

이처럼 변찬린은 인격적인 종교체험이 없는 건물교회, 기독교의 분열된 교파교회, 기업 성장의 논리와 같은 기업교회와 개인적인 축복을 추구하는 기복교회는 당시 관점으로 보더라도 교회에 나타난 역기능 현상이라고 본다. 그렇다면 성경에서 제시하는 교회는 무엇이고, 그가 주창한 '새 교회'는 어떤 교회를 말하는가? 어떤 기본적인 정신이 있는지 알아보기로 하자.

4. 성경적 의미의 교회

앞에서 언급했듯이 가톨릭신학에서는 마태오복음서 16:18-19에 근거한 "너는 베드로이다. 내가 이 반석 위에 내 교회를 세울 터인즉 죽음의 힘도 감히 그것을 누르지 못할 것이다. 또 나는 너에게 하늘 나라의 열쇠를 주겠다…,"라는 것을 교회 탄생의 근거로 삼고 있다. 종교개혁자들은 오순절 마가 방의 자발적인 공동체 모임(사도 2:44-47, 사도 2:1-13)을 교회의 생성 근거로 보았다.[35] 이후 교황 · 주교 · 사제 등의 위계질서를 가진 로마가톨릭교회와 모든 성직자가 다 사제라는 종교개혁 이후에 탄생한 개신교형 교회 등은 모두 『성경』이 제시한 본래적인 교회인가 하는 측면에서 변찬린은 문제를 제기한다. 이에 그가 『성경』에서 사경(査經)한 이상적인 교회 모델은 무엇인지 알아보자.

첫째, 그는 인간 개개인이 예수그리스도를 받아들이면 그것 자체가 하나의 교회라고 말한다. 즉 "인간=교회"라는 것이다. 교회란 올바른 신앙고백의 터 위에 예수그리스도의 영을 모시는 인격교회를 말하는 것이다. 그가 말하는 인격교회는 무엇인가? 교회는 건물로 된 성전을 말하는 것이 아니고 인간 몸 자체가 하느님을 모시는 성전이 된 것이라고 한다. 이를 논증하기 위하여 그는 『성경』을 인용한다. "예수는 예루살렘 성전은 자기 몸을 상징하는 상징성전(象徵聖殿)이고 실체성전(實體聖殿)은 살아 있는 자기 몸과 인격이라고 주장했다(요한 2:21). 예수의 도맥을 이어받은 사도들도 인간의 몸이 성전이라고 증거했다(에페 2:20-22; 1고린 3:16; 6:19; 2고린 6:16). 그러므로 하느님이 거하시는 성전이나 교회는 대리석이나 시멘트로 화려하게 꾸며진 건물이 아니고 거듭난 성도들의 몸이다."[36]

그의 관점에서 보면 사랑의 공동체로 운영되지 않는 타율적인 교회를 지양하고, 공동체가 일심이 되어 하느님과 수직적인 체험을 하는 교회, 나와 네가 인격적으로 교류하는 영적인 공동체를 만들자는 것이다. 그렇지 않을 경우 교회는 건물교회에 불과하고 그 건물교회는 직업종교인에 의해 상행위의 대상이 되는 종교부동산의 하나에 불과하다고 보는 것이다. 그러기에 교회를 매매하기도 하고 세습하기도 하는 것이 아닌가. 그는 인간 개개인이 교회임을 자각하고 그들이 연대한 공간으로서의 소규모의 무리 즉 3명에서 120명의 소규모의 모임을 확산해 가자는 주장을 다음에서 하고 있다.

둘째, 교회는 '지금 여기'에 오순절 마가 다락방의 공동 체험을 재현해야 한다. 그는 "새 공동각에 의한 공동체의 탄생은 하느님이 지상에 실현하려던 꿈이었다. 새로운 오순절의 체험! 이것이 현대 성도들의 과제이다. 우리 안에 오순절을 재현해야 한다."고 주장한다.[37] 그는 마가 다락방의 공동 체험은 개인 구원이 아닌 공동체 구원의 한 모형이며, 이는 『성경』에서 제시하는 인류 문명이 가야 할 새로운 경제관이라고 인식한다. 이는 일심을 가진 신도들에게 하느님의 성령이 내려 공동으로 동시에 종교체험을 가능하도록 하며, 횡적으로는 '사랑의 공동체'를 이루어 자율적인 경제생활을 하게 하는 제3의 생활 방식이며, 이 오순절 체험에서 성경의 이상적인 교회를 찾은 듯하다. 마가 다락방에서 예수가 말한 보혜사 성령의 강림을 믿고 기다린 120명의 성도에게 내린 성령은 우리가 현재 재현해야 할 역사적 사건이라는 것이다. 많은 신도들이 모인 대형화된 건물교회에서 정형화된 종교 의례는 가식적인 예배일 수밖에 없다.

셋째, 교회는 목회자와 신도들이 『성경』과 하느님의 진리를 연구하고, 토론하는 도량(道場)이다. 일부 직업종교인이 창세기에서 요한묵시록까지 『성경』 전체의 통전적인 지식이 없이 성구 한 구절에 자신의 경험담을 혼합하여 신도들에게 일방적인 설교로 세뇌하는 성경적이지 않는 현상과, 평신도들도 『성경』을 읽지 않는 풍토를 비판한다.[38] 『성경』에서 제시한 예수와 사도와 초대교회의 성도들이 『성경』에 정통한 것처럼 참 교회는 '『성경』의 진리'를 배우는 교육 공동체여야 한다는 것이다.[39] 이는 인격적인 신앙의 고백 터(마음) 위에 진리와 신령이 있는 교회, 살아 있는 기도와 찬양이 있는 축제의 종교 공동체를 말한다. 이런 면에서 그는 모든 제도화된 조직을 배제한 무교회와는 달리 자율적으로 하느님의 말씀을 토론하고 강의하고 예배하는 조직은 인정하고 있다고 할 수 있다(마태 21:13 참조).

변찬린이 주장하는 성경적 의미의 교회는 많은 신학자들이 주장하였고, 이론적인 측면에서는 새로운 것이 없다고 평가할 수 있다. 그러나 그는 "인간=교회"라는 성경의 주장, 오순절 체험으로 성경이 제시하는 공동체모임에서 발생한 사건의 새 해석, 교회가 진리 공동체인데 과연 교회에서 성경의 진리를 담론하는 곳인지 본질을 되묻고 있는 것이다. 사실 이런 성경적 의미의 교회는 세속화의 논리에 함몰되어 현장 목회에서는 전혀 힘을 발휘하지 못하고 있다. 과연 이 괴리는 어디에서 발생하는 것일까. 이는 목회자가 『성경』에 제시된 교회관에 눈을 감고, 평신도는 『성경』을 모르기에 이런 본질에 벗어난 대형화 · 기업화 · 기복화 된 현상에 이끌린다. 이미 식상하리만큼 한국 교회가 자랑하는 세계 최고의 교인 숫자를 가진 교회도 한국에 있고, 가장 큰 장로교회, 감리교회도 모두 한국에 있는데 이런 '최고'가 과연 기독교계의 자랑이라고 해야 하는지 다시 반문해 보아야 할 시점이다.

이런 비정상적인 교회 현상은 『성경』의 해석권과 교단의 집행권을 가진 직업종교인의 성찰이 필요하다. 잘 알다시피 기독교의 역사에서 성경 해석권은 가톨릭의 성직자에게서 만인이 사제가 되어 만인에게 있다는 루터 종교개혁의 핵심이며, 한국 교회에서는 다시 개신교의 교단과 교파의 직업종교인으로 이전된다. 왜 그들만이 성경 해석권을 가져야 하는지 변찬린은 『성경의 원리(聖經의 原理)』에서 묻고 있으며, 그가 이해한 성경 해석에 근거하여 '새 교회'에서 실천하려고 하였다. 그럼 그가 주창한 '새 교회'는 어떤 함의가 있는지를 알아보기로 하자.

5. '새 교회'의 성립 이념

변찬린은 스스로 '산송장'이라고 할 만큼 건강이 좋지 않았다. 그래서 일생의 목표였던 모든 종교 경전를 새롭게 해석해 보겠다는 원대한 꿈은 접고 그의 건강 상태를 고려할 때 가장 현실성이 있고 중요하다고 생각한 『성경』

을 새롭게 해석하는 데 목표를 두었다.

1970년대 초반에 그가 『성경』에 해박한 지식이 있다는 사실을 알고 모여든 통일교를 이탈한 소수의 무리에게 『성경』을 가르쳤다. 그는 월세가 부족해 함석헌의 도움으로 북아현동에서 생활하면서 『성경의 원리(未定稿)』와 『성서의 원리(第二部, 神靈篇)』 등을 제본하여 『성경』공부 교재로 사용하였다. 당시에 『성경』공부에 참여한 수십 명의 제자와 신도들이 교회를 만들자고 하였는데 자신의 건강 상태와 주변 여건이 여의치 않아 거절하였다고 한다.

그러나 70년대 중반이 되면서 변찬린의 명성을 듣고 모이는 이가 많아지자 제자와 신도들이 전도를 하는 데 교회 이름이 필요하다고 간청을 하였고, '이름 없는 교회'가 좋은데 제자들의 요구에 어쩔 수 없이 교회 이름을 짓게 되었다는 뜻을 그는 여러 차례 밝히고 있다.[40] 1970년대 초부터 소규모 그룹으로 '『성경』공부모임'을 하던 그는 거듭된 제자들의 간청에 마침내 '새 교회'를 1977년 3월 1일(음력)에 창립한다. 이날 변찬린은 그의 제자(신도)들에게 '새 교회'의 의미와 〈기도문〉, 〈칠신경(七信經)〉, 교회 위치 등이 적힌 자료와 일부 제자에게는 직접 붓글씨로 쓴 호를 주었다고 한다.[41] 그가 주창한 '새 교회'는 어떠한 창립 이념이 있었는지 살펴보기로 하자.

첫째, 변찬린은 '새 교회'가 새 종교의 모태와 세계적인 교회로 발돋움 할 진리 공동체가 될 것을 염원했다.[42] 그는 1977년 4월 18일(음력 3월 초파일)을 "새 종교의 새벽을 예고하는 예루살렘의 홰쳐 우는 닭소리가 되길 바라는" 길일로 잡은 것으로 추측된다.[43] 그런 의지가 있었기에 그는 '새 교회'가 설립되는 곳에는 반드시 첫 글자인 '새'라는 발음을 유지하고, 한국에서는 '새 교회', 일본에서는 '새 教會'(教會 きょうかい), 중국에서는 '새 教堂', 영어권에

서는 '새 Church'로 쓰라고 당부하며 자신이 창립한 '새 교회'가 세계화될 것을 예언한다.[44] 또한 서울 · 대구 · 속초(금강산) 등 7개 지역을 '새 교회'를 창립할 장소로 지정하였다. 그가 지정한 한국의 일곱 지역은 요한묵시록에 나오는 에페소 · 스미르나 · 페르가몬 · 티아티라 · 사르디스 · 필라델피아 · 라오디케이아를 북두칠성을 닮은 칠성교회(七星敎會)의 기능에 상응하게 배치한다. 이 한국의 일곱 교회는 전 세계의 기독교의 교회를 의미하는데, 예수의 몸 된 인격교회가 아닌 천사들의 교회로 해석하고 있다. 그는 요한이 천사교회인 일곱 교회에 편지를 쓰는데 이것은 곧 계시받은 요한이 편지를 써서 일곱 교회의 천사에게 비밀을 해석해 전해주어야 한다는 것이다. 다시 말하면 예수그리스도의 몸 된 교회('새 교회')가 하늘에 있는 권세와 능력들에게 교육을 해야 한다는 것이다.[45] 이것이 곧 요한계시록의 머리말에 적은 "번개와 피와 아픔과 고독 가운데서 쓴 '요한계시록 신해(新解)'가 기독교인이 아닌 예수를 믿는 '이긴 자' 들에게 바친다."는 의미라고 해석된다.[46] 즉 '새 교회'는 전 세계의 천사교회격인 기성 기독교의 교회에 『성경』의 참 뜻을 선교하는 데 '새 교회'의 사명이 있다는 것이다.

둘째, '새 교회'는 멜기세덱의 도맥을 이어받은 첫째 부활에 참여할 자의 공동체이며 하느님이 말세에 남겨 놓은 사명자를 찾는 사명 공동체임을 표방하고 있다. 그는 〈칠신경〉에서 이천 년 기독교 역사에 없는 산 자의 믿음에 대한 신조가 필요하다고 강조하며, '새 교회'의 신자들은 『성경』에서 말하는 마지막 부활이 아닌 첫째 부활에 들어가기를 바란다고 창립일에 주장했다. 그는 자신이 불편한 몸인데도 불구하고 "이 시대의 신앙을 엘리야와 같이 7000명의 무리를 찾기 위해 이 고생을 하고 있다는 것을 알아주세요. ……여러분이나 나나 예수그리스도의 성령을 모신 이것이 산 교회입니다.

이 몸이 일주일 동안 세상에 나갔다 일주일에 한 번 교류하기 위해 만나는 장소이지 이곳은 교회가 아닙니다. 여러분 자신이 교회요, 나 자신이 교회입니다."라고 한다.[47] 그는 『성경』을 연구한 결과 부활에도 첫째 부활과 마지막 부활이 있다는 것을 밝혀내고[48] '새 교회'는 첫째 부활에 참여할 신도를 찾는 것이 교회 사명임을 천명한다. 이것은 성경이 제시하는 에녹-멜기세덱-엘리야-모세-예수로 이어지는 '산 자의 도맥'을 '새 교회'가 계승하여 이를 전 세계에 전파하여야 한다는 사명감을 표시하고 있다고 판단된다.

셋째, '새 교회'는 120명 이하의 소수의 무리가 공동 체험을 통한 '사랑의 공동체'를 실현하는 데 있다. 이는 무교회처럼 교회를 해체하고 부정하는 것도 비(非)성경적이며, 건물교회를 하느님의 성전으로 착각하는 것도 비(非)성경적이라고 본다. 그러기에 '새 교회'는 오순절의 공동 체험을 현대에 재현해 보자는 것이다. 즉 구약시대의 만나 경제, 신약시대의 오병이어의 경제, 예수 부활 후 오순절 체험 후 120명의 성도들의 자율적인 나눔 경제를 유무상통의 경제라고 표현하면서 이 모형이 바로 자본주의와 공산주의를 초극하는 새로운 경제관을 제시한다고 주장하고, 이것을 '새 교회'에서 실현해 보자는 것이다. 이 '사랑의 공동체'는 『성경』에서 제시하는 두세 명의 인격교회와 120명의 인격교회가 수직적으로는 하느님과의 신앙 관계, 수평적으로는 인격교회 간의 자율적인 조직이다. 그는 "우리 교회는 앞으로 절대로 120명을 넘지 말아야 합니다. 120명을 넘으면, 다른 교회를 하나 해요. 또 넘으면, 다른 교회. 그래서 120명은 사정과 인정이 완전히 통하는. 그런데 주일날 교회에서 잠깐 얼굴만 보고, 흩어지면 그만이고, 그것은 교회가 아닙니다."[49]라고 말하며 인격적 공동체가 될 것을 바라고 있다. "화려한 건축물로서의 교회는 많지만 오순절의 유무상통한 교회는 한 곳도 없다. 120

명의 성도는 하느님의 몸 된 교회를 구성하는 기본 성원(成員)인데 이들은 한 마당(場)에서 같이 거듭난 '영(靈)의 형제(兄弟)'들이였다."[50]라고 한다. 이는 그가 '현대의 건물교회가 신약시대에 세워진 구약교회'라면 '새 교회'는 '신약시대 속에 세워진 새 하늘과 새 땅의 교회'라고 생각하며, 그 모형이 이미 오순절 공동 체험에 있었다고 생각한다고 할 수 있다.

이처럼 변찬린은 '새 교회'가 지닌 사명을 강조하면서 이런 뜻이 오롯이 담긴 '새 교회'의 기본 정신과 이념을 다음과 같이 천명하고 있다.

1) 새는 새롭다(新)는 뜻입니다.

하느님은 새 하늘과 새 땅을 창조하시며(이사 66:22, 이사 65:17, 묵시 21:1) 만물까지 새롭게 하시며(계 21:5) 예수는 세상을 새롭게 하기 위하여 재림하실 것입니다.(마태 19:28) 또 하느님은 새 일을 행하실 것이며(예레 31:22, 이사 42:9, 이사 43:18-20) (이사 48:6), 장차 새 예루살렘이 하늘에서 땅 위로 내려올 것입니다.(묵시 21:2)

'새 교회'는 새 것을 맞이할 새로운 교회라는 뜻입니다.

2) 새는 새(璽)라는 뜻입니다.

새는 제인(帝印) 곧 하느님의 도장이라는 뜻입니다. 이것을 본 따 세상나라 임금들은 나라 도장을 국새, 나라님 도장을 옥새라 흉내 냈던 것입니다. 예수는 하느님의 인 맞은 자였고(요한 6:27) 우리들도 하느님의 인을 맞아야 하며(아가 8:6) 144,000명도 천사가 치는 하느님의 인을 맞아야 합니다.

'새 교회'는 하느님의 印맞은 교회라는 뜻입니다.

3) 새는 새(東쪽)라는 뜻입니다.

새는 동쪽의 고어이며 어부들의 은어입니다. 동쪽을 새쪽, 남쪽을 마쪽 하는 따위입니다. 그래서 東風을 샛바람, 南風을 마파람이라 합니다. 새(東)쪽이 밝아온다는 뜻에서 새 붉(새벽) 서라벌 따위가 생겼는데 이는 光明한 곳이라는 뜻입니다. 聖經은 새쪽 곧 東方에서 義人이 일어날 것을 豫言하고 있으며(이사 41:2, 이사 24:15, 이사 41:25) 하느님의 인을 가진 천사도 동방 해 뜨는 곳에서 올 것을 豫言하고 있습니다.(묵시 7:2-3) 이 나라는 동방의 해 뜨는 고요한 아침의 나라입니다.

'새 교회'는 동방에서 일어난 교회라는 뜻입니다.

4) 새는 새(間)이라는 뜻입니다.

새는 사이의 준말입니다. 십자가의 도는 중도입니다. 오른편 강도와 왼편 강도 사이의 진리입니다.(루가 23:33) 또 하느님의 날도, 낮도 아니오 밤도 아닌 어두어질 때 빛이 있을 것입니다. 낮도 아니고 밤도 아닌 장은 중초한 자리입니다. 콩도 두 쪽이 잘라지는 새에서 새싹이 나오고 남자와 여자 구실 곧, 생명이 나들이하는 그윽한 곳도 두 다리 새(間)가 아닙니까. 左와 右의 이데올로기 사이에서 새싹이 날 것입니다.

'새 교회'는 사이에서 난 중도의 교회라는 뜻입니다.

5) 새는 새(鳥)라는 뜻입니다.(동물 상징)

우리들 머리 위에는 성령이 비둘기처럼 임해야 하며(마태 3:16) 또 성도들은 독수리처럼 하늘도 비상해야할 存在입니다.(이사 40:31) 부활되고 變化받은 存在들은 성차원[靈空間]으로 비둘기처럼 독수리처럼 고양(高揚)되어야 합니다.

'새 교회'는 새처럼 날개 돋친 교회라는 뜻입니다.

6) 새는 새(金싸라기)라는 뜻입니다.(광물 상징) 새잡다라는 은어는 중금속의

혼합물을 말합니다. 중금속 속에 혼합되어 있는 좁쌀 같은 금 알맹이를 제련한다는 뜻입니다. 구원받은 성도들은 금싸라기처럼 적은 무리입니다. 하느님은 참사람을 정금보다 귀하게 오빌의 순금보다 희소하게 선택합니다.(이사 13;12) 우리는 『성경』의 산에서 도의 황금광맥을 찾는 영적인 광쟁이들이 아닙니까?(욥기 28:1-)

'새 교회'는 금싸라기들이 모인 교회라는 뜻입니다.

7) 새는 곧 피륙의 날(經)을 세는 단위입니다(식물 상징)

예컨데 열 새 명주, 스물 새 명주하는 따위입니다. 새가 많을수록 고운 명주가 됩니다. 우리들은 하느님의 말씀으로, 날(經)을 세워 꼬운 행실로 씨(緯)로 하여 신부의 세마포를 짜는 사람들입니다.(묵시 19:8) 『성경』을 짝을 맞추면서(이사 34:16) 신부의 순결한 옷을 예비해야 합니다. 신랑이 오시는데 벌거벗은 무례한 신부가 있을 수 있습니까?(마태 22:11-12)

'새 교회'는 신부의 세마포를 짜는 교회라는 뜻입니다."[51]

그는 교회의 이름을 '새 교회'라고 명명하고, 『성경』에 근거하여 의미를 찾아내었다고 강조한다. '새 교회'에서 '새'의 7가지 의미는 『성경』을 연구하여 지은 다음에 살펴보니 모두 우리 한글에 있었다고 하면서, 한글로 '새'의 7가지 뜻을 정해 놓은 다음에 이를 『성경』에서 찾은 것은 아니라고 강조한다. 그뿐만 아니라 순우리말로 이루어져 있어 교회의 이름 중에 이만큼 『성경』적인 함의를 가진 명칭은 없을 것이라고 자부한다.[52] 그는 '새 교회'가 새 하늘과 새 땅을 맞이하는 종말론적 교회의 사명을 가진 동방(한국)에서 일어난 교회로 '성경의 진리'를 이해하고 체험하고 전파하는 사명자의 공동체로서 종교적 역할을 하기를 바랐던 것 같다.

'새 교회'의 사명을 제자(신도)들에게 선포한 변찬린은 다음과 같은 〈기도문〉을 주었다. 주요한 내용은 현 인류는 아담의 타락 때문에 죽는 존재가 되었으며, 예수의 공로로 보증구원을 얻었지만, 재림주가 올 때 구원받을 자는 새로운 모성(성령)에 의하여 다시 태어나야 한다고 생각하였던 것 같다. 그는 현 인간은 다시 태어나야 할 존재라는 것이다.

성령과 신부는 우리를 무염시태하소서
새 예루살렘 어머니는 우리를 산자로 낳아주소서(아멘)
자비하신 어머니 성령이 우리에게 임하신 모든 산 자의 새 어미가 되게 하소서
거룩한 아버지의 영맥을 따라 새 날의 부활 생령 낳게 하소서(아멘)[53]

'새 교회'의 성도들은 죽는 인류에서 탈출하여 멜기세덱의 반차를 따라 죽지 않고 영원히 사는 변화체의 진리를 깨치는 무리가 되고, 성령 잉태되어 새 하늘의 조상이 될 수 있도록 간절히 기도하자는 것이다. 이를 〈기도문〉의 각 마지막 구절에 그 의미를 반복해서 담고 있다. 이어서 그는 '새 교회'의 일곱 가지 믿음을 〈칠신경〉으로 명명한다.

1. 하늘에 계신 우리 아버지는 죽은 자의 하느님이 아닌 산 자의 하느님이심을 믿사오며,
2. 그 외아들 예수그리스도는 성령으로 잉태하사 동정녀 마리아의 무염한 도태에서 나심을 믿사오며,
3. 고난의 십자가에서 흘린 보혈이 우리의 죄와 허물을 사해 주심을 믿사오며,
4. 죽었다가 사흘 만에 부활하사 사망의 권세를 이기시고 승천하사 하느님의

우편에 앉아 계시다가 말일에 심판하러 다시 오실 것을 믿사옵니다.

5. 새 하늘과 새 땅이 개명되면 성령과 신부는 우리를 참 사람으로 낳아 첫째 부활에 참여케 할 것을 믿사오며,
6. 거룩한 영맥을 따라 다시 난 형제들이 땅에서 공동각으로 사랑의 공동체를 이룰 것을 믿사오며,
7. 홀연히 몸이 변화되어 영으로 화하면 영원히 살 것을 믿사옵나이다. (아멘)[54]

〈칠신경〉은 그의 성경관을 이해하는 중요한 단서가 된다. 기독교의 '사도신경'은 네 가지 믿음인 사신경(四信經)이지만 '새 교회'의 〈칠신경〉은 완전수인 일곱 가지의 믿음인 〈칠신경〉이라고 말한다. 이어 사도신경 가운데 "전능하사 천지를 만드신 하느님 아버지를 내가 믿사오며 그 외아들 우리 주 예수그리스도를 믿사오니, 이는 성령으로 잉태하사 동정녀 마리아에게 나시고 본시오 빌라도에게 고난을 받으사"라는 구절에서 예수그리스도가 빌라도에게 고난을 받았다는 것은 성경에 없는 말이라고 비판한다. 『성경』에 빌라도는 예수가 죄가 없는 것을 알고 놓아주려 하였으나 이스라엘 민중의 요구에 의해 할 수 없이 예수가 십자가에 못 박히게 되었다며 그 근거로 관련 성구(마태 27:19-26과 루가 23:13-25; 요한 18:28-40 등)를 제시한다.[55]

반면에 '새 교회'의 〈칠신경〉은 변찬린이 『성경』의 핵심을 일곱 가지로 신조화한 것이다. 이 글은 그의 〈칠신경〉에 대한 해석이나 정당성을 평가하지 않고 소개하는 데 그친다. 그는 1980년 4월 15일 3주년 기념 예배에서 교파신앙에 물들어 있는 새로 온 신도들을 의식한 듯 우리 '새 교회'의 〈칠신경〉이 있다고 '이상한 소리'를 하는 곳이라고 하지 말고 〈칠신경〉이든, 사

도신경이든 자기 마음에 맞으면 외우고 맞지 않으면 하지 않아도 된다고 개인의 자율에 맡기고 있다.[56]

변찬린은 1977년 3월 초파일이라는 길일을 받아 수십 명의 제자(신도)들이 둥글게 모인 좁은 방에서 아픈 몸임에도 근엄한 자세로 무릎을 꿇고 미리 준비해 온 직접 쓴 제자의 호, '새 교회'의 의미, 〈기도문〉, 〈칠신경〉, 칠성교회의 위치 등이 적힌 문건을 전달하면서 제자들에게 '새 교회'의 유지를 받들 것을 당부하였다고 한다.[57] 변찬린은 『성경의 원리(聖經의 原理)』에 담긴 성경 해석으로 '새 교회'를 통해 종교개혁을 시도하고, 앞에서 언급한 오순절 성령 공동 체험을 재현하는 인격적인 '사랑의 공동체'를 세계적으로 확산하려는 계획을 가지고 있었다.

이렇게 설립된 '새 교회'는 변찬린이 살아 있는 동안 5단계를 거쳐 변화를 거듭하였다고 한다. 교회 설립 장소를 기준으로 하여 첫째 시기는 북아현동 시기(1977.4.18-1980.4)이며, 둘째 시기는 천호동 시기(1980.4-1981.8), 셋째 시기는 종로 5가 시기(1981.8-1982.4) 넷째 시기는 서대문 시기(1982.4-1982.10) 다섯째 시기는 서울 청담동과 영동 시기로 구별할 수 있다. 여기에서 그의 성경공부모임과 '새 교회'를 통해 수많은 현장 목회자가 그의 『성경』강의를 들었다고 하며,[58] 변찬린도 자신의 『성경의 원리(聖經의 原理)』가 교계에 상당히 퍼져 있음을 말하고 있다.[59] 또한 그의 사후에도 그의 제자 가운데 한 명으로 알려진 임준호는 1992년에 수년간 천호동에서 교회를 운영하였다고 하며, 변찬린과 전혀 교류가 없었던 장로교 목사도 3년간 '새 교회'를 설립하여 목회를 하였다고 전해진다. 그의 '새 교회' 에 대한 구체적인 활동의 전모는 지면의 한계와 자료의 부족으로 나중을 기약하기로 한다.

6. '새 교회' 운동의 여명

이 글에서는 학계에 보고된 적이 없는 변찬린의 종교적 생애를 고찰하고, 그가 한국 교회의 역기능적인 교회 현상을 비판하고 그것의 대안적인 성격인 '새 교회'를 창립한 배경과 정신을 확인하면서, 그의 '새 교회' 이념이 한국 교회가 나아갈 방향을 제시할 수도 있음을 살펴보았다. 변찬린은 불우한 환경과 고독 속에서 한평생을 종교 연구와 진리 탐구의 길을 걸어간 종교 구도자였다. 그는 주류 신학자와 교단 신학자는 아니었지만, 수십 년간 『성경』 연구, 다양한 종교의 편력과 종교 전문 지식, 그리고 다방면의 현대 학문을 섭취한 종교연구가이자 구도자로서 그의 주저인 『성경의 원리(聖經의 原理)』는 기독교계의 오랜 숙원인 한국 종교적 심성에 바탕을 둔 주체적 신학을 수립하기 위해 노력한 성과로 평가된다. 그러나 이 글에서는 그의 주저인 『성경의 원리』의 사상을 조명하는 것이 아니었기에 최소한의 언급만 하였다. 그는 『성경의 원리』에서 밝혀낸 『성경』 해석에 근거하여 한국 교회에 만연하는 현상을, 인격적인 종교체험과 진리의 말씀이 없는 건물교회, 구약적 신관을 가지고 교권의 다툼으로 분열되는 교파교회, 대형교회와 금전을 추구하는 기업교회와 개인적인 축복을 추구하는 기복교회라고 비판하고 있음을 알 수 있었다.

이런 교회 현상을 극복하기 위하여 그는 1977년 4월 18일(음력 3월 1일)에 '새 교회'를 창립한다. '새 교회'는 첫째, 서구화된 비성경적인 기성 기독교에 참 진리를 전파한다는 진리 공동체로서, 한국의 서울을 비롯한 7개 지역에 교회를 두고(일명 七星敎會), 세계화의 전초 선교 기지로 삼고자 하였다. 둘째, 첫째 부활에 참여하는 144,000명과 기독교에 몸담고 있지만 참된 신앙을 가진 '이긴 자'를 구원하는 사명 공동체로서의 기능을 강조하였다. 마지막으로, '새 교회'가 인류 문명의 대안으로서 유무상통하는 경제관을 실현한 오순절체험의 재현을 구현하는 '사랑의 공동체'로 만들려는 비전을 가지고 있음을 규명해 보았다.

'새 교회'는 그가 1985년 임종하기 전까지 여러 장소로 옮겨 가며 '새 교회'의 정신을 전파하려고 노력하였으나, 그가 생전에 그토록 염원하였던 '새 교회'의 세계화는 이루지 못하였고, 그의 『성경』 강의를 들었던 수많은 현장 목회자에게 상당한 파급효과를 미치는 것에 만족해야 했다. 사후에 그의 일부 제자와 생전에 그를 만나지도 못하였던 종교인이 '새 교회' 정신을 이어받아 목회를 하였다는 사실은 아직도 그의 『성경의 원리(聖經의 原理)』와 그가 주창한 '새 교회' 정신은 조명을 할 가치가 충분함을 보여주는 방증이라고 할 수 있다.

이 글을 마무리 하면서 필자는 한국에서 세계 종교계에 내놓을 종교문화의 자산이 부족한 것이 아니라 오히려 풍부하다고 생각한다. 그럼에도 단지 종교계(특히 기독교계)의 '정통과 이단'의 싸움, 그리고 '교단과 교파'의 파벌싸움, 교단 신학의 호교론적 연구 경향으로 인해 종교학자와 신학자들이 연구 주제 선정과 연구 방향 결정 자체가 자유스럽지 못한 것은 아닌지 의구심을 제기한다. 향후 종교학계와 신학계가 극복해야 할 학문적 자율성의 과제가 바로 여기에 있으며 연구자들이 자유로울 때 비로소 종교계가 보다 더 성숙하고 건강해질 수 있을 것이다.

09

종교 간의 대화를 위한 해석학적 범주

—박정환—

1. 결국, 벽을 넘는 대화다

저것은 벽
어쩔 수 없는 벽이라고 우리가 느낄 때
그때
담쟁이는 말없이 그 벽을 오른다

물 한 방울 없고 씨앗 한 톨 살아남을 수 없는
저것은 절망의 벽이라고 말할 때
담쟁이는 서두르지 않고 앞으로 나아간다

한 뼘이라도 꼭 여럿이 함께 손을 잡고 올라간다
푸르게 절망을 다 덮을 때까지
바로 그 절망을 잡고 놓지 않는다

저것은 넘을 수 없는 벽이라고 고개를 떨구고 있을 때
담쟁이 잎 하나는 담쟁이 잎 수 천 개를 이끌고
결국 그 벽을 넘는다
〈담쟁이〉 - 도종환

종교(宗教)는 모든 문화권에 존재하는 현상이지만 한마디로 정의를 내리기는 쉽지 않다. 종교의 '종(宗)'은 '마루 종'으로, '마루'란 등성이가 진 지붕이나 산등성이의 꼭대기를 말한다. 산마루, 고갯마루 등에 쓰인다. '교(教)'는 '가르칠 교'이다. 글자 그대로 풀이하면 종교(宗教)는 교육에서 맨 꼭대기에 있는 것을 의미한다. 또한 종교(religion)는 라틴어 렐리기오(religio)에서 나온 말로서 로마의 철인 문호 키케로(Cicero, B.C.106-B.C.43)는 religio(렐리기오)란 "삼가 경의를 표한다."는 뜻을 가진 동사 relegere(레레게레)의 명사형으로 보았다. 이러한 어원에서 종교의 본래적 기능은 '다시(re)' '잇는다(ligare)'라는 의미이다. 따라서 종교는 '궁극적인 실체나 초자연적 원리들과의 관계를 함축하는 의례와 믿음의 체계로 인간과 신, 인간과 인간의 관계를 회복시키는 것이다. 이런 점에 비추어 본다면 종교 간의 갈등과 대립은 이해하기 힘든 상황이다.

그러나 이러한 종교를 단초로 하여 일어나는 비극이 지금도 세계 곳곳에서 자행된다. 자살 폭파범, 9·11테러, 런던폭탄테러, 파리 IS테러, 마녀사냥, 화약음모사건(1605년 영국 가톨릭교도가 계획한 제임스 1세 암살 미수 사건), 인도 분할, 이스라엘과 팔레스타인 전쟁, 세르비아와 크로아티아와 보스니아에서 벌어진 대량학살, 유대인을 '예수 살인자'라고 박해한 것, 북아일랜드 '분쟁' 등 종교라는 가면 뒤에서 자행된 이 끔찍한 만행을 어찌하랴.

우리나라에도 불교와 유교가 들어온 지 1700여 년, 가톨릭은 200여 년, 개신교는 100여 년, 이슬람은 50여 년이 되었다. 이러한 종교들이 그 시대마다 종교 나름으로 종교적인 구실을 하면서 서로의 공통성과 특수성을 존속해 왔다. 그러나 근래에 이르러 종교 간의 갈등이 불거지면서 사회적 문제를 야기할 가능성이 한층 높아졌다. 나아가 기성 종교가 이제까지는 우리 사회 발전에 그 나름으로 기여해 왔으나, 근래에 와서는 사회 발전에 역기능을 끼쳐, 종교의 신뢰도가 점점 추락한다.

시인은 '담쟁이'가 벽을 만났을 때도 절망하지 않고 그 고난과 한계를 극복해 내는 의지를 노래한다. 오늘날 종교 간의 대화를 주창하는 이들은 부정적인 현실의 벽 앞에서 머뭇거린다. 가능한 일인가? 이루어 질 수 있는가? 바로 지금 성찰과 참회를 통한 종교의 정체성 재정립으로 종교 간의 심도 있는 대화가 절실하다. 우리 사회의 모든 종교가 자연과 생명 그리고 평화와 행복에 기반을 둔 참 종교로 다시 정립되는 대화의 장이 마련되기를 간절히 바란다. '담쟁이'가 담벼락을 타고 무성히 번져 결국 담을 넘듯이 말이다.

2. 대화의 개념

대화(Dialogue)란 서로 다른 견해를 가진 둘 이상의 사람들이 공통된 주제로 이야기하는 것(Conversation)을 말하며 그 첫째의 목적은 대화 당사자들이 상대방에게 배움으로써 변화하고 성장하는 데에 있다. 과거 종교계의 대화에서는 서로 의견을 달리하는 사람들이 논의를 할 때에는, 으레 상대방을 이기기 위해서라든가 상대방을 효과적으로 다루기 위해서였다. 또는 잘해야 그 상대 적수들과 교섭을 위한 것이었다. 어떤 때는 보다 공공연히 어떤 때는 보다 미묘하게 논쟁을 하지만 목적은 우리만이 절대적 진리를 갖고 있다는 확신 때문에 상대방을 이기는 데 대화의 목적이 있었다.

그러나 이것은 대화가 아니다. 대화는 논쟁이 아니다. 대화를 할 때에는 상대방의 입장을 가능한 한 정확히, 마치 그 입장에 선 듯 이해하려는 노력으로 가능한 한 공감하며 개방적으로 상대방의 말을 경청해야 한다. 이러한 태도는 우리가 어떤 시점에서라도 상대방의 입장이 설득력이 있다고 인정될 경우에는 우리 의견을 수정할 수 있어야 하며, 그 수정하는 데에 혼란이 따를 수 있다는 가정을 전제해야 한다.

3. 대화의 영역

대화는 사회 정의의 실천 같은 실제적인 문제들은 물론이고 교리와 신학 전반에 걸쳐 나타나야 할 것이다. 레너드 스위들러(Leonard Swidler)는 종교 간의 대화를 세 가지 영역으로 나누어 설명했다.

첫째, 실천적(practical) 영역에서의 대화이다. 대부분의 종교에서 가르치는 자비·정의·사랑의 가르침에 따라 사회 정의를 구현하고 인권을 옹호하는 구체적인 문제들을 위한 종교 간 협력을 말한다. "인류를 위해 협력하는" 이것은 종교나 이념 간의 장벽을 무너뜨릴 것이며, 다른 신앙과 이념을 갖고도 같은 행동을 할 수 있다는 자기 이해로 인도해 줄 것이다. 여기서 대화는 행동으로, 행동은 대화로 이어져야 한다.

둘째, 영적인(spiritual) 영역에서의 대화이다. 상대방의 종교나 이념을 "안에서부터" 경험하는 대화이다. 라이문도 파니카(Raimundo Panikkar)는 "종교적인 대화는 단순히 교리나 지적인 견해의 교환이 아니라 진정하게 종교적이어야 한다. …… 대화는 내 종교적 태도의 깊이에서 상대방 속에 있는 똑같은 깊이로 나아가야 한다." "나는 한 사람의 그리스도인으로서 '출발했다'. 나는 내 자신이 힌두인임을 '발견했다.' 그리고 나는 한 사람의 그리스도인임을 그만두지 않은 채 한 불자가 되어 '돌아왔다.'" 다른 문화, 다른 삶의 방식, 다른 종교의 입장으로 나아갔다가(going over) 새로운 통찰을 가지고 자기 자신의 문화로, 자기 자신의 삶의 방식, 자기 자신의 종교로 되돌아오는 것(coming back)이다. 이는 상대방의 감정에 들어갔다가 더 풍부해져서 자신의 전통으로 되돌아오는 것을 말한다.

셋째, 인식적인(cognitional) 영역에서의 대화이다. 이것은 "어떻게 내가 한편으로는 내 자신의 종교적 확신과 전통에 성실성을 유지하면서, 다른 한편으로는 내 대화 상대자를 이해하고 그들을 내 언어로 인식할 수 있을까."에 관한 문제이다. 종교적 확신에 대한 하나의 체계적이고 추론적인 반성, 즉 '신학'을 이루는 단계이다. 여기서 말하는 '신학'이란 단순히 그리스도교만의 것이 아니다. 한 사람 이상의 사람들이 받아들이는 종교적 확신을 체계적이고 추론적으로 반성하고, 삶의 의미와 그에 따른 삶의 방향을 설명하려고 하는 한, 신앙이나 이념에 대한 통찰은 모두 신학이라는 것이다.

4. 대화의 유형

종교 간의 대화를 분석하고 평가하기 위해서는 종교 간 대화의 유형을 정리해 볼 필요가 있다. 대표적인 입장은 배타주의(Exclusivism), 포괄주의(Inclusivism), 다원주의(Pluralism) 정도로 나눌 수 있다.

첫째, 배타주의이다. 배타주의는 기독교에서 가장 광범위한 입장으로 그 전형적인 신학자로 칼 바르트(Karl Barth, 1886-1968)를 들 수 있다. 기독교는 하느님 계시에 근거한 신앙인데 그 계시가 육신을 입은 하느님의 말씀, 즉 예수그리스도에게 유일하게, 결정적으로 나타났다는 것이다. 따라서 계시를 인정하는 기독교만이 참된 종교이며, 이를 인정하지 않거나 거부한다는 측면에서 다른 종교는 거짓 종교에 불과한 것이다. 기독교는 다른 종교와는 근본적으로 공통 기반이 없다. 단지 그 사이에는 질적인 차이만 존재할 따름이다. 그러므로 기독교와 다른 종교와의 만남은 개개인의 개종을 목적으로 한다는 것이 배타주의의 기본적 태도라고 볼 수 있다.

둘째, 포괄주의이다. 포괄주의는 가톨릭의 제2차 바티칸공의회를 이끌었던 신학자 칼 라너(Karl Rahner, 1904-1984)의 견해로 대표된다. 이 견해는 기독교와 다른 종교 사이에는 일정한 공통 기반이 존재한다고 전제한다. 즉 하느님의 보편적 구원 의지나 인간 신비에 대한 추구 등은 종교가 보편적으로 갖는 근거라고 보는 것이다. 종교는 동일한 뿌리에서 비롯되는 서로 다른 가지들이다. 그러므로 종교 간 차이는 질적 차이가 아니라 정도(degree)의 차이이다. 즉 다른 종교와의 만남은 종교 전통 자체를 익명의 신앙에서 명시적 신앙으로 끌어올리는 데서 의미를 찾을 수 있으며, 각 종교는 익명의 기독교로서 존중받을 필요가 있다고 본다. 라너가 제안해 유명해진 익명의 그리스도인(anonymous Christian) 개념은 비록 다른 종교에 몸을 담고 있으나 진리에 부합하거나 근접한 삶을 살고 있는 이들을 말한다. 이 입장은 다른 종교와의 대화에 유연하고, 종교 자체가 가진 잠재력과 가능성을 인정하는 데 인색하지 않다.

셋째, 다원주의이다. 다원주의는 여러 종교 전통을 공평하게 대화에 참여할 수 있도록 해야 한다는 것이다. 또한 통칭 다원주의라고 해도 하나의 균일한 입장이 아니라 상당히 세분화된다. 즉 '공통 기반에 중점을 두는 입장'에는 신 중심주의나 구원 중심주의 입장 등으로 더 세분화해서 볼 수 있다. '차이에 기반을 두는 입장'은 그리스도 중심주의, 문화 · 언어 중심주의 등을 들 수 있다.

공통 기반에 중점을 두는 입장은, 단순화하면, 종교는 '하나의 산을 오르는 여러 갈래 길'이라고 볼 수 있다. 여러 종교는 공통의 진리를 찾아 나선 동반자이고, 서로 배울 것이 있는 상대가 된다. 그러므로 종교 간 대화는 상호 보완이나 상호 성숙에 목적이 있다. 어느 종교가 더 낫고 못하다는 평가를 한쪽 입장에서 가하는 것은 무지하거나 무례한 것이 된다. 다양한 종교를 동등한 연구 대상으로 삼는 종교학자들이 대체로 많이 취하는 입장이다,

차이에 기반을 두는 입장은, 각 종교 전통은 '여러 길을 따라 오르는 여러 산들'이라는 입장이다. 여기서는 각 종교 전통이 동일한 대상과 목표를 추구한다는 전제를 갖지 않는다. 각 종교는 그 나름의 진리를 추구하고, 그 자체를 존중할 필요가 있다는 것이다. 이 입장은 한 종교의 진리를 전체를 포괄하는 절대적인 것으로 전제하지 않는다는 점에서 진리의 절대성이나 보편성을 포기한 것처럼 보이기는 하나, 포스트모던 시대에는 단지 보편성과 절대성의 주장만으로 영향력을 발휘할 수는 없다는 점에서 현실적인 선택이 되는 것이다.

〈종교 전통 간의 대화 유형〉

<table>
<tr><td rowspan="3"></td><td>배타주의</td><td>포괄주의</td><td colspan="5">다원주의</td></tr>
<tr><td rowspan="2"></td><td rowspan="2"></td><td colspan="4">공통 기반에 중심을 둔 다원주의(common ground)</td><td>차이에 중심을 둔 다원주의(christo-centrism)</td></tr>
<tr><td colspan="3">신 중심주의(theo-centrism)</td><td>구원 중심주의(soterio-centrism)</td><td></td></tr>
<tr><td>학자</td><td>바르트
부루너,
크래머,
뉴비긴</td><td>라너,
한스큉,
존 로빈슨</td><td>존 힉</td><td>캔드웰
스미스</td><td>파니카</td><td>니, 터
콕스
피에리스</td><td>존 캅</td></tr>
</table>

중심개념			the Real Reality the One	공통본질+역사성(상황)	실재 중심주의	구 원(soterio-centrism)	그리스도성을 회복하자, 포기하지 말자
공통본질	신학적으로 불가능(계시의 종교)	익명의 기독교인.	공통기반이 있다는 가설.	공통본질의 선험적 현존(전제)	신-인간-우주적 다원주의	공통의 상황(구원을 필요로 하는)	차이가 전제조건이다
종교간의 차이	질적인 차이가 있다	양적인 차이가 있다. 기독교에서 분명히 실현된다	종류의차이가 있다. 각 종교 자체의 독특성이 있다. 산에 오르는 길은 여럿이다. (종교의 가치의 평가는 일정기준에 따라)	종교는 진행중인 역사적 과정이다(진화한다) 종교는 類개념 개별종교는 種개념	불일치의 일치(discord-ant concord)	종교공통의 상황이 중요함	현저히 다르다(산은 여럿이다).
종교간의 만남	개인적 개종뿐, 양자택일뿐	다른 종교도 잠재성을 가지고 있다. 익명의 신앙을 명시적 신앙으로	목적이 개종에 있지 않다. 상호풍요, 상호성숙, 상호변혁이 목적이다	左同. 만남은 신념과 헌신과 위엄을 강화한다	다른 종교들에 대한 우주적인 신뢰	공통의 접근(구원을 위해 함께 노력)	차이가 있기 때문에 만나야 하고, 도움이 된다

5. 대화의 준칙들

지금도 종교 간의 대화는 계속된다. 특별히 이 시점에서 다시 한 번 종교 간의 대화가 실체적 · 영적 · 인식적으로 이뤄지기 위해서 지켜야 할 근본적인 준칙을 정리하고자 한다.

준칙1. 종교인의 입장에서 대화와 설득이 필요하다. 종교 간 대화는 종교적 믿음을 바탕으로 대화하는 것이다. 마음을 연다는 것은 대화를 하는 것이며 대화를 한다는 사실은 상대방의 입장을 존중할 뿐 아니라 그들의 말을 들어준다는 사실을 전제한다. 우리는 다른 종교를 가진 사람에게 그의 신이나 절대적 존재에 관해 듣는 것이 중요하다. 또한 서로 입장을 공감하지 않는다 해도 그 사람 입장에는 그 나름대로 종교적 믿음이 담겨 있다는 사실을 인정해 주어야 한다. 대화는 설득이 아니다. 대화의 전제 조건은 자신의 입장만을 고집하는 것이 아니라 상대방의 입장을 이해하는 것이다.

준칙2. 종교 간의 대화는 호교론에서 자유로워야 한다. 기독교인이나 불교도, 아니면 어떤 종교를 신봉하는 사람이건 간에 다른 종교를 가진 사람을 만날 때 가능한 모든 방법을 동원해서 자기가 가진 종교를 방어해야겠다는 선입관을 탈피해야 한다. 그렇지 않으면 서로를 풍요롭게 하거나 생산적인 결과를 낳지 못할 것이다. 분명한 것은 우리가 가진 교리나 확신을 포기할 필요는 없다. 그러나 우리가 다른 종교적 전통에서 사는 사람을 참으로 만나고자 한다면 그 어떤 호교론도 제거하지 않으면 안 된다. 호교론이 그 나름으로는 순기능이 있지만 그것이 종교 간의 대화에 필요한 것은 아니다.

준칙3. 종교 간의 대화에서 역사를 간과하지 말아야 한다. 종교는 개인의 일이 아니다. 또 단순히 절대자와의 수직적인 연결만도 아니다. 종교는 인류와의 관계이기도 하다. 그래서 종교는 전통, 즉 역사를 갖고 있다. 따라서 종교적인 대화는 각자의 종교 전통에서 이탈된 몇몇 사람들이 지극히 사적인 자격으로 이루어지는 것이 아니다. 진실로 종교적인 사람은 동시에 전통이라는 배경을 등에 지고 있다. 그는 한 공동체의 살아 있는 일원이며 생생한 전통을 신뢰하는 사람이다. 종교 간의 대화는 살아 있는 대화이며 창조적인 사유와 상상력이 가득 찬 길을 가는 것이다. 이 새로운 길은 과거와 단절된 것이 아니라 과거를 계승하고 또 확장해 나간다.

준칙4. 대화의 일차적 목적은 배우는 것이다. 대화는 실재(reality)를 인식하고 이해하기 위해 우리 자신이 변화하고 성장하여 그에 따라 알맞게 행동하는 것이다. 우리는 우리의 대화 상대자가 '저것'보다는 '이것'을 믿고 있다는 사실 자체만으로도 그 상대방에 대한 내 태도를 바꿔야 할 것이다.

준칙5. 종교 간 대화는 양쪽에서 함께 기획된 것이어야 한다. 즉 각각의 종교 집단 안에서의 기획이나 종교 집단들 사이의 기획이어야 한다. 종교 간의 대화는 공동적이기 때문에, 그리고 그 일차적 목적도 모든 대화 상대자들이 배우고 서로 변화하는 데 있기 때문에 모든 대화 참여자들은 신앙 노선이 서로 교차하는 상대자들—가령 가톨릭과 프로테스탄트의 대화—과의 대화는 물론 동료 종교인들과의 종교 간 대화도 결실을 공유해야 한다. 이런 방법으로 모든 공동체는 결과적으로 배우고 대화할 수 있다. 또한 실재를 더욱 꿰뚫어볼 수 있는 통찰력이 생기는 것이다.

준칙6. 참여자는 전적으로 정직하게 대화에 임해야 한다. 우리는 주류와 비주류를 이루는 전통에 관한 논점들이 어떤 방향으로 움직이며, 미래에는 어떻게 변화해 나갈지를 확실히 해야 하며, 또 필요하다면, 참가자들이 자기 전통의 어떤 부분에서 어려움을 겪고 있는지도 명확하게 해야 한다. 대화에 거짓된 만남이 있어서는 안 된다. 반대로 각 참여자는 다른 상대자들에게도 똑같이 전적으로 정직하고 신실하다는 것을 전제해야 한다. 신실함이 없으면 대화는 이루어질 수 없다. 즉 신뢰가 없으면 대화도 없다.

준칙7. 종교 간 대화에서 우리는 우리 이상과 상대의 현실을 비교해서는 안 된다. 단지 우리 이상과 상대방의 이상을, 우리 현실과 상대방의 현실을 비교할 수 있을 뿐이다.

준칙8. 참여자는 자신의 입장을 밝혀야 한다. 가령 유대인만이 유대인이 되는 것이 무엇을 의미하는지를 그 내부에서 정의할 수 있다. 우리 가운데 다른 이들은 다만 밖에서 볼 때 어떻게 보이는지만 서술할 수 있을 뿐이다. 더구나 대화는 역동적인 것이기 때문에 각 참여자는 배움으로써 변화하고 따라서 동료 유대인들과의 끊임없는 대화 유지에 유의하면서 하나의 유대인으로서 자신의 입장을 계속해서 심화하고 넓히며 수정하는 것이다 따라서 각 대화 상대자가 자기 전통에 신실한 신자라는 것이 무엇을 의미하는지 규정하는 것이 필수적이다.

준칙9. 참여자들은 의견이 불일치하더라도 유연한 태도로 대화에 임해야 한다. 각 참가자들은 개방적이고 공감적으로 상대방의 말을 들어야 할 뿐 아니라 자기 전통과의 합일을 계속 유지하면서 가능한 한 상대방의 의견에 동의하려고 해야 한다. 자신의 전통에서 분리되지 않고는 절대로 더 이상 동의할 수 없는 바로 그곳이 의견의 불일치점이다. 대부분의 경우 그 지점은 앞서 그릇되게 가정하여 의견이 불일치할 것이라고 생각했던 지점과는 다른 지점이 되기가 쉬울 것이다.

준칙10. 대화는 동등한 사람들 사이에서 이루어져야 한다. 즉 '동등한 권리를 지닌 대화 상대(par cum pari)' 사이에서 발생하는 것이다. 예를 들어 식견 있는 학자와 세련되지 못한 일반인 사이에서는 진정하고 충분한 대화가 되지 않는다. 또는 무슬림이 힌두교를 열등한 것으로 간주한다든지, 힌두교인이 이슬람교를 열등한 것으로 본다든지 한다면, 그때 대화란 없을 것이다. 그러므로 무슬림과 힌두교도 사이에 진정한 종교 간 대화가 이루어지려면 동등한 수준의 관계(par cum pari)라야 한다. 따라서 일방 통행식 대화도 있을 수 없다.

준칙11. 대화는 상호 신뢰를 기초로 할 때만 가능하다. 비록 종교 간 대화가 어떤 공동체적 차원(a corporate dimension), 즉 참가자들이 예를 들어 마르크스주의자든 도교인이든지 종교나 이념 공동체의 일원이어야 하는 차원에서 이루어지는 것일지라도, 직접 대화에 참여하는 것은 오직 '개인'이다. 따라서 개개인 사이의 대화는 인격적인 신뢰 위에서만 성립될 수 있다. 그러므로 처음부터 상대방의 가장 곤란한 문제들을 가지고 씨름하는 것이 아니라, 우선 서로에게 공동의 장을 제공해 줄 수 있는 주제에 접근하여 상호 신뢰의 토대를 마련하는 것이 현명할 것이다.

준칙12. 종교 간 대화에 참여하는 사람들은 최소한이나마 자신과 자신의 종교를 스스로 비판할 수 있어야 한다. 이러한 '자기 바탕'이 부족하면 자신의 전통이 이미 확고부동한 모든 정답을 갖고 있다고 생각한다. 이러한 태도는 대화 자체를 불필요하게 만들 뿐만 아니라 불가능하게 만든다. 분명한 것은 종교 간 대화와 이념 간 대화의 참여자들은 성실하고 확신 있게 종교적이거나 이념적인 전통 안에 서야 한다. 그러나 성실함과 확신은 건전한 자기비판을 배척하는 것이 아니라 포함해야 한다. 그것이 없다면 대화도 있을 수 없고, 사실상 성실함도 있을 수 없다.

준칙13. 참여자들은 궁극적으로 상대방의 종교에 머리로만 참여하는 것이 아니라 영혼과 마음을 다해야 한다. 종교나 이념은 단순히 머리로만 참여하는 것이 아니다. 영과 마음과 "전 존재"를 다하는 것이다. 존 던(John S. Dunne, 1572-1631)은 다른 이의 종교적 · 이념적 경험 안으로 넘어갔다가(passing over), 더 밝아지고 넓어지고 깊어져서 돌아오는 것(comming back)을 말한다. 파니카(R. Panikkar)도 말한다. "그리스도인은 자신이 어떠한 방법으로든 힌두교로 개종하지 않는다면 힌두교를 완전히 이해할 수 없을 것이다. 힌두교도 역시 자신이 그리스도인이 되지 않으면 그리스도교를 결코 충분히 이해할 수 없다."

준칙14. 종교적 체험의 대화는 심도 깊은 종교 간 대화의 양식이다. 서로 다른 종교인들이 서로 종교적 체험을 나누는 것은 자신의 종교적 전통에 뿌리를 둔 영적 자산들, 예를 들면 기도와 묵상, 신앙과 절대자를 찾는 길 등의 체험을 나누는 것이다. 이 대화의 특징은 그것이 밖으로 표현되는 언어적 대화가 아니라 침묵과 기도, 공동생활의 나눔 등을 통한 깊은 영적 만남이라는 데 있다. 이러한 종교적 체험의 대화는 지도자들이나 활동 수도자들 그리고 평신도들에게도 물론 열려 있어야 한다.

준칙15. 각 종교에 종사하는 성직자들이 현명해야 한다. 모든 종교는 그 종교 지도층 인사들에게서 상당한 영향을 받기 때문이다. 각 종교의 전문가들은 서로 종교적 유산과 영적인 가치들을 좀 더 깊이 이해하는 이들이다. 다른 종교인들과 그저 피상적이 아니고 참되고 실속 있는 대화를 하고자 한다면 상대편 종교를 객관적이고 적절하게 이해하는 종교의 지도층 노력이 반드시 필요하다.

준칙16. 사회 정의 · 평화 · 사랑 · 자유 · 해방 등 자연과 인간의 행복을 위한 실천적 대화가 필요하다. 이러한 일에 종교인들이 서로 협력하는 것은 각 종교 자체의 쇄신을 위해서나 인류 사회에 진정한 봉사를 위해서나 대단히 중요한 의미가 있다. 이런 협력을 통해 각 종교는 현대사회에서 스스로의 진실성과 신빙성을 드러낼 수 있다. 따라서 다양한 사회 영역에서 협력하면 서로에 대한 기존의 편견과 장벽은 허물어지고 더 발전된 종교 간 대화의 길을 열어줄 것이다.

준칙17. 대화를 할 때 다른 사람들의 가장 기본적인 종교적 신앙을 인정해야 한다. 각 종교인들은 그들 나름의 종교적 신념이 존재한다. 종교적 신념은 몇 시간의 말로써 그 진리성이 입증되지는 않는다. 입증되는 문제도 아니다. 그것은 순전히 '믿음'의 문제이기 때문이다. 종교적으로 가치가 있는 행동과 실천이 다른 사람들로 하여금 그 종교를 믿게 만든다는 사실을 알아야 한다.

준칙18. 각 종교의 특수성과 고유성을 살펴라. 종교 간 대화를 할 때 하나의 정상을 향한 목적에만 치중하다 보면 신앙의 여정을 소홀히 생각할 수 있다. 즉 보편성만을 추구하다 보면 각 종교가 지닌 특수성, 고유성을 무시해 버리거나 약화시킬 위험이 있다. 우리는 두 종교의 신앙을 동시에 가지고 살아갈 수 없다. 따라서 각 종교인이 종교 간의 대화를 할 때 각 종교가 지닌 특수성을 배제할 수 없을 것이다. 바로 이 점이 다른 종교와 대화해야 할 단초를 제공하는 것이다.

준칙19. 종교적 타자를 길벗으로 대하라. 대화자는 서로 배우고 이해하며 자기 생각을 절대화하려 하지 마라. 인간관계를 원만히 할 줄 아는 대화적 사고, 비판적 사고의 소유자라야 한다. 타자의 개종이나 자기 종교의 확장이 아니라 사랑의 교제를 통해 이제 종교적 타자는 낯선 이방인이 아니라 서로 배우는 길벗이 되어야 한다. 길벗을 통해 상호 보완과 상호 변혁이라는 대화(大和)의 삶이 열리는 것이다.

6. 오라, 우리가 함께 대화하자

흔들리지 않고 피는 꽃이 어디 있으랴

이 세상 그 어떤 아름다운 꽃들도

다 흔들리면서 피었나니

흔들리면서 줄기를 곧게 세웠나니

흔들리지 않고 가는 사랑이 어디 있으랴

젖지 않고 피는 꽃이 어디 있으랴

이 세상 그 어떤 빛나는 꽃들도

다 젖으며 젖으며 피었나니

바람과 비에 젖으며 꽃잎 따뜻하게 피웠나니

젖지 않고 가는 삶이 어디 있으랴

- 도종환, 〈흔들리며 피는 꽃〉

다종교 사회에 오늘을 살고 있는 우리의 미래 종교는 어떻게 될 것인가? 다원주의 사회의 다양한 종교가 서로의 입장을 인정하지 않는다면 개인적으로나 국가적으로 심각한 문제를 야기할 것이다. 지금 우리나라는 지역 문제와 교육 문제가 심각한 정치적 문제가 되고 있다. 또한 부정부패, 정경유착, 절대적 빈곤은 국민들 대부분이 공감한다. 여기에 덧붙여 종교적인 문제까지 더해 더더욱 혼란스러울 것이다.

모든 사람들 마음속에는 서로를 인정하는 사회, 다른 사람들에게 자신의 종교를 강요하지 않고 자신들이 믿는 종교적 교리에 따라 착실히 선행을 실천하는 사회이기를 바라는 마음이 있다. 우리는 여기에 동참해야 한다. 더 나아가 우리는 세계 시민으로서도 더불어 살아가야 한다.

과거와 현재의 '종교전쟁'도 다른 종교를 이해하지 않기 때문에 발생하는 것이다. 종교적인 문제는 중요한 문제이기는 하지만 그 해결 방법과 기준은 모호하다. 그렇기 때문에 나의 종교적 입장만을 주장할 수는 없다. 특별히 '인터넷 시대'에는 이웃종교를 이해하는 마음이 절대적으로 필요하다. 다문화가정의 문제를 우리나라 정책에 포함시켜야 하듯이 종교 다원주의를 종교를 이야기하는 모든 것에 포함시킬 때가 되었다.

이제 우리는 각자의 종교가 추구하는 공통된 이념을 찾는 대화의 길을 떠나야 한다. 아무리 흔들린다고 할지라도 기어코 꽃을 피워야 할 것이다. 신학자 한스 큉(Hans Küng, 1928-)은 말한다. '세계 평화는 종교 간의 평화 없이는 불가능하고 종교 간의 평화는 종교 간의 대화 없이 불가능하다'. 오라, 우리가 함께 대화하자.

10

종교와 이성 사이의 긴장

: 종교경험의 토대주의 비판

—김 대 식—

1. 종교의 이성적 상상력의 금기

오늘날 종교를 철학적으로 논의하는 일은 거의 답보 상태에 있다고 해도 과언이 아닐 것이다. 철학이 인문학적 가치 하락으로 제 기능을 못 하는 상황에서 종교에 자신의 영역을 펼치기에는 역부족이기 때문이다. 따라서 철학적 비판을 통하여 종교의 이성적 담론을 제기함으로써 종교적 장(場)의 건전성을 확보해 나가기는 점점 더 어려워지는 현실이다. 그렇다고 해서 철학이 모든 학문의 만병통치약이라는 주장은 아니다. 다만 종교의 역할과 기능을 심도 있게 분석·비판하며 방향 제시를 할 수 있는 이성적 담론이 약화되고 있다는 사실을 지적하는 것이다. 그럼으로써 종교는 더 신앙이라는 명분으로 자신의 종교적 경험을 검증과 비판 없이 수용하고 때로는 타자에게 강요하는 현상을 낳는 것이 사실이다.

종교적 경험이 절대화되고 그것이 삶의 근본적인 척도가 되는, 이른바 토대주의로 기능하여 그것의 역기능적 현상이 나타날 때는 삶의 모든 영역에서 병리적 결과를 초래하고 만다. 그 결과로 동일한 국가 내에서 종교 간 갈등과 폭력이 일상화되고, 국가를 넘어서는 종교적 난민을 양산하는 힘겨운 삶의 모습이 전개되는 것을 볼 수 있다. 이러한 종교현상은 결국 종교적 경험에서 비롯된 종교라는 실체가 사람의 의식과 삶을 절대적으로 지배하고 있음을 알 수 있는데, 그에 따라서 그 종교적 경험에 새로운 비판이 제기되지 않을 수가 없는 것이다. 더군다나 종교적 경험의 절대적 토대주의는 달리 근본주의와도 같은 개념인바 신앙의 근본으로 돌아가고자 하는 건실하고 건전한 종교성에 입각한 것이 아니라면 그 내재된 폭력성 때문이라도 해체를 해야 할 필요성이 있다.

필자는 이러한 인식에서 오늘날의 종교현상, 특히 종교적 경험에 이성적이고 합리적인 이해와 인식으로 접근해야 할 필요성을 논증하고, 하나의 대안으로 반토대주의적 입장에 서 있는 한국 철학자 함석헌을 들어서 그 논변을 심화하려고 한다. 더 나아가 종교적 경험의 토대주의를 넘어서서 종교 그 자체보다 더 중요한 인간의 의식 · 이성 · 정신이라는 속성이 앞서 있어야 종교의 대안적 삶의 가능성이 실현될 수 있을 것이라는 데에 초점을 맞추고자 한다.

2. 종교에 대한 합리적 사유

종교를 논한다는 것이 언제부터인가 편하지 않은 것이 되어 버렸다. 종교의 극단적 상황이 종교적 사유 안에 있든지 그렇지 않으면 종교적 사유 바깥, 즉 비종교인으로 머물든지 두 선택지 중에 하나를 강요받는 듯한 느낌을 지우기 어렵기 때문이다. 종교를 이성적으로 접근하면 할수록 종교는 저만치 물러나서 그런 이성에 따른 비판의 목소리를 듣지 않으려고 한다. 그러면서 다시 신앙의 심층으로 들어가서 인간의 이성과 대화를 하지 않으려는 태도를 취한다. 대화나 의사소통이 단지 종교를 향해서 비종교인이나 정직한 종교인이 담론화하려는 것에만 단절이 되는 것은 아니다. 지금 종교와 종교 사이에는 불통의 심연이 가로놓여 있다고 해도 과언이 아니다. 이러한 현상과 해석을 부정할 사람도 있을 것이다. 하지만 종교와 종교 사이, 종교 내부에서의 갈등과 긴장은 최고조에 달했다는 것을 부인하기 어려울 것이다.

우리나라의 상황만 보아도 종단과 종단 간의 대화와 종교지도자 간의 만남이 있기는 하지만 지극히 형식적이고 전시적인 수준에 머무는 것을 알 수 있다. 종교를 거부하지만 기실 거부하는 사람조차도 진정한 의미에서 종교성을 벗어나지 못하고 있다고 볼 때, 갈등의 원인과 잡음은 결국 종교문화라는 내 · 외형적인 틀에 따라 작동된다는 것을 부인할 수 없을 것이다. 세계적인 추세도 그것은 마찬가지다. 자신의 종교문화적 배경과 신념에 따라서 나라를 등지고 사람을 살육하는 지경에 이르는 것은 단순히 정치 경제적인 측면에서만 분석할 수 없는 종교적 요소가 강하게 작용하고 있음을 간과하면 안 된다. 이러한 국내외적인 인간의 삶과 종교와의 관계를 이성적으로 접근한다는 것은 무슨 의미가 있는 것일까? 그것은 인간의 보편 이성으로 무한자나 무한이성을 파악하려는 의지를 가져야 한다는 것을 뜻한다. 피히테(J. G. Fichte, 1762-1814)가 보았듯이 무한이성은 인간 안에서 세계를 창조하는 존재이다. 그뿐만 아니라 그 무한이성은 이름을 붙일 수도 개념화할 수도 없는 숭고한 생명의 의지이다.[1]

인간 심성 안에 있는 창조적인 의지이자 생명의 의지인 무한이성이 모든 인간에게 보편적인 · 초감성적인 존재로서 영향을 미치고 있다는 인식을 가질 때 종교와 종교, 동일 종교 내부에서의 갈등 · 긴장 · 폭력을 잠재울 수 있는 것이다. 동일한 수준에서 무한이성을 추구할 수는 없어도 적어도 그것은 보편적인 이해가 가능한 인식 토대의 전제가 되어야 한다. 종교성을 가진 사람들이 종교적 신앙에 입각한 사유를 할 경우에 무한이성의 인식을 전제로 하더라도 그것을 엄밀한 사고와 행동의 규준으로 적용하지 못하는, 매우 단편적이고 초보적인 행동 양식에서 한 발짝도 나아가지 못하는 것을 볼 수 있다. 따라서 자신 이해, 즉 종교 이해를 좀 더 명료하고 정확하게 인식하는 종교인의 자세가 필요하다. 자칫 종교를 합리적으로 이해하는 것이 비종교성으로 치부될 수 있으나 종교의 합리적 분석은 인간의 유한이성을 바탕으로 자기반성적 종교 인식을 해야 한다는 것을 의미한다.

종교인이 자기 경험을 절대화하고 그 경험의 범주를 타자와 공유하지 못하는 매우 배타적인 태도를 취하는 것은 경험의 자기 확인이나 개별적인 체험(Erleben)이 타자에게 승인받지 못하기 때문이다. 그렇게 종교적 경험이 타자에게 전달되지 못하거나 공유되지 못할 때 그 경험이 과연 완전하다고 볼 수 있는지 의문을 제기하기도 한다. 종교적 경험은 타자가 이해하고 공유할 때 완전한 종교현상이라는 것이다. "(종교적) 경험은 전체 인격의 것이요, 인간과 힘의 만남"이기 때문이다.[2] 부연하면 종교적 경험은 무수한 수식어가 첨가되면서 인간의 것인 동시에 인간을 넘어서는 어떤 것이다. 그런 의미에서 종교적 경험의 실체, 즉 무한이성의 공유와 소통에 상호 이해는 필수적이다. 그렇지 않으면 한 인간의 종교적 경험은 환상이고 자신의 체험만이 절대적이라는 망상에 지나지 않을 것이다. 그래서 종교학자 정진홍은 "인간을 배제한 종교 논의는 현실적이지 않"다는 문제의식을 제기한다.[3] 이는 무한이성의 경험이 인간 이성의 합리적이고 논리적인 잣대로 평가되지 않고는 종교 개념과 종교 이해는 불가능하다는 것을 시사한다.

이제 우리는 이와 같은 종교적 경험과 그에 따른 비합리적인 종교 소통을 "이성의 시험대"(examen rationis)에 소환해야 한다. 자기식대로의 신 이해와 인격적인 신의 해석, 목적에 관한 가설 등도 비판해야 한다.[4] 유한이성이 무한이성을 인식하는 논증 방식이 이웃 종교와 불통하게 하며, 동일 종교 내부에서도 환원주의의 논변과 논증을 택함으로써 그 도그마가 완전한 대상을 지칭하는 것으로 오해할 수 있기 때문이다. 교리적 · 종교적 환원주의가 가진 맹점이 아무리 동일 종교 안에서 이성적 합의에 따라 결정된 것이라 하더라도, 그것은 이웃 종교와 공통된 이성의 이해를 전제로 하지 않는다. 자신의 종단만이 갖는 독특한 논증이자 변론으로서 이웃 종교에게는 매우 낯설고 해석 불가능하고 이해 불가능한 채로 남아 있게 마련이다. 스피노자(Baruch de Spinoza, 1632-1677)가 말한 것처럼, 그러한 것을 이성의 시험대에 올려놓고 다시 그 명증성을 살펴보는 것이 중요할 것이다. 몰이해가 불통이 되고, 불통이 갈등이 되고, 갈등이 폭력이 될 수 있는 종교의 교리적 환원주의를 재차 고려해야만 한다.

니체(F. Nietzsche, 1844-1900)는 "종교는 그 어떤 진리를 비유적 의미로(sensu allegorico) 표현하는 것이 아니라, 오히려 진리라고는 아무것도 표현하지 않는다."[5]고 냉소적으로 말한다. 철학이 진리 그 자체를 말해야 하는 반면에 종교는 진리라고는 전혀 드러내지 않는다는 그의 비판을 어떻게 받아들여야 할 것인가. 오늘날 종교적 정신의 노마디즘(nomadism)을 향유하기에는 고착화된 현실이 개별 종교인과 비종교인의 삶을 옥죄고 기만하는 것은 아닐까? 스피노자도 인간의 역량으로서 내면의 힘과 이성으로(ratione) 규정되는 욕망과 능력을 발현하는 능동적 정서와 달리 바깥의 힘을 통해 좌우되는 수동적 정념(passio)를 구분하면서 후자의 무능력과 단편적인 인식(mutilatam cognitionem)을 지적한다. 그러면서 인간의 삶에서 오직 이성을 완전하고 유용하게 하는 것만이 최고의 행복이라고 말한다.[6] 그렇다면 우리는 종교적 경험과 의식, 그리고 더 나아가서 삶조차도 수동적 정념에 사로잡힌 것은 아닐까? 외부의 인식 조건과 편견에 따라 종교적 경험을 판단하고 그것을 마치 전부인 양 규정짓고 있는 것은 아닐까? 이성의 능력을 함양하지 않고서 말이다. 니체가 말한 진리 그 자체는 관심도 없으면서 진리라고 포장하는 것은 아닐까? 종교적 정신의 노마디즘을 지향하면서 자유로운 종교적 경험을 보편적으로 나누고 건실한 종교성을 나타낼 수 있는 방법은 어쩌면 내 믿음과 신념이 아니라 타자의 성숙한 이성과의 교제를 통해서 가능한 것일지도 모른다. 이것은 나의 종교적 정신과 이성, 그리고 타자의 이성이 만나서 이루는 이성적 조화와 종교적 의식의 확장을 의미한다.

지젝(S. Zizek, 1949-)의 의미심장한 말이 이를 뒷받침한다. "우리는 곧바로 믿지 못한다. 내가 믿으려면 다른 사람이 나를 믿어야 한다. 내가 믿는 것은 타인의 믿음이다. 즉 나는 타인이 나를 믿어 준다는 것을 믿는다."[7] 종교는 자기 확신과 승인으로 이루어지는 것이 아니라 타자가 승인하는 것이다. 종교적 경험은 타자의 이성으로 승인되고 신앙으로 승격될 때 그 정당성이 확보된다. 이에 대해 아감벤(G. Agamben, 1942-)은 종교적 경험의 승인과 신뢰, 그리고 신앙한다는 것의 어원적 상관 관계성을 잘 풀어 준다. "그리스인들이 'pistis'라고 불렀고 로마인들은 'fides'라고 불렀던 것(산스크리트어로는 'sraddha')의 시원적 특성들을 재구성한 바 있는데, 그것이 바로 '개인적 충성'이다. '신임'(trust; fede)이란 어떤 사람이 다른 사람들에게서 받은 추앙인바, 우리가 자신 있게 그에게 몸을 의탁해 충성의 관계로 묶이게 되는 결과로 주어지는 것이다. 이러한 이유로 신뢰란 우리가 어떤 사람에게 부여하는 신임—우리가 주는 신뢰—인 동시에 우리가 어떤 사람에게 받는 추앙—우리가 지닌 신뢰나 영예—인 것이다."[8]

아무리 내가 종교적 신앙을 갖고 있다고 해도 타자가 승인하지 않는다면 그 종교적 신앙은 환상에 지나지 않기 때문에 전혀 무의미한 신념으로 전락된다. 따라서 타자의 승인은 종교적 경험조차도 그 타당성과 공유 가능성을 전유할 수 있는 중요한 근거가 된다. 이를 무시하고서는 종교적 경험은 단지 종교 공동체 내부의 동일성을 유지하기 위한 자기 신념과 확신을 위한 조작적 장치라는 오류를 범할 수 있다. 이것은 종교적 경험의 승인을 위한 절차의 권력이 비종교인이나 이웃 종교와 소통과 교제, 그리고 관용에 달려 있다는 것을 의미하는 것은 아니다. 소통과 교제, 관용이 중요한 척도가 된다고 할지라도 그것을 승인 권력으로 볼 수는 없다. 다만 인간의 합리적 신앙을 위한 합의와 이성적 판단을 위한 요소로 작용한다는 점을 기억해야 한다.

3. 함석헌의 종교현상학

함석헌은 종교체험의 언술을 가능케 하는 공동체의 이름을 짓는 그 정초주의나 토대주의를 거부했다. 어떤 모임이든 이름을 붙여야 그 정체성을 분명히 할 수 있다. 하지만 모임에 이름을 붙이는 순간 그 모임의 성격은 거기에 국한되고 제한될 수밖에 없다. 이름 때문에 그 이름 범주 바깥으로 벗어나는 말과 행위가 전개될 때는 모임의 정체성에 문제 소지가 발생한다. 그래서 함석헌은 종교적 색채를 띠고 결성된 공동체를 단순히 '모임'(meeting)이라고 했다. 무교회주의 본래성을 담은 그 무엇으로도 규정하기가 애매하고 어렵다. 무교회가 모임은 아니다. 무교회주의를 벗어나려는 의지가 바로 모임이라는 형태로 나타났을 뿐이다. 함석헌은 그것이 새로운 것이라고 했다.

제도적 · 교리적 · 체제적 · 조직적인 교회의 틀을 넘어서 있으니 그 모임의 '사람'이 더 중요하게 되었다. 조직과 교리를 앞세우는 종단일수록 사람은 안 보이고 그 형식과 외형만이 보인다. 사람이 먼저 있고 제도와 조직이 있는 법인데, 제도적 종교들은 제도나 조직이 먼저이지 사람은 나중이다.

함석헌의 표현을 빌려서 말한다면, 사람의 권위가 우선이지 조직과 제도의 권위가 우선일 수 없다. 그런데 종교 공동체를 자세히 살펴보면, 대부분의 종단이 조직과 제도의 권위를 앞세워서 사람을 억압하고 통제한다. 사람의 권위로 운영이 되어야 하는 종교 공동체가 조직과 제도의 권위 하에 움직이니 사람의 이성과 신앙을 자유롭도록 내버려 두지 않는 것이다. 그래서 새로운 '모임'이 필요한 것이다. 어쩌면 지금 새로운 모임이 결성되어야 하는지도 모른다. 종래의 종교 공동체의 조직 · 교리 · 체제 · 제도 · 조직 등은 더 이상 사람을 위해서 존재하지 않는다. 오직 조직 그 자체의 존속을 위해서 온갖 부정적인 장치와 위협을 제거하려고 하지, 긍정적이고 순기능적인 종교 공동체의 모임을 위해서 조직을 운영하는 것 같지 않다.

그래서 함석헌은 신앙의 독립군이 되기로 결심을 한 것이다. 또 하나의 종단과도 같은 무교회를 내세워서 다른 사람들처럼 종단을 창립하여 종교 경쟁의 도가니 속으로 들어가는 것을 원치 않았기 때문이다. 오히려 함석헌은 무교회조차도 외래적인 산물(일본혼이나 우찌무라의 무교회)로 인식하였다. 그래서 한국의 종교는 우리만의 정신과 믿음을 바탕으로 해야 한다는 신념을 가진 것이다. 그것을 위해서 그는 "나를 살리는 신앙은 내게 있다… 나는 오늘 나의 종교, 우리의 종교를 발견해야 했다."는 말을 하면서 신앙의 독립성을 선언하였다. 그럼으로써 그는 처음 무교회주의로부터 영향을 받았던 자신의 신앙을 객관화할 수 있었음을 고백했다. 결론은 자신의 신앙이 무교회식이 아니라는 것이다. 그에게 가장 중요한 역사적 사명은 민중을 일깨우는 소리, 새로운 바람, 새로운 소리가 들어오는 구멍을 뚫기 위해서 어릿광대 노릇을 하는 것이라고 보았다. 깊어 가는 밤에 민중이 잠들지 않도록 그들의 가슴에 새로운 소리를 들려줌으로써 늘 깨어 있도록 만드는 역할을 하고자 했다.[9]

앞에서 말한 것처럼, 함석헌의 성서모임이나 예배모임은 민중을 위한 모임으로서 '독립 신앙', '독립 정신'을 모토로 한다. 어디에도 매이지 않는 개별화된, 개인화된 신앙을 전제로 한다. 물론 여기에서 '어디에도'라는 것은 제도 · 조직 · 교리 · 체제 등을 일컫는 것이다. 종교의 권위는 "스스로 결정할 수 있는 능력"인 독립성[10]을 갖춘 주체적인 민중 자신에게 있다. 신앙은 스스로 홀로 서야 하고 그러면서 인격적인 신을 만나는 것이다. 하느님을 '인격적'이라고밖에 달리 단언하지 못한다면, 신앙은 생명의 최고 단계인 인격과 인격적 존재의 만남을 의미한다. 어떤 인위적인 틀을 벗어나서 종교적 삶을 추구해야 한다면 그저 인격적 존재만을 지향할 뿐이다. 그렇다면 거룩한 것의 운동성, 누멘적인 것(the numinous)을 어디서 만날 수 있을까? 함석헌은 그 신비한 존재, 신적인 것을 바로 인격에서, 양심에서 만나는 것으로 본다.

앞에서 말한 것처럼 거룩한 존재, 종교적 체험의 원형은 가시적 공간, 인위적 조직과 틀이 아니라 바로 생생하게 살아 숨 쉬는 무형의 공동체, 인격적 공동체, 더 구체적으로 개인의 인격에서 발견할 수 있다. 조직 · 전통 · 교리 · 제도 · 체제 등이 권위가 될 수 없다. 그것 역시 거룩한 존재 그 자체에 대한 체험을 공동체적으로 구성하기 위한 것에 지나지 않는다. 그러므로 공동체라는 것을 앞세워서 하나의 유형 조직으로 종교적 체험의 원형을 재단하려는 시도는 인격과 최고 인격의 만남을 저해하는 요소가 될 수 있다. 종교적 체험의 대상을 정리하고 구성하면서 생겨난 범주가 사람의 인격 안에서 거룩한 존재의 운동성, 신성한 것의 드러남, 곧 성현(聖顯, hierophany)을 제한한다는 것이 가당키나 한 것일까? 성현은 "어떤 신성한 것이 그 자신을 우리에게 드러낸다."는 것인데, 이 무한성을 확장하지는 못할망정 그 신의 본능을 더 빈약하게 만들어 버린다.[11]

종교학자 엘리아데(M. Eliade, 1907-1986)가 현실적으로 존재하는 거룩한 공간의 단절과 균열적 성격을 기술한 바 있다(참조 출애 3:5).[12] 그러한 공간은 거룩하며 강력하고 뜻있는 장소성을 가지고 있다. 이처럼 혹자는 종교 공동체가 하나의 거룩한 공간으로서 다른 공간과는 다른 비균질적인 요소가 있다고 주장한다. 조직 · 체제 · 전통 · 교리 · 제도 등을 견고하게 구축한 종교 공동체일수록 그렇게 말하곤 한다. 그러나 과연 그런 공동체가 거룩한 공간으로서의 비균질적인 것이라고 단언할 수 있을까? 종교적 인간(Homo Religiosus)의 집합체인 종교 공동체 안에서 바로 새로운 세계, 가능 세계(possible world)를 만들고, 다른 모든 장소와 질적으로 구별되는 특권적인 장소라고 보기는 어렵다. 그 안에서의 사밀한 종교적 체험 · 종교적 행위 · 종교적 가치라는 것이 변질되고 탈신성화되는 경향성을 종종 목격하고 있기 때문이다.

따라서 독립 신앙을 갖겠다는 의도가 종교 공동체 자체를 부인하는 것으로 단정 짓고 바라보는 것은 매우 불순한 것이다. 모든 인위적인 것을 배제하고 인격적인 신, 인격과의 교섭을 가능케 하는 신을 내 인격으로 만나겠다는 것을 거부할 권리를 조직 · 제도 · 교리가 독선적으로 갖고 있다고 인정하는 것은 결국 인격이 아닌가? 인격적 공동체, 인격적 모임이 우선이고 제도 · 조직 · 체제, 심지어 교리는 그 인격적 모임을 어떻게 도울 수 있는가에 목적을 두어야 한다. 그러나 오늘날 종교 공동체는 앞뒤가 바뀐 것 같다. 오히려 조직 · 제도 · 체제 등을 강조하는 종단일수록 거룩한 것, 거룩한 존재 그 자체가 드러나는 것이 아니라 더 세속적인 것이 되어버린다. 그러면 어느 쪽이 더 거룩한 존재를 담아내는 공동체라 말할 수 있는가? 그것은 개별 인격 안에서 거룩한 존재의 종교적 체험을 중시하는 독립 신앙, 독립 정신을 주창하는 인격적 모임의 공동체라 볼 수 있다.

종교적 무의식의 초자아(superego)가 제도 · 조직 · 체제, 심지어 이념이나 신념으로 형성된다면, 종교 욕망은 타자의 욕망이나 다름이 없다. 종교나 정신분석학이 자아의 욕망을 승화하고, 주체를 회복하는 개인과 공동체의 건강성에 목적을 둔다면, 주체를 구조화하는 내 · 외부적 영향에서 자유로운 상태가 되어야 한다. 가타리(F. Guattari)는 이렇게 구조화된 주체와 욕망을 넘어서 무의식이 타자의 욕망을 수용하는 '내면의 틀'을 어떻게 바꿔나갈 것인지를 고민한다. 이른바 무의식의 자기 발생성과 이질 발생성이 필요하다는 것이다. 그러기 위해서는 무의식이 억압된 것의 저장소나 상징의 저장소가 아니라 무엇인가를 끊임없이 창조해 내는 재료가 되도록 해야 한다.[13]

종교적 무의식이 타자의 욕망으로 축조될 때 독립 신앙과 독립 정신은 불가능하다. 내면의 틀을 바꿈으로써 주체의 확인과 승인, 그리고 새로운 주체로의 이행이 된다면 신앙 주체가 전혀 불가능한 것만은 아닐 것이다. 자신의 종교적 무의식이 타자의 욕망이라는 사실을 인식한다면 말이다. 그러기 위해서는 종교 공동체의 서술 권력을 누가 쥐고 있는지, 그것의 실체가 무엇인지를 직시해야만 할 것이다. 또한 신 관념이나 이념이 주관이든 객관이든 간에 인간 의식의 상관자로서 의식에 직접적으로 주어진 것을, 제도 ·

조직 · 체제 · 교리 등에서 발견하려는 것이 아니라 바로 인간의 의식에서 발견하려는 것이 중요함을 다시 한 번 천명할 필요가 있다. 그런 의미에서 다음과 같은 현상학적 신 이해는 종단에 의한 전통과 신 관념의 절대성에 적절하게 제동을 걸어 준다 할 것이다.

> 진정한 철학자의 자유는 신 무모한 형이상학적 변론에서부터 해방되어, 이미 나의 종교적 작용의 대상으로서 주어져 있는 신을 발견하고, 더 나아가 인간은 근본적으로 신에게로 관계 지어져 있는 존재임을 인식하는 데서 비로소 가능하다. "이미 주어져 있음"에서 출발하는 현상학자의 자유는 전통적 형이상학의 온갖 무모한 추상으로부터의 자유이다. 이 자유는 종교적 체험을 신비화하거나 신을 특정한 우상이나 거짓 절대자로 날조하려는 유혹과 신을 하나의 이미지나 개념으로 환원하려는 모든 유혹으로부터의 자유로움이다. 즉 신의 모습을 특정한 종교적 전통이나 역사-문화적 환경으로부터만 절대화하려는 유혹을 괄호침으로써 얻어지는 자유일 것이다.[14]

의식의 지향적 구조는 "이미 성스러운 존재"(das Heilige)에게 향해 있음이다. 따라서 종교적 경험의 사밀한 내용이 주관적인 것인 한 그것은 개별 인간 의식에 직접 주어진 것이고, 신의 은총과 신앙이 경험되는 것은 주관적 이성으로 판별될 뿐이다.[15]

4. 종교를 넘어서 정신의 성숙을 향하여

여기서 피히테의 논변을 다시 한 번 상기해야 할 필요가 있다. 그에게 중요한 것은 "이성적 존재의 왕국에서 이성과 윤리성의 진보이다."[16] 정신의 정신을 지향하는 종교가 좀 더 성숙한 종교가 될 수 있는 여지가 생기는 것은 당연하다. 더욱이 종교는 자신의 내부 구성원과의 관계는 말할 것도 없거니와 타자와의 관계에서조차도 성숙한 이성과 윤리가 담보되지 않으면 안 된다. 그런 의미에서 종교의 완성은 이성과 윤리적 성숙에 있다는 것은 거듭 강조해도 지나친 말이 아니다. 종교와 종교, 종교와 동일 종교의 내적 구조 안에서 갈등과 긴장, 그리고 폭력을 지양하고 평화와 화해를 위한 종교가 되기 위해서는 합리적으로 생각하고 이성적으로 반성할 수 있는 인간의 내적 자세와 노력이 있어야 한다. 윤리적 소통, 이성의 합리적 의사소통이 없이 종교가 제 기능을 발휘한다는 것은 기대할 수 없다.

종교가 종교적 경험의 초월성을 강조하기 이전에 인간의 유한이성의 성숙에 관심을 갖고 그 경험을 나눌 수 있을 때 비로소 무한이성의 이성적 합의와 공유를 통한 공통적 인식에 도달하게 된다. 공유는 경험의 자기 절대성에 입각해서는 발생할 수 없다. 그러므로 종교적 공감대는 자기 겸허를 통해서 인간의 유한성과 자기 한계성에 대한 분명한 인식을 경유함으로써 타자를 용인하려는 의지가 있을 때 가능한 것이다. 그러기 위해서는 종교를 넘어서야 한다. 종교라는 범주에 갇혀서는 이성은 한갓 수단이요, 윤리는 종교의 부수물과 다름없다. 오히려 이성과 윤리가 성숙한 인간이 된다면 종교의 맹목과 한계를 초극하면서 더욱 완전한 인간의 정신이 자리 잡게 된다. 인간의 정신이 종교를 넘어서 정신의 정신이 될 수만 있다면 "나는 무엇을 해도 되는가"[17]라는 자유로운 물음을 스스로 실천할 수 있는 길이 열릴 것이다. 피히테가 비록 인간 인식의 유한성을 인정하고 무한이성을 기다리는 철학적 사유를 전개하기는 했어도 무한이성은 결국 유한이성의 인식을 통해서 구성된다고 볼 수 있다. 종교 공동체 내에서 신 종교적 경험과 인식은 정신과 관계가 되고, 신은 정신으로 존재할 수 있다는 사실에서도 이를 증명한다. 신 종교적 경험의 지평이 아무리 신비적 영역에서 이루어진다 할지라도 그것은 개념적 지평에서 논해질 수 있는 것이다. 다시 말해서 "내가 신을 바라보는 눈은 경험적 지평에서 완결될 수 없기 때문에, 나의 시선이 신의 시선과 진정으로 일치할 수 있기 위해서는 나는 신을 늘 새로운 눈으로 바라보아야 한다. 그러나 신에 대한 내 새로운 시선은 그 자체가 객관적인 것으로 인정받을 수 없다면 나는 그것을 객관적인 것으로 드러내기 위해서 또 다시 이성의 번역 작업을 수행해야 한다."[18] 종교경험의 객관적 논증과 승인은 유한이성과 인간의 정신으로 번역 작업에 정초해야 한다는 것을 보여주는 대목이다.

인간은 유한이성으로 삶이 구성되고 심지어 무한이성이 인식된다는 논리에는 이성의 초월적 능력을 상정하고 있다고 볼 수 있지만, 기실 인간은 삶의 형식(form of life)이라는 공통된 지반 위에서 논의되는 그 범주의 한계를 생각하지 않을 수가 없다. 종교적 경험에서 무한이성이 실재화하고 그 무한이성이 종교인의 삶을 규정하는 것은 지극히 당연한 현상이다. 하지만 삶의 형식이라는 범주를 떠나서는 종교적 경험의 본질을 논한다는 것도 불가능하다. 따라서 종교적 경험은 삶의 형식이라는 공통된 지반에서 파악해야 한다. 모든 종교는 삶의 형식에서 만난다. 자신의 종교적 경험을 절대화하는 것도 삶의 형식이라는 범주 안에서 이루어지는 일이다. 종교적 경험의 절대화는 더 근원적으로 삶의 형식이라는 범주에서 논해져야 하며 더불어 경험이라는 특수성에 토대를 두어 논하려는 해석학적 오류를 극복해야 한다. 경험의 토대주의를 해체하고 이성과 합리성에 기반을 둔 종교 논의와

대화가 이루어져야 올바른 종교의 모습이 될 수 있다.[19]

하지만 단순히 종교적 경험을 하는 종교인들이 비종교인들이나 이웃 종교인들과 삶의 형식이라는 공통된 지평에서 자신의 종교를 종교 일반의 경험으로 승인받는다는 것은 그들의 타자성과 더불어 익명의 공동체성에 의한 이성적 검증을 받아들일 용기가 있어야 함을 내포한다. 사실 종교적 경험은 개인적인 차원의 것으로 규정짓기도 하지만 종교는 공동체라는 성격을 벗어나기 어렵다. 그런 의미에서 종교적 경험은 개인의 체험이 종교 공동체의 경험으로 일반화하려는 경향성이 짙다. 달리 말하면 종교적 경험의 근본적 성격은 종교 공동체와 떼려야 뗄 수 없는 관계에 있다는 것이다. 문제는 종교적 경험이 개별적 존재의 체험으로 그치는 것이 아니라 타자에게서 끊임없이 승인되어야 한다는 점이다. 그렇게 볼 때 개별적 종교경험은 여타의 공동체나 개별적 존재인 타자에게 그 "결핍"의 현상을 승인받기 위해서 그들을 통한 인식이 수반되어야 한다. 또한 종교적 경험을 하는 공동체는 그/그녀의 경험이 단순히 이성적 결핍과 무의식적 보상을 위한 결핍을 채우려는 욕망에 따라서 종교 공동체를 앞세우고 있는 것은 아닌지 성찰해 보아야 한다. 이 점에서 모리스 블랑쇼(M. Blanchot, 1907-)가 공동체의 "결핍성"과 타자의 인식을 논하는 것은 종교경험을 철학화하는 단초로서 긍정할 수 있다.[20]

종교를 '종교한다'는 말과 철학을 '철학한다'는 말이 상호 치환될 수 있다면 개별적 존재의 종교적 경험은 종교란 한갓 이론적이고 형이상학적인 차원의 초월을 말하기 위해서라기보다, 종교인으로 살기 위한 가능한 토대임이 분명하다. 마찬가지로 철학한다는 것 역시 철학이 단지 사변이 아니라 철학의 이론적 숙고와 담론화도 철학적 행위라는 것을 암시하는 말이라 볼 수 있다. 종교를 한다는 것이 종교 자체가 목적이 되는 동시에 창조성의 가능태를 암시한다. 종교는 단지 정태적이고 고착화되며 결정론적인 진리 체계가 아니라 무한한 창조적 행위를 생산해 내는 원천이 된다. 철학이 사유를 통해 인간 이성의 진보와 계몽을 생산하듯이 종교는 초월자의 경험을 통해서 자기의식의 고양과 행위의 도덕화로 승화한다는 측면이 있다. 칼 야스퍼스(K. Jaspers, 1883-1969)가 이 둘, 곧 철학과 종교의 관계성에서 그 행위함의 차별성에서 유독 철학의 독특한 영역을 강조하는 것은 종교가 한갓 계시라고 하는 초월적 성격에 경도되어서 철학적 개입과 참여를 한계 지으려는 시도를 거부하려는 것이라고 해석할 수 있다.

> 철학을 하면서 우리는 보다 높은 입장에서 철학자들의 하는 일을 전망하는 가운데 그것을 '자연' 혹은 '자연이성'이라고 제한시키려는 신학자들의 범주에 무심하게 굴복해서는 안 된다. 철학은 구분된 자연성의 협소함 속에서 생기를 잃어버려서는 안 되는 것이다. 계시신앙을 부정하는 것은 불신앙(Gottlosigkeit)의 결과가 아니라 초월자에 의해서 자유롭게 창조된 실존의 결과이다. 철학적 신앙은 자신이 접근할 수 있는 진리와 인간을 향하면서도 숨어 있는 멀리 있는 초월자를 따르면서 다의적(多意的)인 운동 속에 있는 암호들을 위해서 계시의 실재를 단념할 수밖에 없다. 다양한 형태로 나타나는 이 철학적 신앙은 권위나 도그마가 되지 않으며, 반드시 함께 대화할 필요는 있지만 함께 기도할 필요는 없는 인간들 사이에서 지속적으로 교제(Kommunikation)를 지향한다.[21]

이렇듯 철학과 종교에서 그 이분화된 이론과 행위 구조와 구성을 넘어서

기 위해서는 이성적이고 합리적인 의사소통이 중요하다는 점을 간과해서는 안 된다. 철학과 종교—이 둘을 결합시키지 않은 이유는, 종교철학이란 신학의 변증론에 불과한 것이니, 사실 그런 철학이 있을 수 있을지는 의문이다—는 오랫동안 숙적 관계였다. 철학이 무슨 종교의 계시나 종교적 경험을 분석하고 사유한다는 것이 가당키나 한 것인가 라는 물음을 제기하기도 한다. 하지만 여기에서 우리는 알랭 바디우(A. Badiou, 1937-)가 말한 철학자의 임무를 인용해 보는 것이 좋을 것 같다. "철학자는 자신의 문제를 구성하는 사람, 즉 문제의 창안자이기 때문이다. 진정한 철학자는 중요한 문제들이 무엇인지 스스로 결정하는 사람, 그러니까 모든 사람들에게 새로운 문제들을 제기하는 사람인 것이다. 철학이란 우선 무엇보다도 새로운 문제들의 창안과 다름없다. 철학자는 역사적 상황이든, 아니면 정치적 · 예술적 · 과학적 상황이든, 사랑의 상황이든 상관없이, 그에게 새로운 문제를 창안할 필요가 있음을 알리는 기호들이 발생할 때 상황에 개입한다. 이 점이 중요하다."[22]

철학자는 인간의 모든 삶의 영역을 문제 삼는다. 삶의 형식과 범주에서 일어나는 사건들을 그냥 간과하지 않고 문제로 바라볼 뿐만 아니라 문제를 만들어서 그 문제 자체를 풀려고 하는 강한 의지가 있다. 삶의 현상과 사건을 문제시하지 않는 철학이나 철학자는 생명을 다한 것이나 다름없다. 지금까지 논한 종교에서도 마찬가지다. 그것의 경계를 넘지 않으려고 철학자는 부단히 노력을 해 왔던 것이 사실이다. 그 결과 발생한 종교 현상이 무엇인가. 오히려 철학자의 직무 유기로 개별 종교의 경험을 절대화하고 그것을 통해 이웃 종교와 비종교인에게 폭력을 가하는 매우 반평화적인 사태까지 오지 않았는가 말이다. 그러므로 바디우가 말한 것처럼 철학은 종교 문제를 창안해야 한다. 지금이 종교를 문제시해서 철학적인 이성 비판을 서둘러 감행해야 할 때이다.

5. 종교의 이성적 텍스트화의 가능성

종교적 경험의 토대주의를 벗어나서 종교 그 자체로서의 독특한 성격을 보편화하면서 종교의 본질대로 인식하고 행위할 수 있는 길은 없는 것일까? 시간이 갈수록 종교 본연의 모습이 퇴색되고 제도·조직·체제·교리로 본질을 둘러싸고 있으면서 마치 그것이 종교의 정체성인 양 호도하고 있다. 오늘날 종교인이든 비종교인이든 바로 종교적 경험의 원본적 체험에 입각해서 자신의 경험을 절대적인 것으로 정초하려는 시도는 어쩌면 역설적으로 종교가 묶어 놓은 제도·조직·체제·교리에서 탈피를 시도하는지도 모른다. 하지만 설령 그렇다 하더라도 자신의 종교적 정체성을 세속적 정체성과 일치시키려는 배타적이며 독선적인 태도는 문제인 것만은 분명하다. 그것을 극복하고 새로운 종교관을 제시하려고 했던 인물이 함석헌이라는 인물이라고 볼 수 있는데, 그 역시 종교적 경험의 가장 원본적인 데에 토대를 두려고 했던 존재임을 알 수 있다.

문제가 되는 종교적 정체성과 세속적 정체성 간의 차이가 반드시 있어야 한다고 볼 필요도 없다. 이는 종교적 경험과 종교적 정체성을 정형화하려는 시도도 점점 사라지고 있는 추세라는 점을 보아도 설득력이 있다.[23] 종교적 경험을 고착화하지 않고 무한이성의 영원한 활동으로 열어 놓으려는 시도가 반성적으로 일어나고 있다. 비종교인은 말할 것도 없고 종교인조차도 자신의 종교적 경험을 이성적으로 성찰하고 객관화하려는 것이 이제 종교도

질적으로 성숙해야 한다는 욕구가 있음을 말해 주고 있다. 이때 철학이 해야 할 역할은 바로 제도 · 조직 · 체제 · 교리에 갇힌 종교를 해방시키고 자신의 종교를 하나의 문제로 바라볼 수 있는 이성적인 비판 능력을 길러 주어야 한다. 철학의 이성적이고 합리적인 검증과 승인을 통해서 종교가 본연의 역할을 다할 수 있도록 방향을 제시해 주어야 한다. 더불어 철학과 이성이 서로 반대되는 입장만으로 끝도 없는 논쟁만을 일삼는 소모적인 학문으로 치부되지 않도록 하는 것도 중요하다.

종교는 철학의 비판에 귀를 기울여야 한다. 종교적 경험에는 종교만이 발언할 수 있고 서술할 수 있다는 권력을 내려놓고 그 발언과 서술 행위에서도 오류가 있음을 자인하면서 철학의 이성적 분석을 통하여 자신의 종교를 점검하고 타자에게서 승인될 수 있도록 하는 자세가 필요하다. 더 나아가 "진짜 관용은 우리가 '도저히 참을 수 없는' 것을 관용하는 것이다."[24]라는 지젝의 말이 우리 종교 현실을 비판적으로 바라볼 수 있는 오늘날의 시대정신이 되어야 할 것이다. 이웃 종교에 관용할 수 없는 것을 관용하는 것이 진정한 용기이고 그것이야말로 진정한 종교의 정신이라 할 것이다. 종교의 경험에 대한 인식론적 토대주의를 비판하는 이유가 바로 거기에 있다. 종교의 경험은 성(聖)의 경험이라고 주장하지만 그 실증이 종교 간의 상호 인정과 비종교인에게 의한 승인이 안 되는 폭력과 비방으로 일관한다면 결코 종교적 발언과 서술은 설득력을 얻지 못할 것이다. 배타성과 우월성, 독선과 아집으로 자신의 종교성을 객관적으로 서술하지 못하는 공동체는 오래 가지 못할 것이다. 자기 종교를 이성의 빛에 비추어서 객관적으로 판단하고 분석할 수 있는 자세를 갖지 못하는 종교는 이웃 종교와 비종교인에게 강제와 강요의 집념에서 벗어나지 못할 것이고, 급기야 배타적 토대주의의 절대적

인식으로 종교 밖을 사유하지 못하는 맹목적 종교인이 될 것이기 때문이다. 그러므로 이성과 관용은 종교의 적이 아니라 올바른 종교의 모습을 갖추기 위한 필요충분조건이라 할 것이다. 이성의 비판적 발언에도 견뎌낼 수 있는 종교는 종교의 마지막 지점인 신앙의 빛과도 대화할 수 있는 여지가 있지만, 이성의 빛으로 조명되는 종교를 인내하지 못하는 종교인은 이성적이고 합리적인 종교로 나아가는 것을 꺼려할 것이다. 이제 종교는 이웃 종교의 이성적이고 종교적인 발언을 들어야 하며, 동시에 비종교인의 이성적인 목소리도 귀담아 들어야 존속이 가능하다 할 것이다. 그만큼 종교는 외부의 타자들이 바라는 중대한 숙제 앞에 진지하게 응답해야 하는 상황에 직면해 있는 것이다.

이러한 상황에서 종교적 경험이 변증적 성격을 지니거나 신앙을 형성하는 차원을 넘어서서 종교적 경험이 신앙의 기초가 된다는 것을 전적으로 거부하는 종교적 인식론에는 적절한 답응이 있어야 할 것이다. 더불어 종교적 경험이 오히려 거짓 믿음을 생산할 수 있다는 회의와 의심에도 철학적이고 이성적인 사유와 개입을 통하여 긍정적인 인식을 심어 줘야 할 필요가 있음을 명심해야 한다.[25] 마지막으로 종교는 종교적 경험의 배타성과 절대성을 극복하는 동시에 "존재의 근거로서 신비적으로 경험되는 주관적인 신체험에 근거한 신비적 신앙만이 이 세속화된 세상에서 헌신적인 삶을 이끌어 낼 수 있고, 그로 인해 이 세상을 살만한 세상으로 변화시킬 수 있을 것"이라는 확신을 가져야 한다."[26] 그러기 위해서는 종교와 이성이 하나의 원천이자 서로 이어진 고리(tandem)관계라는 사실을 인식하고 모든 수행적 헌신(performative commitment)을 지닌 응답(re-spondere)과 책임으로서의 종교를 지향해야 할 것이다.[27]

11

존 웨슬리의 현대 교육학적 조망

—박광수—

1. 웨슬리 인문교육의 대두

웨슬리가 살던 18세기는 사상적 흐름이 격동하는 시기였다. 18세기 계몽주의 시대는 먼저 14세기에 시작된 르네상스의 이해가 필요하다. 르네상스는 학문이나 예술의 재생과 부활이라는 의미를 지니고 있다. 고대 그리스 · 로마 문화를 이상으로 하여 이를 부흥시켜서 새 문화를 도출하려는 운동이었는데, 그 범위는 사상 · 문학 · 미술 · 건축 · 자연 과학 등 다양했다. 5세기 서로마제국의 몰락 이후 중세부터 르네상스 시대 이전까지를 야만 시대, 암흑기로 보고, 중세는 인간의 창조성이 말살된 시기이므로 고대 부흥을 통해 이 암흑시대를 극복하려는 것이 르네상스 운동의 특징이다.

르네상스 운동은 14세기 후반부터 15세기 전반에 걸쳐 이탈리아에서 시작되어 프랑스 · 독일 · 영국 등 북유럽 지역에 전파되면서 각각의 특색 있는 문화를 형성하였고, 근대 유럽문화 태동의 기반이 되었다. 15세기에 들어서면서 피렌체를 중심으로 인문주의자들의 활동이 일제히 전개되었고, 사상적 흐름이 격동되는 시기가 도래하였다. 인문주의자들은 고대의 역사와 학문을 배우고, 여기에서 현실에 적용할 수 있는 정치와 도덕 등의 원리를 연구하려고 노력했다. 18세기 계몽주의 시대가 등장하면서 도시에서는 학문 부활에 관심이 크게 높아졌다. 또한, 고전 부활이 서구 문명에 긍정적이고 창조적인 이바지를 했다는 생각이 팽배하였다. 인간의 창조성이 말살되었던 중세를 반성하고 더불어 고대 부흥을 통해 새로운 문화를 도출하려는 르네상스 운동은 신 중심의 절대적 사고를 반성하고, 인간에게 관심의 눈을 뜨는 시대였다고 볼 수 있다. 인문주의 시대가 열리면서, 새로운 인간 이해와 관심이 격동하는 변화가 일어났다.

18세기 계몽주의 시대는 사상적 격동과 변화가 시도되는 인간 이성에 대한 각성의 시기였다고도 볼 수 있다. 그동안 교육은 종교교육이나, 부르주아의 지배계급의 유지와 승계를 위한 교육목적이나, 최소한의 피지배 계층의 유지를 위한 교육이 교육의 필요였다. 이러한 상황에서 무지한 대중들에게 교육이라는 뜨거운 감자를 제공한 것이 웨슬리이다. 그는 신앙을 목적으로 한 일반 대중 교육이 목표였지만, 킹스우드의 교육실험은 성공적이었다. 웨슬리 교육개혁의 핵심은 종교교육을 목적으로 한 일반 대중화 교육이었지만, 민중을 깨우고, 인간을 각성시키는 역할을 시도함으로써, 그의 계몽은 사회의 새로운 동향이 되었다. 웨슬리는 신학을 전공한 성직자였지만, 인문학적 시각으로 교육을 통해 대중을 각성시킨 위대한 교육개혁자였다.

존 웨슬리(John Wesley, 1703-1791)는 1703년에 영국 엡워스(Epworth)의 작은 시골 교회의 신부였던 아버지 사무엘 웨슬리의 열다섯 번째 아들로서 훗날 감리교의 창설자가 된 인물이다. 그는 18세기 영국에서 큰 부흥운동을 일으켜 침체하던 영국 교회에 새로운 활력을 불어넣었고 영국 사회에 새로운 갱신을 일으켰다. 더욱이 존 웨슬리는 교육을 통해 시대에 적합한 교회의 사명을 실현하려 했던 실천적 인물이다. 더불어 웨슬리는 그 시대에 영국 사회의 교육 불평등 문제를 해결하기 위해 교육적 원리들을 신앙 교육의 관점에서 성찰하며, 신앙과 교육의 이상적인 만남을 대중 교육의 초석으로 삼았던, 영국 사회 교육개혁을 주도한 중심적인 인물이라고 평가할 수 있다. 이런 점에서 웨슬리가 살던 18세기와 현대사회의 문제는 상당한 유사성이 있다. 따라서 필자는 현대 개신교의 문제점과 교회 교육의 정체와 쇠퇴의 문제에 웨슬리의 교육개혁을 통해서 희망을 찾아보고자 한다. 감리교의 창시자인 존 웨슬리는 교육학적 관점으로 보면 위대한 교육개혁자이다. 칼뱅이 종교개혁자로서 높게 평가되는 것처럼, 존 웨슬리도 많은 업적을 근거하여 교육개혁자로서 평가되어야 한다. 존 웨슬리는 산업혁명이라는 거부할 수 없는 대세에 따른 기계화와 세속화의 거센 바람을 극복하면서 교육개혁을 혁신적으로 이끌었던 인물이다. 웨슬리의 교육개혁은 영국 사회를 변화시켰고, 영국을 살렸다. 당시 영국의 귀족 중심 불평등 교육 상황에서, 킹스우드 빈민가의 아이들에게 웨슬리의 교육사상과 방법으로 교육하여 혁신적으로 교육개혁에 성공했다. 특히 킹스우드 학교를 설립하고 자신의 교육사상을 마음껏 실현했던 모습에서 웨슬리 교육의 정신과 방법론이 현대인의 교사로서 그 역할을 할 수 있으리라 생각한다.

2. 웨슬리의 교육개혁과 조망

웨슬리 당시는 교회학교나 어린이에게 '대중화 교육'이라는 개념은 존재하지도 않았다. 단지 귀족 자녀들에게만 교육의 기회가 주어졌을 뿐, 대중의 자녀들은 교육을 하지도 않았다. 그러나 웨슬리는 소외된 아이들의 교육 불평등을 해소하기 위해 킹스우드 학교를 설립했다. 킹스우드 학교는 학교교육을 담당하기도 했으나, 근본적인 목적은 복음 전파에 있었다. 즉 복음 학교가 목적이었으나, 교육도 담당했다는 점이 특징이다. 기독교 신앙 교육에 대한 열정과 헌신, 조국의 복음화를 위한 집념과 소명은 그 어떤 종교개혁가에게서도 일찍이 찾아볼 수 없었던 것이다. 분명히 웨슬리는 주일학교 창설의 산파였고 학교 경영과 교육목회자, 그리고 평신도 교육에서 유능한 감리교 신자(Methodist)였다. 당시에 웨슬리가 정립하고 실천했던 교육신학은 타락해 가던 영국의 정치 · 경제 · 사회 · 문화 · 교육의 모든 부분에 커다란 변화를 가져왔다. 웨슬리가 이루어 낸 교육적 공헌은 지금까지도 전 세계 교파들이 보전하고 있으며, 그것은 사회를 변화시킨 종교와 교육의 하이브리드(Hybrid) 모델이었다. 이와 같은 업적에도 불구하고 존 웨슬리는 단지 신학 일색으로만 조명되고 연구된다는 것은 유감스러운 일이다. 그러나 위대한 목회자요 · 신학자요 · 부흥사요 · 전도자로만 추앙받는 웨슬리는 사실상 그 이상의 능력을 하느님께 부여받은 다중지능의 소유자이며 위대한 교육자요, 교육개혁자였다. 근래 한국에서 웨슬리를 교육개혁자로 다루면서 그의 교육사상을 한국의 사회적인 문제를 극복하기 위한 대안으로 보고, 현재의 교육에도 개혁이 일어나야 한다는 문제의식이 일어나고 있다. 그것을 해결하기 위해서 교육사상의 모델을 웨슬리로 두고 있으며, 목회자나 신학자 웨슬리가 아닌 교육개혁자 웨슬리를 집중적으로 다루고 있다는 데 큰 의의가 있다고 할 수 있겠다.

3. 웨슬리의 교육사상의 태동과 전개

1) 어머니 수산나의 교육과 학창 시절

웨슬리의 생애에서 교육사상이 형성된 중요한 시기라고 할 수 있는 태동기는 크게 어머니 수산나를 통한 가정교육과 10세 이후에 입학했던 차터하우스의 입학으로 구분할 수 있다. 첫째로, 어머니의 가정교육은 10명의 형제자매에게 일정한 규칙과 엄격한 규율, 그리고 신앙적인 영향에 따른 교육이다. 어머니는 청교도 가정에서 받은 교육 유산을 자신의 자녀들에게도 영향력 있게 잘 물려주었다. 수산나는 모든 자녀의 행복에 관심을 기울였으며, 온 가정을 엄격히 다스리려 했던 점을 주목할 필요가 있다. 특히 웨슬리를 훈육하기 위해서 수산나는 그의 의지를 깨뜨렸다. 그 이유는 웨슬리의 마음속에 종교와 덕의 참된 원리들을 주입하기 위해서였다. 천국과 지옥이 인간의 자유의지에 달렸다고 여기고, 부모에게 복종하는 의지적인 훈련을 시켰다. 수산나는 개인적인 묵상기도를 좋아했고, 사도신경 강해를 잘 썼으며, 웨슬리의 좋은 상담자이기도 했다. 수산나는 존 웨슬리의 아버지 사무엘 웨슬리보다 자녀들에게 많은 영향을 미쳤다. 그래서 엡워스 교구 사제관은 영국국교회의 사제관이긴 했지만, 청교도 가정이라 말할 수 있을 것이다. 그러므로 웨슬리는 태동기에 어머니 수산나에게 청교도적인 신앙의 유산을 물려받았으며, 엄격하게 자기 의지를 깨뜨리고, 하느님의 말씀으로 믿음에 이르는 교육을 받았다. 그리고 많은 형제와 함께 규칙적인 생활과 엄격한 규율의 훈련을 받은 웨슬리의 교육사상은 규율과 의지를 깨뜨리는 교육, 그리고 청교도적인 신앙 유산을 물려받은 교육적 토대를 형성했다. 둘째로, 차터하우스에 입학한 이후로 웨슬리의 교육사상과 삶의 형성은 어렵고 험난한 인생 여정과 부패하고 차별화된 빈부 격차의 어려움을 극복하는 실천적 여정을 통해 성숙하였다. 웨슬리는 고기를 상급자들에게 빼앗겨 불평등한 삶 속에서 살기도 했고, 힘든 가정 형편으로 소외되는 아픔을 겪었다. 그것을 통해 그는 불평등의 모순과 빈부 격차의 아픔 등을 체험했고, 소외된 계층에 대한 동정 의식이 싹텄다. 중학교 과정인 차터하우스의 과정은 부패한 여건 속에서도 꾸준히 변함없는 신앙을 이어간 웨슬리의 신앙훈련의 장이었지만, 동시에 소외를 경험함으로써 소외된 계층을 위한 갱신의 의식을 갖게 하였다.

2) 웨슬리의 청년 시절

웨슬리가 옥스퍼드 대학에 들어간 청년 시절 신성 클럽 등의 활동을 통해서, 하느님의 일을 향한 열심을 품고 자기 안에 있는 에너지를 쏟아 내고 있었다. 성직자가 되기로 했지만—그의 인생에 확고한 변화를 주는 사건들은 13년이나 지난 후에 생기지만—에너지와 정열이 넘치는 청년이었다는 점과 당시의 철학적 사상과 조류가 웨슬리의 사상적인 기조를 변화시키고 형성시키며, 성숙시키는 계기를 만들고 있었다는 점은 분명하다. 웨슬리의 성장기는 6년 동안의 차터하우스 교육과정을 모두 마치고 1720년에 장학생으로 선발되어 옥스퍼드 대학의 크라이스트 처치 칼리지(Christ Church college)에 입학한 후의 시기로 구분할 수 있을 것이다. 1725년 22세에 그는 생애에 큰 전환기를 맞게 된다. 자신의 진로를 깊이 고심한 웨슬리는 마침내 성직자의 길을 걷기로 했다. 그가 성직자의 길을 걷기로 작정하는 데 큰 영향을 준 책은 토마스 아 켐피스(Thomas a Kempis, 1380-1471)의 『그리스도를 본받아』라는 책과 제레미 테일러(Jeremy Taylor, 1613-1667)의 『거룩한 삶과 죽음』이다. 이 시기는 웨슬리의 생애에서 큰 변곡점이었다. 웨슬리가 그리스도를 믿음으로써 구원을 받았다는 거듭남의 경험은 이때로부터 13년 뒤에 얻었지만, 하느님과 인류를 위해 인생을 바치겠다는 목적을 세운 것은 이때부터였다. 웨슬리는 2년 3개월 동안에 부친의 교구에 봉직한 이후 1729년에 옥스퍼드 대학의 조교수로 피선되어 다시 학교로 돌아왔다.

웨슬리는 옥스퍼드 대학으로 돌아온 후에, 즉시 동생이 조직한 단체인 신성 클럽(Holy Club)의 지도자로 추대됐다. 1729년에 타락한 조국을 바로 잡고자하는 뜻있는 청년 몇 사람이 조직했던 신성 클럽은 존 웨슬리를 신임 회장으로 임명했다. 웨슬리는 이들을 지도할 때에 하느님을 경외하는 정신을 가지고 신중했으며, 다른 사람의 의견을 존중했고 일반 회원들에게도 항상 겸손했다. 그들은 매일 밤 규칙적으로 모여서 기도했고 그리스어 성경과 고전문학 등을 연구했다. 신성 클럽에서 성경 연구의 첫 열매는 구제운동이었다. 그 목적으로 그들은 가난한 자들을 방문하고 병자들을 위문하는 여러 가지의 봉사 활동 등을 펼쳤다.

그 이후 웨슬리는 몇 명의 신성 클럽 회원과 함께 북아메리카 조지아로 선교 여행을 떠났으며 남은 신성 클럽의 회원들은 계속하여 모임을 했다. 그리하여 웨슬리의 신앙과 생활은 초기에는 한 대학을 깨우쳤고, 그 다음에는 영국 전역을 믿음의 불로 일으켰을 뿐만 아니라 바다를 건너 북아메리카 대륙과 전 세계에 신앙의 불꽃이 일어나도록 만들었다.

웨슬리에게 옥스퍼드 대학 시절은 인생을 하느님을 위해서 살아야겠다고 결심하고 삶을 온전히 봉헌하여 공생애의 삶기로 결정한 중요한 시기였다. 특히 웨슬리의 활동이 주는 의의는 성장기를 거치면서 '이론에서 실천으로' 옮겨가는 성숙의 시기를 맞게 되었다는 점에 있다. 그는 장래를 결정하고 신성 클럽의 지도자가 된 후, 가난한 아동들을 모아서 가르치는 일이나 빈민들을 돌보며 헌신하는 삶을 사는 실천적인 모습을 보였다.

4. 웨슬리에게 영향을 끼친 교육사상

1) 웨슬리에게 크게 영향을 미쳤던 중요한 사상

첫째는 루소(Jean J. Rousseau, 1712-1778)의 영향이다. 웨슬리는 루소의 책 『에밀(Emille)』을 읽고 그의 교육사상을 탐독하고 연구하기도 했다. 그러나 루소의 교육사상은 지나치게 개방적이므로 수용하지는 않았다. 둘째는, 존 로크(John Locke, 1632-1704)의 사상이었다. 로크는 '교육은 규율'이라고 주장했다. 그의 사상은 당대의 성공적인 교육의 근거를 이루는 데 이바지했다. 로크나 웨슬리는 모두 자녀를 엄격한 규율로 다스릴 때 회초리 사용을 강조하는 점이 같다. 그러나 로크는 사회적인 권위를 더 중요시하나, 웨슬리는 하느님의 권위를 인정하며 부모의 권위는 하느님께서 위임해 주신 권위라고 말했다. 셋째는, 코메니우스(Johann Amos Commenius, 1592-1670)의 영향이다. 코메니우스의 주저이며, 최초로 교육학 이론의 체계를 마련한 『대교수학』이나 『범지학』등은 후에 웨슬리의 교육사상에 크게 영향을 끼쳤다.

2) 아이들을 자유롭게-루소의 자연주의

웨슬리는 아이들에게는 정말 따스하고 자상한 학습자 이해를 가지고 있었다. 이것은 교육을 위해서는 엄격하고 철저한 모습을 보이던 것과는 대조적이다. 웨슬리가 가진 학습자 이해는 어린이를 사랑하는 마음과 그의 마음속에 한량없이 솟아나는 영혼 사랑과 자애로운 마음이 원동력이었다. 오늘날 아이들에게 무엇을 가르칠지의 문제 이전에 아이들은 누구인지 그들의 영혼을 이해하고 마음을 이해하며 자유로운 사고의 존재라는 점을 주지할 필요가 있는 것이다. 웨슬리는 18세기 당시의 혁명을 부정적으로 생각하였고, 그에 따라 루소의 사상에도 비판적인 공격을 서슴지 않았다. 게다가 루소나 로크의 정부론과 정치론도 영향을 받았지만, 신정정치에 대한 자신의 견해는 단호했다. 그래서 하느님 이외에는 권력이 없다는 말을 하였다. 분명히 웨슬리는 영국의 데이비드 흄(David Hume), 애덤 스미스(Adam Smith), 샤프츠베리(Shaftesbury)와 프랑스의 콩도르세(Condorcet), 몽테스키외(Montesquieu), 루소(Jean Jacques Rousseau) 등의 인본주의자들 논증에서 자신의 논증을 끌어내려고 노력하였다. 그와 더불어 신학적으로는 퀘이커(Quakers)교도와 복음주의적 증언에 따랐다. 따라서 그는 루소의 교육학적 영향으로부터 멀리 있지 않았다는 것은 자명하다.

루소는 자연 상태 즉 최초의 자연인을 자유롭고 평등한 존재로 생각한다. 그런데 그러한 자연 상태의 인간이 사회 상태로 나오면서 자유롭지 못하고 불평등한 존재가 된다. 루소가 사회 상태의 인간에서 자연 상태의 인간으로의 전회를 꾀하는 것은 그 당시 부르주아 사회의 불평등을 비판하기 위함이었다. 그럼으로써 루소는 인간의 본성이 확장되는 사회가 아니라 회복되는 사회를 바랐다. 이러한 상황 속에서 그의 명저 『에밀』이 탄생했다고 볼 수 있다. 루소의 자연주의 철학과 교육론을 살펴보기 위해서는 먼저 그의 주저인 『에밀』을 분석해야만 한다. 루소 철학 자체가 사회와 문명 비판이기 때문에 그의 저서도 그것의 연장선상에서 이해해야만 한다. 루소는 인간이란 존재가 애초에 선한 존재인데 어떻게 해서 인간의 그 본성에 걸맞지 않은 악과 오류가 침투해 들어와 인간을 변화시키는 것인지를 고민한다. 그래서 『에밀』은 인간의 본성적 선함을 바탕으로 사회적 악과 왜곡된 역사의 방해를 극복하고 시민으로서의 덕을 형성하는 과정을 묘사하고 있다. 그중에서도 자연 교육을 통하여 선한 인간이 덕을 갖춘 시민이 되는 과정이 곧 교육의 과정이자 문명화의 과정이라고 주장한다. 특히 루소가 말하는 자연이란 자발적이고 단순한, 만족하는, 성실하고 정직한 삶을 일컫는다. 프랑스 혁명으로 붕괴하였던 빈부의 구분이 있는 그런 삶, 인위적인 삶과는 완전히 상반되는 삶으로서, 그는 인간이 만든 사회, 즉 인위적이고 피상적인 사회, 무정하고 잔인한 사회는 인정할 수 없었다.

루소의 교육론은 자연주의적이고 도덕주의적인 데에 뿌리를 내리고 있다. 그의 도덕주의는 합법칙적인 원리에 있지 않고 도덕적인 감정과 동기가 무엇인지에 있다. 루소의 교육적 이상은 밀턴보다 더 개방적이었다. 그의 교육사상은 도덕적 교훈에 중점을 두지 않았고, 루소 자신이 일반 철학을 통해서 그 시대 귀족주의 정신에 반감을 불러일으켰기 때문에 도덕적 교훈은 회의적으로 받아들였다. 분명한 것은 웨슬리의 교육사상에 루소의 교육사상이 수용되지는 않았지만, 당시의 정신세계에 영향을 끼친 철학적 사조 중의 하나였다는 것이다.

3) 엄격함이 큰 사람을 만든다-로크

웨슬리는 어린 시절 엄격한 교육을 받았다. 어머니 수산나의 교육은 엄격한 교육을 표방하는 로크의 영향을 받은 것으로 보인다. 이러한 교육 원칙에서, 아이들 교육에는 엄격함을 가져야 한다는 로크의 사상이 웨슬리의 교육사상에 적용된 점이 발견된다. 로크는 18세기 영국의 교육 이론을 정립하는 데 가장 지대한 공을 세운 사람으로, 그의 교육은 '교육은 규율이다.'라는 슬로건으로 축약 될 수 있다. 즉 아주 엄격한 규율 아래에서 아이들을 양육할 것을 권고했다. 로크의 이러한 사상은 웨슬리의 어머니 수산나에게 깊은 영향을 끼쳤고, 웨슬리 역시 로크의 영향을 받아 아이들 교육은 아주 엄격한 통제 아래에서 해야 한다는 태도를 지지했다. 웨슬리의 교육 중에서 '의지를 파괴하는 것'은 로크의 영향을 받은 그의 어머니 수산나의 가르침으로 어릴 때부터 가정에서 경험한 것이었다. 수산나는 자녀들의 의지를 꺾고 부모에게 순종하도록 가르쳤다. 웨슬리는 부패하고 잘못된 인간 본성을 따르는 약한 의지는 오직 교육으로만 바로 잡을 수 있다고 생각했다. 웨슬리가 로크에게서 영향을 받았다고 보이는 내용은 웨슬리의 「가정 종교에 관하여」라는 설교에 잘 나타나 있다.

로크의 교육은 진보적이다. 학습자에게 어떤 일정한 틀을 씌우면 안 되고 오히려 그들이 스스로 발전하고 자기 생각을 펼치도록 도와주어야 한다고 주장했다. 또한, 그는 학생들은 놀면서 배워야 한다는 이상적인 생각을 했다. 놀이의 수단으로서의 체력, 그 체력은 덕성을 함양하기 위해서 선행되어야 하는데, 이러한 것이 이성과 어떻게 조화를 이루어야 하는지를 로크는 다음과 같이 말했다. "체력의 중요성은 주로 곤란을 견뎌낼 수 있게 하는 데 있다. 정신력의 경우도 마찬가지다. 모든 덕성과 가치의 위대한 원칙과 기초는 자기 욕망이 이성이 지시하는 것과는 다른 방향으로 기우는 경우에 그 욕망을 거부하고, 때로는 자신의 천성의 경향까지 거역하면서 이성이 최선이라고 지시하는 바를 순순히 따르는 데 있다." 로크는 이성을 인간의 최고 지성 기능이라고 보았다. 지성의 최고 기능인 추론은 이성에서 나온다. 그래서 어려서부터 이러한 이성을 잘 사용하는 실천과 습관이 중요하다고 생각했다. 인간은 그렇게 이성을 잘 사용할 수 있는 선천적인 능력과 기술, 기능을 지니고 태어난다. 그러한 것을 잘 연마하고 교육한다면 종국에는 인간의 완성을 가져오게 될 것이다. 존 로크에게 교육의 일차적인 목표는 윤리적 인간을 만드는 데 있다. 어린이가 올바른 판단력과 예절을 지향하는 성품을 형성하도록 돕는 것이야말로 중요한 교육의 목표로 꼽았던 것이다.

4) 코메니우스적 하이브리드 교육-코메니우스

웨슬리는 교육을 실행하는 데, 코메니우스의 교육원리에서 착안하여 실용적이고 실제적이며 효과적인 교육 방법을 사용했다. 웨슬리는 종교와 교육은 서로 밀접한 관계를 맺고 있으며 서로 보완적인 관계가 유지되어야만 한다는 생각을 했다. 웨슬리의 이런 생각은 모라비안 교도들에게서 영향을 받은 것으로 보인다. 웨슬리는 예나(Jena)와 헤른허트(Hernhut)의 모라비안 학교를 방문하며 실제로 수업에 참관한 적이 있는데, 그곳에서 종교가 교육의 목적이며 전반적인 교육 내용을 결정한다는 견해를 가진 코메니우스의 가르침이 적용되고 있다는 사실을 발견했다.

코메니우스는 17세기 교육철학자로서 근대 교육의 선구적인 교육개혁가이다. 그의 사상이 들어 있는 대표적인 저서로는 『범교육(Pampaedia)』, 『대교수학』과 『분석교수학』 등이 있다. 코메니우스는 인간을 신(神)의 가장 중요한 피조물로 이해했으며, 인간에게 최고의 경지는 이성·덕성·경건성을 갖춘 상태로 보고 이것을 교육적인 인간상으로 강조했다. 코메니우스의 교육 목적은 인간이 모든 사물에 대한 지식을 배우고, 덕성과 신앙 훈련을 받아 현세와 내세의 생활에 필요한 모든 것을 준비할 수 있도록 하는 데 있다. 그래서 그의 교육 내용은 지식, 도덕, 신앙으로 집약되며, 범교육은 이 세 가지가 통합과 조화를 이룰 때 가능해진다고 보았다. 교육 방법으로는 자연의 질서에 따르는 것을 강조했고, 분석적이며 종합적이고 혼합적인 방법을 구축했다. 코메니우스의 교육원리를 웨슬리는 자기의 교육원리에 응용했고, 인생을 학교라는 틀에서 설명했던 코메니우스의 사상은 교육의 대중화를 위해 실제로 응용했던 웨슬리의 교육실천에 큰 자극을 주었다.

이상과 같이 웨슬리에게 영향을 미친 교육사상가 3인을 살펴보았다. 루소는 교육이란 학습자에게 지식을 습득하게 하는 것이 목적이 아니라, '인간성의 회복'을 목적으로 한다는 사상을 가지고 있었다. 이것은 웨슬리가 학습자를 교육하는 목적을 지식 교육을 하는 것이 아니라, 가능적 존재로서 하느님의 형상을 닮은 전인적 인간을 만드는 것에 두었다는 점에서 발견할 수 있다. 로크의 경험론에 토대를 둔 교육철학에서, 교사란 엄격한 규율 교육을 통해서 진정한 교육을 이룰 수 있다는 사상이 등장한다. 앞에서 말한 것처럼, 로크는 웨슬리의 어린 시절 교육을 담당했던 어머니 수산나에게 영향을 미쳤고, 이것은 웨슬리의 교육사상에도 지대한 사상적 배경이 되었다. 또한, 코메니우스의 실물교육 방법론은 웨슬리의 실제적인 방법론에 영감을 주었다고 볼 수 있다. 이처럼 킹스우드에서 펼쳐진 웨슬리의 교육개혁은 루소·로크·코메니우스에게서 사상적 영향을 받았다고 할 수 있을 것이다.

5. 웨슬리의 교육개혁과 실천의 장, 킹스우드 학교

1) 설립과 그 목적

웨슬리는 배움을 포기할 수밖에 없는 가난한 어린이들을 복음의 진리 안으로 인도하기 위하여 기초적인 지식과 함께 경건 훈련을 통해 하느님의 뜻 안에서 바른 생활로 인도하고자 했다. 이런 웨슬리의 사상은 그가 킹스우드 학교를 설립하는 계기가 되었다. 웨슬리는 1738년 조지아 선교지에서 영국으로 돌아와, 이상적인 학교를 세우기 위하여 영국과 독일에 있는 이름 있는 학교들을 답사한 후에 그의 교육 사업을 시작하였는데 킹스우드에는 광부들을 위한 학교를, 런던 파운더리(Foundery) 주변에는 영세민을 위한 학교를, 뉴캐슬에는 고아를 위한 학교를 설립했다. 그러나 1748년에 킹스우드의 뉴 하우스에서 세운 학교는 일반 학교처럼 기독교 부설 학교로 설립하여 교육의 이상을 실천하면서 그 학교를 중심으로 메소디스트 교역자들을 훈련하고 설교자들을 정예화하는 등 메소디스트 운동의 요람으로 만들어 갔다. 존 웨슬리가 시작한 이러한 대중 교육은 18세기 영국의 부패한 사회 환경을 새롭게 하는 중요한 계기가 되었다. 웨슬리는 1739년 킹스우드에 열악한 환경에 있는 광부들의 자녀들을 위하여 학교를 설립하고자 했다. 웨슬리는 친구 조지 휫필드(George Whitefield)와 함께 그 뜻을 모았는데, 학교의 완공이 이루어지기 전에 휫필드는 미국으로 떠남으로써 웨슬리가 실제로 학교의 모든 운영을 맡게 된다. 존 웨슬리는 어려운 환경 속에서도 기부금을 모아서 1740년 킹스우드 학교를 완공했다. 웨슬리는 민중의 교육을 위해서 킹스우드 학교 설립을 그의 신앙적인 사명으로 여기고 실천했는데, 킹스우드 학교의 설립 목적에도 그런 의도가 분명하게 나타나 있다. 그것은 "첫째는 어린이의 영혼을 위한 일이었고, 둘째는 학교 교육이 부자이든 가난한 사람이든지 누구에게나 필수적으로 실행되어야 한다."는 것이었다.

킹스우드 학교로 시작된 그의 교육 실천은 모든 계층에게 적용되었으며, 인간의 도덕성과 신앙을 일깨우며 인간의 의식 변화와 더불어 영성의 회복을 가져왔다. 웨슬리는 하느님을 거부하는 교육에는 강력하게 반대했다. 그렇다고 교육의 목적이 종교적인 것으로 국한된 것은 아니었다. 종교와 교육은 더불어 수행되었고, 교육에서도 종교교육과 더불어 일반교육도 병행하였다. 웨슬리는 킹스우드 학교를 세움으로써 자신의 종교적인 사명을 실천으로 옮겼으며, 그 교육 실천의 결과 킹스우드 학교를 종교교육의 이상적 모델로 삼을 만했다.

2) 교육 환경

킹스우드 학교의 위치는 교육 환경으로 보면 아주 훌륭했다. 이것은 웨슬리가 학교의 교육 환경에 많은 관심이 있었기 때문이다. 웨슬리는 당시에 영국 학교의 교육 환경을 다음과 같이 기록했다.

> 대부분의 학교는 대도시의 중심지에 위치하고 있었다. 실제로 이 학교에 갈 때마다 불편함을 개선하기는 어려웠다. 학생들이 밖으로 나갈 때는 언제든지 그들이 배운 것을 학습하고 실행하기에는 너무 많은 약속이 있었다. 그리고 학생들 주변에는 매일 만날 수 있는 많은 아이가 있었기 때문에 학생에게는 학습이나 종교에서도 도움이 되리라고 기대하기 어려웠다. '학습도 종교도 아니다.'라고 말하는 것은 우리가 종교를 갖게 된다면 학생들에게 요구하는 것들이 많아지기 때문이다. 학생들은 대도시 속에서 아이들이 엉켜서 뒤죽박죽 대화한다면 학생들은 이런 것을 원치 않을 것이다.

웨슬리는 앞서 언급한 내용을 충분히 고려하면서 킹스우드 학교의 교육 환경들을 만들기 시작했다. 무엇보다도 문제가 된 것은 지역 환경이었다.

웨슬리는 이미 학교가 설립된 킹스우드를 다음과 같이 말했다.

> 킹스우드는 이제 일 년 전의 상스럽고 불경스런 것들로 인한 떠들썩한 장소가 아니라고 당당하게 말할 수 있다. 이곳은 더는 음주와 불결함 그리고 지

금까지 당연하게 행해 왔던 나태한 유흥들로 가득 차 있지 않다. 사실상, 숲 전체를 요란하게 했던 소란과 소음들은 이제 조용해졌고, 일상에는 저녁 시간에 모여서 구원자이신 하느님을 찬양할 때를 제외하면 어떤 소음도 들리지 않는다.

그런데도 웨슬리는 올바르고 바람직한 학교가 되기 위해서 악영향을 미칠 가능성이 있는 곳에서 떨어져야만 한다고 굳게 믿었다. 그러나 학생들이 찾아오기에 불가능한 외진 곳에 학교를 세운다는 것은 그의 목적을 무산시킬 우려가 있었다. 심사숙고한 끝에 그의 학교는 킹스우드의 중간 부분에 위치한 곳에 세우기로 했다. 킹스우드 학교에 환경을 적용한 이런 웨슬리의 결정은 『킹스우드의 역사』의 저자 브라임(A, Braine, 1891)에게 인정받기도 했다.

3) 킹스우드 학교의 교육 성과

웨슬리의 킹스우드 학교를 통한 교육은 특정 대상에만 국한된 것이 아니라 모든 계층에 적용되었고, 이는 도덕성과 신앙을 각성시키고, 더 나아가 인간의 의식에 대한 변화와 더불어 영성의 회복을 가져왔다고 평가된다. 그는 종교교육을 목적으로 교육을 시작했지만, 교육의 목적에서 종교적인 것으로 국한하지 않았다. 이렇게 볼 때 웨슬리의 교육은 킹스우드 학교에서 절정을 이루었다고 말할 수 있다. 그러한 웨슬리의 교육 성과는 다음과 같이 요약할 수 있다.

첫째, 웨슬리의 교육은 모든 아이에게 교육의 기회를 부여했다. 18세기 영국의 교육은 귀족의 자제들에게만 관심 있는 교육이 이루어졌으며 이외의 아이들은 소외 계층이었다. 이에 비판적 의식을 가진 웨슬리는 자신의 신념과 사명을 위해 킹스우드 학교를 통해서 소외된 광부의 아이들을 위한 교육을 실천함으로써 교육의 대중화를 이루었다.

둘째, 웨슬리의 교육은 아이들만으로 한정된 것이 아니라 어린이, 청소년, 성인에게도 확대했다. 웨슬리는 기숙학교를 통해 12세 이전의 아이들에게 엄격한 규율과 규정을 통해 미래를 위한 어린 시절의 교육을 실행하였다. 그뿐만 아니라 어른들의 교육을 배려하여 일하는 시간이 아닌 아침이나 저녁 시간을 활용하여 교육이 시행되었다는 것은 교육의 대중화를 이루어 낸 웨슬리의 공헌이라고 할 수 있다. 당시 웨슬리의 부흥운동에 참여했던 감리교도들은 대부분 정식적인 학교 교육을 받은 적이 없는 문맹자들이었다. 웨슬리는 이들을 교육하는 것이야말로 기독교의 본질적 복음 전도 사업이라고 생각했기 때문에, 그의 학교들은 성인 문맹자들의 교육을 위해서 어린이만이 아니라 성인들에게도 개방하였다. 웨슬리가 세운 학교는 감리교도들뿐만 아니라 점차 일반 사람들에게도 입학을 허가했고, 보급했던 책들은 신학적인 주제로 한정하지 않고 철학 · 문학 · 의학 · 논리학 등의 전 분야를 포함하였다. 이처럼 웨슬리의 교육 사업은 오직 종교적인 목적을 위한 것으로 그친 것이 아니었고, 인간의 세속적인 모든 삶을 포함한 전인적인 삶의 향상을 목적으로 한 것이었다. 그러나 다른 한편으로 웨슬리의 교육사업은 사람들을 기독교의 진리 안에서 양육하게 하여 궁극적으로 마음과 삶의 성결을 이루게 하고자 하는 경건 훈련의 실천적인 도구였다.

셋째, 웨슬리의 교육은 기독교 교육의 진정한 모델로 평가할 수 있겠다. 웨슬리는 지식을 전달하기 위한 목적이 아니라 가능적 존재인 인간이 하느님의 영적인 형상을 회복하고, 하느님과의 관계를 회복함으로써 전인적인 성장이 이루어질 것을 목표로 킹스우드 학교를 운영했다는 점은 주목할 만하다.

넷째, 웨슬리의 교육은 단지 종교적 목적만을 이루기 위한 교육이 아니었으며 온전한 신앙 교육과 더불어 지식을 습득하는 교육의 본래 목적을 이루고자 하는 목표를 겸하고 있었다.

다섯째, 웨슬리의 교육은 18세기 영국 사회에 분명한 변화와 영향을 주었다.

이처럼 웨슬리의 교육은 개혁적이었고, 영국 사회의 공교육의 문제점을 극복하고, 교육 혁신을 실현하는 데 성공적이었다고 평가할 수 있을 것이다. 철저한 경건주의 정신에 입각한 교육과 모든 사람은 교육받을 권리가 있다는 코메니우스의 사상에 영향을 받아, 교육 대중화를 실천한 그의 교육 개혁은 당시 영국을 변화시키는 원동력이 되었다.

6. 웨슬리 교육의 핵심적 가치

웨슬리는 처음부터 좋은 학교를 만들겠다는 생각이나 의도를 가지고 있었던 것은 아니었다. 올더스게이트(Aldersgate) 거리에서 강력한 성결의 체험을 하고 난 뒤 웨슬리의 삶은 여러 분야에서 하느님의 영광을 드러내며 이타적인 삶을 살았다. 그중 하나가 교육개혁이었다. 좋은 학교나 명문 학교를 세우려는 의도는 없었다. 단지 소외된 아이들이 철저한 성경 교육을 통해 하느님의 자녀로서 살아가는 것과 정당한 교육 기회를 부여받아, 사회에서 자신의 삶을 살아갈 수 있도록 길을 제공하고자 하는 목적에서 학교를 시작했던 것이다. 그러나 그의 학교는 결코 주먹구구식이 아니었고, 철저한 연구와 노력으로 양질의 교육을 시작할 수 있었다. 이러한 교육이 정착되기까지 그에게 영향을 미쳤던 루소 · 로크 · 코메니우스의 교육사상을 실용화한 웨슬리의 교육원리와 교육 방법론을 살펴보기로 하겠다.

1) 교육의 목표는 하느님의 형상 회복에 있다

웨슬리는 킹스우드 학교를 설립하여, 아이들을 온전한 하느님의 형상을 회복한 그리스도인으로 세우고자 하는 목표를 세웠다. 이 목표를 위해서 병행한 것이 양질의 학과 교육이었다. 오늘날 학교교육도 시험 성적을 올리기보다 우선해야 할 것이 전인적 성장을 통한 하느님의 형상, 즉 믿음과 인격형성이 우선되어야 하며, 이 목표를 위해 병행되어야 할 것이 학과 교육이 되어야 한다. 요즘 여름방학이 되면 아이러니한 해프닝들을 보게 된다. 여름성경학교가 열리는 방학의 시작 즈음에, 동네 아이들이 여름성경학교 모자와 가방, 그리고 티, 각각의 교회 기념품들을 의기양양하게 치장하고 으스대며 돌아다니는 모습을 본다. 그런데 각각의 새겨진 교회 이름이 다르다. 모자는 이 교회에서, 가방은 저 교회에서, 티는 또 다른 교회에서 받은 것들이다. 우리는 영문도 모른 채 자기가 어느 교회 주일학교 어린이인지 정체성조차도 없는 아이들을 보게 된다.

여기서 우리는 아이들이 하느님을 만나고 그리스도를 체험하여 하느님의 자녀가 되며, 잃어버린 하느님의 형상을 회복하는 전인적인 어린이를 목표로 삼는 교회학교의 원대한 계획과는 달리, 아이들이 교회학교 쇼핑시장을 서성이는 미묘한 그림을 보게 되는 것이다.

간과하지 말아야 할 것은 기독교 교육의 목표란 하느님의 형상을 회복하는 영혼이라는 초점을 명확히 해야 한다는 점이다. 웨슬리는 '양질의 교육을 제공하면서도, 교육의 목표가 하느님의 형상 회복이라는 점을 결코 놓치지 않았던 것이다. 오늘날 교회 교육 현장에서, 교회학교에 얼마나 많은 인원을 동원하는지가 목표가 되어서는 안 된다. 인원동원이 목표가 된다면, 콘텐츠는 값비싼 쇼핑시장이 되어, 프로그램 박람회장이 되어, 이 교회, 저 교회, 또 다른 교회를 찾아다니는 철모르고 방황하며 유랑하는 어린 영혼들에 대한 책임은 너무나도 가벼워질 수 있기 때문이다. 그러므로 우선해야 할 것은 웨슬리처럼 학습자로 하여금 하느님의 형상을 회복하도록 하는 근본적인 목적을 놓쳐서는 안 된다.

2) 웨슬리의 실물교육

웨슬리는 킹스우드 학교를 설립하기 위해 교육 방법론을 연구하고 조사하며 온갖 심혈을 기울였다. 효과적인 교육 방법을 위해 모라비안 교도들이 운영하는 예나 학교를 방문했고, 거기서 코메니우스의 실물교육의 방법을 배우고, 그의 교육에 적용하기도 했다. 실물교육이란 한마디로 말하면 오늘날의 '시청각교육'이라 할 수 있다.

이와같은 실물교육의 원조로는 예수님의 교육을 들 수 있겠다. 예수님은 제자들을 향하여 "공중 나는 새를 보라. 들에 핀 백합화를 보라."고 말씀하셨다. "공중에 나는 새는 먹을 것을 거둬들이지도 않고, 백합화는 입을 옷을 위해 길쌈도 하지 않지만, 하느님께서 새를 먹이시고, 백합화의 아름다움을 유지케 하는 하느님의 숨결을 알지 못하느냐? 그런데 너희는 하느님이 내버려 두겠느냐? 무엇을 먹을까, 입을까 염려하지 마라."

예수님의 메시지가 새와 백합꽃이라는 말로 그들에게 강력한 의미 전달의 효과가 있었던 것처럼 실물교육의 효과는 그렇게 탁월한 효과를 가져왔던 것이다. 마찬가지로 코메니우스의 실물교육이 학습자들에게는 애매모호한 개념이 아니라 명확한 이해를 돕는 학습이었다. 모름지기 학습자를 어떻게 하면 더 잘 가르치고, 더 이해시킬 수 있을까 라는 고민을 통해 교육은 더욱더 효과와 능률을 발휘하는 것이다.

3) 하이브리드 실물교육과 적용

웨슬리가 코메니우스의 실물교육을 응용하여 자신이 운영하는 킹스우드 학교의 교육에 잘 활용했던 것처럼, 그의 실물교육이 오늘날 우리 교회교육 현장에 어떻게 적용 될 수 있을까? 실제적으로 교회 교육의 현장은 실물교육을 아주 잘 사용하고 있다고 할 수 있다. 과거에 교회학교는 찬양을 가르치기 위해서 괘도라는 것을 사용하여 전지에 악보를 그려 함께 찬양을 했다. 그리고 그림을 그려 융판 설교를 하기도 했다. 일명 시청각교육이다.

모양과 문화는 변했다 할지라도, 현대사회는 더욱더 멀티미디어라는 이름으로 문화가 진화했다. 이제는 프로젝터를 이용한 PPT, 그리고 애니메이션 등이 급속도로 발달하였다. 이런 시청각 교재를 연구하고 필수로 사용하는 것이 실물교육의 계승이라 할 수 있다.

여기서 더 나아가서 SNS를 활용하는 방안으로 학급의 밴드를 개설하고, 카톡과 홈페이지, 페이스북을 활용하여 교육과 교제 · 전도 · 신앙 상담 등의 효과를 극대화 해야 할 것이다. 또한 SNS를 활용하여 평일에도 아이들과 교제하며, 반목회를 성공적으로 이룰 수 있다. 이제는 단순한 실물교육이 아니라 스마트하게 활용하는 하이브리드 실물교육을 활성화하여 어린 영혼들이 전인적인 그리스도인으로 성장할 수 있는 계기를 마련해야 할 것이다.

4) 신앙을 위한 문화학교

지금은 학교 · 은행 · 관공서도 주 5일제로 운영되고, 중소기업 등도 점점 주 5일제로 전환되는 상황이다. 주말은 산으로 들로 강으로 여가를 즐기기 위해 가족과 함께 여행을 떠나기에 좋은 여건이 갖춰졌다. 이것은 점점 더 교회에서 교회 학교에 참석할 가능성이 적어진다는 이야기를 의미한다. 그렇다면 교회도 주 5일제를 대비한 주말학교로 변신을 꾀해야 한다. 이제 교회학교도 토요학교 등을 개설하여 킹스우드식 교회학교를 운영할 필요가 있다. 예를 들면 신앙 교육을 위한 문화 교육 콘텐츠를 개발하여, 아이들이 교회에 와서 얻을 수 있는 양질의 프로그램과 놀이를 제공하고, 여기에 복음과 연결시킬 수 있는 연결 고리를 찾아야 한다. 또 영어교실이나 천자문 학교, 만화교실 등 여러 가지 콘텐츠를 개발하여 하이브리드 실무교육을 실행에 옮길 때 다음세대를 위한 교회학교는 발전에 발전을 거듭할 수 있을 것이다.

7. 현대사회의 교육 혁신을 위한 제언

지금까지 살펴본 웨슬리의 종교교육을 토대로 현대사회의 교육 혁신을 위해 몇 가지의 제언을 해 본다.

첫째, 철저한 규율과 원칙을 지키는 교육과 영성생활교육을 중심으로 한 교육 원칙이 현장에서 세워져야 한다. 웨슬리는 어린 시절부터 로크의 경험 교육의 영향을 받은 어머니 수산나에게 철저한 규칙에 입각한 영성 생활을 훈련받으며 자라왔다. 이것은 웨슬리의 교육사상에 영향을 미쳤을 뿐만 아니라, 웨슬리를 반듯한 전인적인 그리스도인으로 성장시켰다는 것을 알 수 있다. 철저한 원칙과 규율, 그리고 신앙 교육은 그리스도인의 전인적 성장의 중요한 열쇠임을 알 수 있다. 이와 같이 학교 · 교회 · 가정은 지식 전달을 목적으로 하는 교육이 아니라 전인적 성장을 목표로 해야 한다.

둘째, 교육의 성과를 위해서는 끊임없는 연구과 열정이 필요하다. 웨슬리는 코메니우스의 교육 방법에서 킹스우드 학교의 운영에 관한 교육적 성과들을 얻었는데, 웨슬리는 이것을 위해서 모라비안의 여러 학교들을 방문하고 여행하는 수고와 노력을 통해서 교육 방법론의 큰 수확을 얻었다. 여기서 보다 나은 교육을 위하여 웨슬리의 천 리 길도 마다하지 않는 연구의 열정이 보인다. 현재 한국 사회에 나타나는 공교육의 문제점을 해소하고 문제를 극복하기 위해서는 문제의식만이 아니라, 끊임없는 연구와 열정을 통해서 방법을 모색할 때 더 개선된 교육의 미래가 열릴 것이다.

셋째, 기독교 교육은 교회 안에만 머물러 있어서는 안 된다. 웨슬리는 킹스우드라는 광부들이 사는 곳에서 영성의 기치를 들었다. 소외된 아이들에게 펜을 잡게 했고, 성경과 교육이라는 두 가지를 통해 그들의 요구(needs)를 충족시켰다. 이와같이 현장 속에 그리스도의 사랑과 복음, 그리고 사회의 요구를 제공하는 변화가 일어나야 할 것이다.

웨슬리는 하느님이 그에게 주신 선교 사명을 가지고 거의 하루도 빠지지 않고 말씀을 전하기 위해 말을 타고 달렸다. '세계는 나의 교구다.'라고 외치며 웨슬리는 세계 선교에 열정을 불태웠다. 그러던 그가 갑자기 영국학교 교육의 불평등에 적극적으로 나서게 된 것은, 첫째는 어린이의 영혼 구원을 위함이요, 둘째는 학교교육은 빈부의 차이와 무관하게 모든 이에게 필수적으로 제공되어야 한다는 그의 신념에서 비롯된 것이었다.

이 신념에서 이루어진 킹스우드 학교 설립은 그의 신앙적 사명이었다고 웨슬리는 회고하였다. 웨슬리의 킹스우드 학교를 통한 교육개혁은, 공교육과 사교육을 포함한 교회교육의 모든 분야들이 난항을 겪고 있는 오늘날 진정한 교육의 도달점이 어디인지 방향을 제시한다. 그것은 전인적인 인간성 회복과 하느님의 형상의 회복이라는 목표를 잃어버리고, 성공주의를 향한 기능적 목표만을 가진 현대사회의 교육 현장 속에서 교육의 진정한 기능이 회복되는 것만이 다가올 미래 사회를 온전케 하는 길임을 깨닫게 되는 것이다. 우리가 추구해야 할 교육 목표는 하느님의 지음 받은 자녀로서, 진정한 예수그리스도의 참 제자들을 길러 내는 것임을 분명히 할 때 교육 현장의 개혁이 일어날 것이다.

12

인간 도야로서의 영성과 교육

—김대식—

1. 도야로서의 영성 교육

현대를 무너진 세계, 혹은 부서진 세계라고 본 프랑스 실존주의 철학자 가브리엘 마르셀(G. Marcel, 1889-1973)처럼 오늘날의 세계는 조각조각 나뉘어져 삶은 연결되지 않은 편린이 되어 버렸다. 거대한 공동체를 꿈꾸던 인간의 야망은 오히려 개별적인 무의식마저 숨길 수 없을 정도로 개인과 개인의 연대를 상징화시킬 뿐 실질적인 연대와 의사소통은 가상으로 확산되는 상황이 되었다. 이러한 상황에서 종교라고 하는 형이상학적 세계 의식으로서의 산실은 호소력과 설득력을 상실한 채 표류하고 종교 지도자는 허상의 언어를 뱉어 내기에 바쁘다. 한때 종교가 위기의식을 인식한 듯 영성이라는 말을 남발한 적이 있었지만, 그것 역시 종교라고 하는 체제 · 제도 · 조직 · 성장을 위한 수단이나 방법으로서 등장한 대안에 지나지 않았는가 하는 의구심을 낳았다. 그렇게 인구에 회자되던 영성이라는 말이 안개처럼 사라진 것이다. 정작 영성이라는 말을 잘 몰랐던 것은 아닐까? 아니면 영성이 내면화되거나 전통으로서 갖지 못한 콤플렉스를 감추려는 시도였던 것은 아닐까? 물론 이것은 가톨릭의 전통 안에서 보면 이론의 여지는 없을 것이다. 가톨릭의 역사에서는 굳이 영성이라는 말을 따로 사용하지 않아도 그것의 역사와 함께 존속해 왔기 때문이라고 볼 수 있다. 반면에 개신교의 경우 단절된 교회의 역사 속에서 발견되는 한 축으로서의 영성을 잘 찾지 못했거나 그렇지 않으면 성숙시키고 내면화시키는 데 실패했기 때문이다.

속단할 수는 없지만 그것을 교양이나 도야로서 일상적인 삶으로 승화시키는 데에는 오랜 시간이 걸린다는 것을 간과한 것이다. 영성을 단지 종교의 일부 프로그램이나 성장을 위한 목회적 장치 정도로 인식한 것도 크나큰 문제이다. 모름지기 영성이란 그리스도인이 신의 품성과 예수그리스도의 역사적 말씀과 행위의 모방, 그리고 성령에 의존하는 깊이 있는 관상적 기도를 통한 신앙적 울림 등으로 체화되어야 하는 것을 일컫는다. 그것을 그리스도인이라면 일반적 상식처럼 받아들여서 하나의 교양, 인격적 도야를 위한 중요한 발판이요 신앙적 뿌리라고 생각해야 한다. 기나 긴 역사와 전통의 인식을 통해 자신의 신앙을 내면화하는 작업을 충실히 해 왔던 가톨릭은 관상기도나 성사(sacramentum), 그리고 전례 등으로 몸-짓과 마음-짓이 신앙적으로 어떻게 일치해야 하는지를 훈련해 왔고 그것을 신앙 안에서 확인하고 고백하려고 했다. 하지만 개신교는 마음-짓의 강조와 더불어 말-짓 강화는 다르게 하려고 노력을 하였지만, 실제적인 측면에서의 몸-짓 행위의 전례는 많이 약화되었다. 지금에 와서 몸-짓 행위와 마음-짓, 그리고 말-짓 등의 모든 신앙 행위를 다시 점검, 검토하면서 개신교의 쇄신을 위한 몸부림이 있는 것은 고무적인 일이다. 그럼에도 여전히 개신교의 영성은 그저 마음-짓과 말-짓의 영역에서 크게 벗어나지 않은 것은 어쩔 수 없는 한계인 듯하다.

우리는 마르틴 루터나 장 칼뱅, 그리고 존 웨슬리가 단지 마음-짓과 말-짓만을 신앙의 핵심이라고 가르치지 않았음을 명심해야 한다. 오늘날 한국 교회, 특히 루터교회의 경우에는 이른바 말씀의 전례(설교)와 성찬의 전례(성만

찬/성체성사)를 균형 감각을 가지고 신앙의 오감각을 깨워 보려는 전통을 지속적으로 유지한다는 사실을 알아야 한다. 감리교회의 경우에도 영국성공회의 전통과의 연계성 속에서 제도와 조직, 그리고 예배의 변혁을 꾀하려 하고 있음을 눈여겨보아야 한다. 이것을 통해서 필자는 예배의 영성은 인간이 가진 모든 감각들을 잘 활용하여 그 감각을 통한 신앙 감각을 잘 고양시켜야 할 필요성이 있음을 역설하는 것이다. 영성은 그냥 생겨나는 것이 아니라 바로 신앙 감각을 총체적으로 일깨우는 데서 비롯되기 때문이다. 그럼으로써 그저 생소하고 낯선 행위, 즉 몸-짓이라고 할지라도 그것이 우리의 신앙 인식과 감각을 새롭게 변화시키면서 말씀의 현전과 더불어 성령의 현존, 그리고 예수그리스도의 현재적 육화를 매번 체험할 수 있는 가능성이 열리게 되는 것이다. 그런데 개신교 대부분의 예배나 교육은 여전히 말이 중심이 된다. 언어 사용의 빈도수가 많아지면서 모든 감각보다 귀의 감각, 즉 청각을 가장 많이 사용하는 공동체가 된 것이다. 교회 공동체 안에서 청각만 발달하는 기이한 현상이 생겨난 것인데, 청각이 발달하면 자연히 미각(말의 사용)의 사용 빈도수가 많아진다. 듣는 것이 많아지면 말을 많이 할 수밖에 없다. 그것이 고백적 차원으로 승화되면 좋은 일이나 단지 일상 언어에 신앙 언어가 가미된 정도의 가벼운 언어로 고착되면 문제가 된다. 그것을 언어의 영성이나 말의 영성이라고 하자 하면 좀 더 그럴듯한 정의라고 생각할 수 있지만, 실상 자칫하면 말은 많아지고 깊이가 없어지는 가벼운 종교인이 되고 마는 것이다.

이제는 종교의 말-짓, 몸-짓, 마음-짓 등 모든 것들이 그리스도인의 인격을 도야하는 데 동원이 되어야 한다. 다시 말해서 그것들이 신앙에서 특별한 것이 아니라 일상적인 것으로 자리 잡도록 해야 한다. 모름지기 도야, 교양이라고 일컫는 말은 독일어의 Bildung으로서 교육·문화·교화 등으로 번역이 되는 말이기도 하다. 그렇다면 교양이 있는 그리스도인이 된다는 것은 문화적인 인간, 교육을 통해 지성인의 의식 고양을 목표로 한다는 말로 이해해도 무난할 것이다. 교육과 문화, 그리고 교양이라는 것이 서로 어떤 정신적의 내면화와 외면화에 초점이 맞춰져 있다는 것을 알 수 있다. 그런 의미에서 영성 교육을 한다거나 어린이들로부터 시작해서 장년에 이르기까지 그리스도인으로서의 영성을 고취하기 위해서 교육을 한다는 것은 결국 보편적인 인간의 인격을 성숙시키기 위한 것이고, 좀 더 정신적으로 완전한 인간상을 이상으로 두고 그곳을 향해 나아가는 것을 의미한다고 볼 수 있다. 영성 교육을 한다는 것이 특별한 것이 아니라 그리스도의 인격으로 탈바꿈되도록 한다는 것이다. 그뿐만 아니라 그것을 일반화해서 그리스도인도 비종교인과 함께 살아가면서 자신의 인격을 사회적 인격으로 확장시켜 나갈 수 있도록 해야 한다. 영성이 사회적으로 외면당하거나 그저 하나의 일상화된 언어로 전락하는 이유는 그리스도교가 도야의 성격을 분명히 하지 못한 데서 오는 현상이다.

그리스도인이 교양을 갖춘 인간이 되려면 영성이 내면화, 외면화되어야 한다. 그것을 어릴 때부터 차근차근 교육을 해야 하는 것이 목회자요, 교사의 사명인 것이다. 하지만 교회 공동체 안에서도 도야의 측면보다는 그저 문답식, 주입식 교육으로 일관하면서 마치 말-짓이 되면 몸-짓과 마음-짓도 달라지겠거니 하는 안일한 교육철학을 갖고 있는 것이 사실이다. 이것을 넘어서 그리스도인이 개인의 인격 도야와 더불어 사회의 보편적 인간과 함께 공유하는 사회적 인격으로 나아갈 수 있도록 교육을 해야 할 필요가 있다. 신앙적 반성은 없고 오로지 주입과 반복적 학습, 말의 고백 등으로 교육을 한다고 해서 한 인간의 의식이 온전하게 고양된다고 할 수는 없다. 따라서 그리스도인의 교육의 지향성을 어디에다 두어야 할 것인가 하는 명확한 목적과 목표가 설정되어야 한다. 그것은 개인과 사회적 인격 도야라고 하는 데 초점을 맞춰야 한다. 그리스도교 안에서만 영성 운운하면서 사회적 인간, 보편적 인간과의 삶의 나눔, 연대 등을 고려하지 않은 교육은 교회를 위한 교육으로 제한될 수밖에 없다. 그 때문에 그렇게 교육을 받은 그리스도인은 교회 공동체 안에서는 잘 기능하지만 실제로 사회 안에서 사회인으로서의 순기능 역할을 제대로 하지 못한다. 그와 같은 그리스도인이 어떻게 빛과 소금을 감당하는 그리스도인이 된다고 자부할 수 있겠는가. 그러므로 목회자나 교사는 자신이 담당하는 교육 대상자들이 신과 일치된 마음에 이르러 교회와 사회를 분리하지 않고 자신의 인격을 드러낼 수 있는 보편적 인간을 길러낼 수 있어야 할 것이다.

2. 신앙 언어와 영성 교육

그리스도교는 말의 종교이기도 하다. 1차적으로는 경전도 말로 구성되어 있고 그 속에 나타난 신의 창조 사건도 말로서 이루어졌다고 할 만큼 그리스도교에서 말이 차지하는 비중은 매우 크다. 그만큼 말의 중요성과 빈도가 많아질 수밖에 없는데, 그럴수록 말의 영성 곧 언어의 영성에도 신중을 기해야 한다. 설교나 강론에서 빚어지는 말의 실수, 그리고 신자와 신자 사이에 일어나는 사건들 역시 말의 오용과 남용에서 일어나는 경우가 많기 때문이다. 말, 즉 언어(logos)는 논리적이고 이법적이면서 동시에 종교철학적 측면에서는 근원적 원리를 나타낸다. 그러한 의미에서 그리스도인의 말이란 가능한 한 근원적 존재를 담아내는 거룩하고 경건한 언어로 그것을 구사하는 것에 각별한 관심을 기울여야 한다. 그렇다고 해서 형식적이고 지나칠 정도로 가식적이어야 한다는 것을 의미하는 것은 아니다. 말은 분명히 상대방이 알아듣기 쉽고 논리적이며 일관성이 있는 말이어야 한다. 그래야 신자와 신자 사이에 신앙 사건이 발생한다. 다툼이나 분쟁 · 분란 · 갈등 · 분리 등이 일어나게 만드는 언어를 구사하는 것은 그리스도인에게는 언어 영성에 전혀 관심을 갖지 않는다는 것을 방증한다.

영성에서 어떤 언어를 사용하는지에 따라서 앞에서 말한 인격을 담은 언어가 되느냐 아니면 비인격적인 언어가 되어 관계 형성에 해가 되느냐가 결정된다. 언어도 도야나 교양, 문화적인 측면에서 바라볼 수 있다. 언어의 구사에 따라서 교양이 있는지, 문화적 존재인지, 인격이 있는지 여부가 판가름 나기 때문이다. 특히 개신교의 경우에는 말-짓이 마음-짓이나 몸-짓보다 앞서 있기 때문에 더욱이 신경을 써야 한다. 그래서 언어 사용 교육은 그 무엇보다도 교회 교육에서 중점을 두어야 하는 것이다. 어린이가 정확한 신앙 언어를 사용하도록 지도하는 것, 어른들이 인격적인 언어를 사용하고 자신의 신앙을 시의 적절하게 언어로 표현할 수 있도록 하는 것 등은 교회 공동체의 영성 전체의 수준을 가늠하는 척도가 되기도 한다. 물론 때에 따라서는 신앙 언어라는 것이 직접적으로 자신의 초월적인 체험을 완벽하게 드러내기 어려운 경우도 있을 것이다. 초월적 세계의 경험을 언어로 다 표현할 수 없기 때문이다. 하지만 그렇다고 해서 의사소통이 되지 않는 언어와 과장된 언어로서 상대방을 설득시키려 할 때는 무리가 따르게 된다. 설령 개별적인 신앙 체험이라 하더라도 소통이 가능한 한 언어로 치환하여 전달하려는 의지가 필요하다.

자신의 독특한 신앙 체험이 마치 유일한 것처럼 생각되어 독선적인 언어로 이야기하는 순간 의사소통적 관계는 깨지면서 자신의 언어는 상대방에게 지배자의 언어가 된다.[1] 일상 언어로 다 말하지 못할 때는 차라리 침묵의 언어를 사용하는 것도 좋을 것이다. 개신교는 많은 장점이 있음에도 불구하고 침묵이나 관상에 약하다. 이것이 침묵기도나 관상기도가 정착하지 못한 이유이기도 한 것 같다. 침묵이나 관상을 한다고 해서 그 사람이 말을 못하거나 표현력이 부족하다고 단정 지으면 안 된다. 오히려 말을 깊이 있게 담아 두면 둘수록 그 말은 힘이 되어 자신의 신앙을 더 깊은 경지에 다다르게 한다. 말은 사용하는 즉시 그 말 때문에 존재를 한정 짓게 되지만 침묵은 자신 안에서 존재 그 자체를 깊이 있게 그려내기 때문에 많은 상상력과 자유로움으로 초월자와의 만남의 놀라움을 간직한다. 동시에 내면에서 침묵과 관상으로 초월자와 즐거운 놀이를 함으로써 신앙의 더 깊은 세계로 몰입하게 만든다. 말은 내뱉는 순간 사라지지만 간직하면 할수록 내면의 깊은 메아리로 자기 자신을 끊임없이 울리게 만든다. 따라서 말을 많이 사용하고, 청산유수로 신앙 언어를 사용한다고 해서 그 사람이 진정성이 있는 그리스도인이라고 속단하는 것은 오류를 범할 수 있다. 말이 갖는 지배력이 있으므로 말 때문에 그 말하는 사람에게 종속되지 않도록 주의해야 하는 이유가 여기에 있다.

말의 식별력이 그래서 중요하다. 상대방의 말이 신앙적인 언어요 진정성이 있는 언어요 인격적인 언어인지 아닌지를 판별하지 않으면 말로 상처를 받게 된다. 말의 정치술이나 처세술이 중요하다는 것을 말하는 것은 아니다. 다만 신앙 언어에도 꾸밈의 언어가 존재할 수 있다는 것을 말하고자 함이다. 신앙 언어조차도 그것이 초월자에게서 온 것인지 아니면 최소한 초월자를 염두에 두고 말하려고 하는 것인지를 잘 알아차려야 한다. 신앙 언어를 사용하기는 하는 것 같아도 본질을 호도하거나 비본질적인 발언을 하는 것을 왕왕 목격한다. 만일 그렇게 되는 경우 교회 공동체는 이른바 교양·교화·문화·도야로서의 종교 공동체라고 말할 수 없게 된다. 자신의 언어의 기반이 도대체 어디에 있는지를 말하는 주체 스스로도 성찰하면서 말을 듣는 대상 역시 동일한 시선 속에서 그 언어를 신앙 언어로 해석하는지를 눈여겨보아야 한다.

새로운 신앙 언어를 생성하는 공동체가 된다면 그것 역시 좋은 일일 것이다. 그만큼 공동체가 새로운 경험들이 발생하고 있다는 증거이기도 하니 말이다. 하지만 새로운 신앙 언어가 발생했을 때 공동체는 그 언어조차도 면밀하게 분석하고 그 공동체가 받아들일 만한지를 검증해야 한다. 언어의 혼란을 가져 오는 경우 통일되고 보편적인 언어로서 소통을 하는 것이 어려울 수 있다. 더욱이 새로운 신앙 언어를 비종교인들에게 어떻게 알아들을 수 있게 할 것인지도 고민해야 한다. 교회 공동체 내에서만 통용되는 언어는 그 공동체가 존속하는 동안에만 역사성과 전통을 가질 수밖에 없다. 그리고 비종교인들에게도 소통 가능한 언어가 될 때 앞에서 말한 사회적 인격의 확장과 더불어 사회적 소통까지도 가능해질 수 있다. 그렇다고 해서 모든 신앙 언어가 다 검증 가능한 언어가 될 수 있다는 말은 아니다. 초월자의 대한 경험이 반드시 검증이 되어야 한다고 볼 수도 없다. 하지만 초월자, 즉 하느님에 대한 경험이 특수하면 특수할수록 그것을 보편적이고 일반 언어로 풀어내 주어야 사회적인 언어로 통용되면서 그들에게도 동일한 경험 가능성이 열리게 되는 것이다.

하지만 여기에서 짚고 넘어가야 할 문제가 있다. 종교 공동체가 신앙 언어를 사용하기는 하되 그 언어 자체가 식상하고 상투적인 언어가 되기도 한다는 점이다. 우리가 말로서 고백을 하는 언어나 신자들 사이에서 말하는 신앙 언어라고 생각하는 것들이 단순히 그리스도인이기 때문에 사용하는 경우가 있다는 사실이다. 좋은 신앙 언어는 계승 발전시켜야 하는 것이 당연하겠지만, 진정성이 묻어나지 않은 무의식적이면서 학습된 언어들(내면화되지 않은 언어들)이 발언되는 경우에는 일반 언어와 차별화된 언어일 뿐 아무런 힘을 갖지 못한다. 게다가 비종교인은 그 언어를 듣게 되면 그것을 종교인들 사이의 내면적 체험을 도야하는 과정에서 발생하는 고백적인 언어라고 알아듣기보다는 거북하고 낯선 언어로 느끼게 될 가능성이 많다. 언어는 정확성 · 일관성 · 엄밀성 · 진정성 등을 전제로 한다. 그것이 무너지면 상대방과의 소통이 불가능하다. 언어의 특성은 전달 가능성이다. 그리스도인이 신앙을 말하고 고백하면서 타자에게 신 체험을 이야기로 전달할 때는 이 점을 놓쳐서는 안 될 것이다.

종교 공동체 안에서 사용하는 언어들이 인격을 담은 언어나 진정성을 담보하는 언어가 되어야 어린이들도 그것을 닮게 된다. 어린이들의 언어도 단문의 형태가 되고 알아듣지 못하는 암호가 되는 것은 그만큼 이 사회가 빠른 것을 추구하면서 진정성이 결여되었다는 것을 나타낸다. 종교 공동체의 언어만큼은 진정성과 인격적인 언어를 구사하면서 그 속에 초월자에 대한 체험을 담아낸다면 사회적 소통뿐만 아니라 사회적 언어의 수준까지도 높게 올릴 수 있을 것이다. 더불어 모호하고 애매한 언어를 내려놓고 신뢰성이 가득 담긴 언어를 통해서 새로운 삶의 사건과 신앙의 사건이 발생할 수 있도록 도와주어야 할 것이다. 일상 언어와 신앙 언어는 서로 갈등과 긴장 관계에 있는 것이 아니라 서로 인간의 정신과 영성을 끌어올리는 데 기여하는 공통의 목표를 가지고 있다는 것을 명심해야 한다. 신이 언어를 통해서 세계를 창조했던 것처럼 말이다.

3. 영성 교육의 주제로서의 환경
: 생태적 사유와 교회의 '질적' 성숙론, 자연의 죽음과 신의 죽음

교회가 성장을 멈추었다. 이는 사람들이 과거 종교의 양적 소비 신학의 매뉴얼을 버리고 질적 가치를 추구하는 시대로 전환했다는 반증이다. 예전에 천시하고 폄하하던 요리(사)가 대세인 것은 그만큼 먹음의 문제조차도 시각화한(visual), 이미지화한 질적 요리를 선호한다는 것을 보여준다. 이와 동일한 맥락에서 교회 공동체는 환경이라는 가치, 자연이라는 유・무형의 가치를 관심의 영역 안에 두어야 하는 상황이 되었다. 좋은 공기, 좋은 먹거리, 건강, 미에 대한 가치는 모두 좋은 환경과 밀접한 관계를 맺고 있다. 그런데 실상 교회는 매우 반환경적이거나 비환경적이다. 환경하면 교회의 성장과는 전혀 무관한, 이득이 안 되는 담론으로 보기 때문이다. 그러니 교회의 양적 성장론을 운운하는 신자들은 당장 땅을 소비하는 주차장부터 만들어야 한다고 주장한다. 자연소비신학의 민낯이다.

하지만 자동차 주차장은 결국 탄소발자국을 더 많이 발생하게 만드는 것이며, 지구의 환경적 부담을 더 가중시키는 것이다. 그런데도 왜 우리는 자동차 주차장에 목을 매는가? 주차장 확보는 자동차를 지속적으로 의존하도록 만들고 자동차 이용률 증가를 의도하는 정부의 정책에 호응하는 결과밖에 안 된다. 하느님이 만드신 자연을 아름답게 보전하기 위해서 탄소발자국을 줄여야 할 책임이 있는 교회가 자동차 이용 줄이기 캠페인은 못할망정

주일까지도 '습관적으로' 자동차로 이동하는 것은 신앙에 반하는 것은 아닌지 자문해 보아야 한다.

좁은 땅덩어리에 큰 교회를 짓는 것도 모자라 주차장까지 확보하겠다는 것은 자동차를 권하는 교회임을 자임하는 것이다. 도로건설 · 신호등 · 보행자 불편 · 정체 · 혼잡비용 · 환경 및 대기오염 · 소음 등의 사회적 비용을 증가시키는 그리스도인이 과연 종교적 체험과 예배(감사성찬례)의 감동에 따른 신앙적 실천을 행동으로 옮긴다고 볼 수 있겠는가. 거기에다 온실가스 비용은 어떤가? 연간 통계를 보면 우리나라는 순수한 교통혼잡비용으로 차 한 대당 134만 원, 대기오염비용으로 104만 원꼴의 비용을 초래하고 있다고 한다. 게다가 보행자가 다니던 길과 아이들 놀이터, 농경지가 자동차 도로로 포장되면서 발생되는 손실도 존재한다. 정부는 '자동차 사회'를 조장하는 셈이다.

하지만 교회까지 그런 시스템에 편승해서는 안 된다. 오히려 교회는 그럴수록 대안적인 삶의 형태를 제시하고 모색해야 한다. 다시 말해서 '생태 사회' 혹은 '생태 교회'를 지향해야 한다. 우리는 입버릇처럼 자연은 하느님께서 주신 선물이라고 말하면서, 그 선물을 소중하고 고마운 것으로 생각하지 않는다. 중세의 신비가 마이스터 에크하르트(M. Eckhart, 1260?-1327)는 "피조물들은 하느님의 발자국"이라고 말하면서 "모든 피조물들은 하느님으로부터 흘러나왔다."고 고백한다. 그렇다면 땅 · 물 · 태양 · 바람이라는 자연 안에서 하느님의 현존을 발견할 수 있어야 한다. 동시에 우리의 편리와 이기심, 그리고 무사유(thoughtlessness)가 땅을 유린하고 공기를 오염시키고 있음을 직시해야 한다.

이제 교회는 질적 성장론보다 더 근원적인 '질적 성숙론'이 필요할 때다.

질적인 성숙이란 환경적인 의식이 고양되고 그에 따른 실천이 곧 교회와 자연을 살리는 길이라는 생태적 사유를 갖는 것을 의미한다. 그렇다면 교회의 작은 사목적 실천으로 무엇을 할 수 있을까? 당장은 어려울 수도 있다. 의식부터 바꿔 나가야 하기 때문이다. 그러니 한 달에 한 번, 그것도 안 된다면 분기별로 한 번 정도는 카풀이나 대중교통을 이용하여 교회를 오가는 것부터 해 보자. 요즈음은 건강을 최고로 생각하니 전 교인이 자전거를 타고 교회에 오는 날을 정해 보는 것도 나쁘지 않을 것이다. 하느님의 피조물을 더 느리게, 더 가까이서 만나고 싶다면 살포시 걸으면서 땅과 발이 맞닿는 감각을 느껴 보는 것도 좋으리라.

자연의 죽음 속에서 공동체 일반의 죽음을 본다. 잠자리의 죽음 속에서, 개구리의 죽음 속에서, 메뚜기의 죽음 속에서 우리 자신의 죽음을 본다. 심지어 모기의 죽음 속에서 우리 자신의 생존 의지의 말살을 경험한다. 더 나아가서 자연의 죽음 속에서 신의 죽음을 본다. 공동체라 함은 비단 인간 공동체만을 의미하지 않는다. 공동체는 범생명공동체 일반을 지칭하는 범위까지 확장해야 한다. 그래서 우리는 지구 생명 공동체나 우주 공동체라는 말을 사용하는 것이다. 생명 창조의 주체와 생명 공동체 안의 현존을 분리시킬 수 없다는 그리스도교 신앙에 입각해서 생명 현상을 본다면, 적어도 우리는 자연의 죽음 속에서 신의 죽음을 목도하는 것이다. 그렇다면 자연을 살리는 일이 신을 살리는 일이 아니겠는가? 한때 자연을 살리면 인간이 살 수 있다는 공존과 공생의 의식이 있었지만, 이것 역시 인간 중심주의에서 완전히 벗어났다고 볼 수 없다. 자연을 죽이면서 동시에 신을 죽이면서 우리가 산다는 것이 얼마나 위험천만한 신앙 이기주의인가. 예배 행위 요소요소가, 신앙 행위 하나하나가 몸과 정신을 살리는 일이다. 그리스도인이 항상 죽으면서, 항상 사는 예배의 뜻깊은 의미를 안다면 반생명적 사유와 행위를 멈추어야 한다.

톰 라이트(Tom Wright) 주교는 "제자도의 초대는 개인의 경건의 수준의 문제가 아니라, 현실 세계의 위험하고도 공적인 영역에서 참 하느님을 위해 그리고 하느님의 종된 메시아를 위해 당당히 일어나라는 부르심이었다."고 피력한다. 또한 "(제자도는) 수동적이고 비참여적인 태도를 버리고, 이 세상에서 예수와 같은 존재가 되라고 말한다. 그것이 바로 예수를 따르는 삶의 의미이자 제자도의 의미이다."라고 주장한다. 게다가 제자도는 이 세상에 대해서 "아니오"라고 말하는 것이라고 덧붙인다. 그렇다면 그리스도인은 모든 생명의 공적 시공간의 파괴에 강력한 부정과 각성이 있어야만 한다. 그것이 공적 경건함과 공적 성화(public sanctification), 그리고 공적 신앙인 것이다. 공적 생태회심(ecological conversion)을 경험한 그리스도인은 자연의 죽음 앞에서 묵시의 목소리를 들을 수 있어야 한다. 자연과 인간, 그리고 하느님은 하나의 운명 공동체이다. 묵시의 조짐이 먼 미래에 있는 것만은 아니다. 지금 여기에서 자연의 죽음을 목격하고 그 아픔을 내 아픔으로 받아들이는 그리스도인이 묵시적 삶을 준비하고 경험하는 것이다.

자연은 인간을 위한 희생 제물에 불과한 것인가? 모리스 블랑쇼(M. Blanchot)가 말하듯이, 희생한다는 것은 (타자를 위해서) 비운다는 것, 내어 준다는 것이다. 자연은 인간을 위한 한없는 증여를 약속한다. 그 약속의 근거는 신의 첫 번째 보장(창세 1,27-28)에서 드러나는 것이지만, 희생 제물의 잘못된 관리는 결국 평화와 생명 공동체의 해체와 추방으로 이어진다. 자연이라는 희생 제물이 무한하다는 확신과 속설은 고사하고 그 희생 제물이 인간을 위해서 영원히 시혜(施惠)만 가져다줄 것이라는 낙관도 재고해야 한다.

희생 제물은 지금까지 인간을 위해서 무한히 비워 주었다. 그 때문에 신과 인간의 공유물[공유재]은 영원히 상실되고 있다. 이제 희생 제물과 함께 신은 고독의 나락으로 떨어지고 말았다는 사실을 기억해야 한다. 그분은 고독의 심연 속에서 어찌할 줄 모르고 계신다. 상대적 제물의 부재(不在)와 함께 신은 황폐한 광야 속으로 사라지고 있는지 모른다. 아무리 칼 프리드리히 폰 바이체커(Karl F. von Weizsäcker)가 "구원이란 사랑"이라고 설파했다손 치더라도, 정작 자신을 보여주기 위해서 '녹색제물'과 함께 했던 그분이 마침내 인간의 생태적 죄악과 탐욕으로 자신을 벗어던질 만한 아무것도 걸치지 않은 적나라한 신의 모습이 되었다는 것은 그야말로 처량하다 못해 볼품이 없지 않은가!

4. 종교 죽음 이후의 영성과 교육

우리는 니체가 '신은 죽었다.'고 선언한 이후에 신의 죽음에 대한 강한 반작용으로서 변론을 하려고 애를 썼다. 니체는 신학자나 목회자, 그리고 평신도에 이르기까지 신앙의 식탁에서 비판거리로 등장한다. 하지만 니체 이전에 벌써 헤겔은 신의 죽음을 언명하였다는 사실은 잘 모른다. 헤겔은 신학자들도 좋아하는 철학자이다. 그가 일찌감치 튀빙겐에서 신학을 공부하던 신학도였다는 사실 때문에 더 정감이 가는 인물로 느껴졌을 수도 있다. 하지만 따지고 보면 그는 인간의 이성을 절대이성의 자리에까지 올려놓은 인물이니, 니체보다 더 기피해야 할 철학자인지도 모른다. 더 나아가 실존주의 철학자들은 신은 죽었으니 인간이 되라고 종용하였다. 신이 죽었다는 선언은 그리스도인을 예민하게 만들었다. 지금도 살아 있고 앞으로도 살아 있을 것이며 장차 오실 분의 죽음을 얘기한다는 자체가 받아들이기 어려운 명제였을 것이다. 그러면 그럴수록 니체는 더 비난과 비판의 대상이 되었다. 심지어 철학을 공부하면 다 니체와 같은 인물이 되는 것 아니냐는 왜곡된 시선이 있었던 것도 사실이다.

하지만 가만히 들여다보면 신이 죽었다는 선언은 서구 형이상학의 죽음을 의미한다는 것을 알아야 한다. 유럽 사회 사상의 기반이 되는 형이상학의 죽음은 곧 새로운 형이상학을 정립해야 한다는 것을 뜻한다. 헤겔과 니체 이전에 이미 칸트도 종래의 형이상학을 비판하고 새로운 형이상학을 새우기 위해서 『순수이성비판』을 쓰지 않았는가. 인간 이성의 한계로는 형이상학적 존재를 인식한다는 것은 오만과도 같다는 것이 칸트의 생각이었다. 그래서 그는 신과 영혼과 세계를 인식할 수 없는 순수이성의 이념으로 보고, 더욱이 신은 인간의 도덕적 존재를 위한 실천의 영역에서 다루어져야 한다고 주장하기에 이른다.

이른바 요청(postulatio)으로서의 신을 주창한 것이다. 인간은 자신이 도덕적 존재로 행위하고 보상을 받기 위해서는 반드시 신이 필요하다는 논리인데, 요점은 도덕적 존재로서의 인간을 강조하기 위한 철학적 장치쯤으로 생각하면 좋을 것 같다. 논의를 확장해 보면 신이 죽고 사는 문제는 그 자체로서 기능하는 문제가 아니라 인간의 도덕적 조건에 달려 있다고 볼 수 있다. 복잡한 현대사회에서 신이 정말로 살아 있는지 죽었는지는 고백의 문제나 믿음의 문제로 취급하기에는 설득력이 부족하다. 그것을 실존적으로 현존하는 신으로 부각하면 문제는 달라진다. 다시 말해서 현존하는 신을 보여줄 수 있는 인간은 가시적인 인간의 행위, 특히 도덕적 행위 여부에 따라 결정된다. 그 무엇도 신이 현존한다는 사실을 증명해 낼 수 없다. 언어의 한계,

인식의 한계, 경험의 한계 등 인간이 각기 주관적으로 신을 발언한다고 해서 신이 살아 있다고 밝혀지는 것은 아니라는 것이다. 그렇다면 신을 직접 보여줄 수 있는 것은 인간의 도덕적 행위를 통해서 드러나는 신의 현존일 뿐이다. 인간은 도덕적 존재일 때 완성된 인간과 인격을 가지고 있다고 말할 수 있다. 그것을 완성하는 존재는 신밖에는 없다. 인간이 도덕적 존재가 된다는 것은 자기의 선의지에 따라 가능할 수도 있지만, 완벽한 인간으로서의 도덕적 행위는 신이 곁에 있어야만 가능한 일이다. 그러므로 인간이 도덕적 존재로서 행위할 때만이 신은 존재한다, 신은 항존한다, 신은 현존한다고 말할 수 있는 것이다.

이것을 칸트의 입장에서 다르게 말한다면 인간이 엄격하고 엄밀할 정도로 도덕적 존재가 되지 않는다면 신은 죽었다고 말해야 할 것이다. 신이 살아 있음을 알게 해 줄 수 있는 것은 신앙인의 말이나 고백만으로는 부족하다. 신앙이 없다고 하더라도 신을 언어로 표현하고 입으로 고백하는 것쯤이야 누구나 가능하지 않는가. 그보다 더 중요한 것은 인간이 지속적으로 도덕적 존재로서 살아가느냐에 따라 신의 유무가 밝혀지는 것이다. 신은 인간을 통해서만 드러난다. 좀 더 정확하게는 신은 인간의 도덕적 행위를 통해서만 드러난다. 인간이 도덕적 행위를 하는 순간, 그를 통해서 신이 있음이 증명된다. 그렇다면 오늘날 신의 죽음과 종교의 죽음을 논하는 것은 결국 종교인이 비종교인보다 더 엄격하게 도덕적 존재가 되지 못하고 있기 때문이 아닌가? 신을 죽인 것은 헤겔이나 니체가 아니라 당대를 살아가는 인간 자신인 셈이다. 그리스도인 스스로 신을 죽이고 자신의 종교를 죽음으로 몰아가고 있는 것이다.

그래서 앞에서 강조한 도야로서, 인격적인 그리스도인이 되어야 한다는 것이다. 그리스도교의 영성은 도덕적 차원보다 훨씬 더 높은 경지에 있다고 생각을 한다. 틀린 말은 아니다. 도덕이 영성을 다 담아낼 수 있는 것이 아니다. 하지만 그리스도교의 영성이나 예수의 정신을 체화하고 있다고 말할 수 있는 확신은 어디에서 오는 것인가? 스스로 신과 합일하여 살아가노라, 예수의 정신에 따라 매일 계몽된 삶을 살아가노라고 확언할 수 있는 근거는 어디에 있는가? 실증적으로 검증되지 않은 말과 행위로는 비종교인을 납득시킬 수 없는 시대에 살고 있는 그리스도인으로서는 단순히 기적과 신비, 초월의 세계와 고백만으로는 영성적 인간, 정신적 인간임을 자부할 수 없다. 다만 한 가지 도야와 인격으로서의 그리스도인이 된다면 그 안에 신비적인 힘과 초월적인 능력이 있는 곧 하느님의 영이 존재한다고 생각할 수 있을지도 모른다. 그것도 아니라면 무엇으로 증명이 가능할까? 혹자는 그리스도인의 신앙이라는 것은 증명이 될 수 있는 것이 아니다. 증명이 된다면 그것은 이미 신앙이 아니라고 항변을 할지 모른다. 그러나 그것은 궁색한 변명에 지나지 않는다. 지금까지 그러한 논리가 그런대로 통용되는 시대를 향유해 왔다. 지금은 그러한 영성적 인간, 정신적 인간의 특별한 삶의 모습을 보기를 원한다.

빌럼 쥐르데이흐(Willem F. Zuurdeeg)는 "철학은 울부짖음 속에서 태어난다."는 말을 하였다. 이런 말도 하였다. "철학함의 근원은 차갑고 추상적인 사유가 아니라 삶과 삶의 의미에 대한 깊고 열정적인 관심이다". 그와 같은 삶의 깊이에서 우러나오는 반성이 철학을 하게 하고 동시에 자신의 내면에서 발생하는 실존의 불안과 생명을 울부짖게 만드는 것이다. 그리스도교의 경우에는 성주간에 "나의 하느님, 나의 하느님, 왜 나를 버리시나이까!"라는 그리스도의 울부짖음을 되풀이한다. 부활대축일에는 "진실로 그가 다시 사셨네!"라는 제자들의 환희에 찬 울부짖음을 반복한다. 울부짖음에는 해방이 있고 치유가 있으며 부정적 울부짖음(Notschrei)과 동시에 신의 도움을 비는 기원이 있다. 플라톤은 도덕과 진리는 단순한 습관이자 관습일 뿐이라고 주장하는 소피스트에 대항하는 격렬한 "아니요!"를 말하였다. 그에게 철학은 변하지 않는 존재를 향한 울부짖음이다. 마찬가지로 그리스도인은 종교 죽음 현상에, 신의 죽음 선언에 울부짖음, '아니요(Notschrei). 당신은 틀렸습니다. 분명히 이 이상의 무언가가 존재합니다. 존재와 선의 질서가 틀림없이 존재할 것입니다.'라고 외칠 수 있어야 한다.[2]

철학과 신앙은 울부짖음의 연속이다. Notschrei, 죽어 버린 삶에 대해서 아니오 하고 외칠 수 있는 자세, 진리에서 벗어난 삶에 대해서 아니오 하고 외칠 수 있는 용기, 본질이 아닌 것에 천착하는 세계에 대해서 아니오 하고 외칠 수 있는 냉철함이 그리스도인에게 필요하다. 이러한 울부짖음은 또 하나의 포고(claim)이기도 하다. 그것은 반드시 우매하고 무질서하며 아직 계몽되지 못한 사람들을 향해 빛으로 인도할 수 있는 결단력과 신념이 있어야 한다. 그러기 위해서는 자신이 계몽이 되어야 한다. 빛으로 인도받지 못한 사람이 다른 사람을 빛으로 인도한다는 것은 불가능하다.[3]

그러나 여기에는 칼 바르트(K. Barth)가 말하는 신학적 논리가 동반되어야 한다. 바르트는 그리스도인에게는 오직 하나의 방법밖에 없는데 그것은 인간을 향한 하느님의 길이라고 선언하였다. 하느님은 그리스도를 통해서 자신을 낮추신 육화된 존재이다. 낮춤의 신앙, 낮춤과 비움의 신앙 논리가 삶의 역설이다.[4] 낮춘다는 것은 겸손의 상징이기도 하고, 실제적인 자기 비하일 수도 있다. 신의 자기 낮춤은 이성의 논리로는 이해가 되지 않는다. 신의 하향적 현현은 인간 속에서 자신을 노출했다는 것이고, 그것은 자신을 위험

상태로 타자에게 양도했다는 것을 의미한다. 타자에게 자신을 노출하는 것만큼 자신의 신변은 위협을 느끼게 된다. 모든 것을 놓아 버리고 타자에게 자신을 위임할 수 있으려면 타자를 전폭적으로 신뢰하지 않으면 안 된다. 따라서 Notschrei의 원천은 자신의 내면의 노출이자 타자에 대한 신임과 변화 가능성에 둔다. 그리스도인의 Notschrei는 자신의 행위를 통해서 타자에게 노출하고 타자는 그 행위의 표현을 신의 있음으로 받아들이면서 자신의 변화 위험에 노출하는 것일 때 비로소 종교의 죽음, 신의 죽음을 극복할 수 있을 것이다.

5. 계몽 시민으로서의 그리스도인

그리스도인은 이 세계에서 특수한 존재인가? 이 질문에 대답은 그렇다와 아니다가 공존할 수 있다. 그리스도인은 선민의식과 구원 의식으로 이 세계에서 특별하고도 독특한 존재이며 우월한 존재라는 인식을 가질 수 있다. 보편적인 인간의 범주에서 다루기 어려운 독특한 세계관과 가치관, 그리고 인생관을 가지고 살아가기 때문에 자신의 삶은 다른 존재자들과는 차별된 것이라고 말하기도 한다. 그와 같은 특권 의식이 자리 잡고 있는 경우에는 자신을 보편적 인간의 범주에 두려고 하지 않는 강한 자부심을 가지고 있다고 볼 수 있다. 하지만 이제는 그러한 특권 의식마저도 보편적 인간과 같이 향유하려는 태도를 보이지 않으면 안 된다. 자신의 삶은 이성과는 대립되는 신앙이라는 범주로 이해할 수밖에 없기 때문에 보편적 인간의 삶과 구분 짓기를 바라는 것이다. 그런데 과연 그리스도인은 이성과는 대립되는 믿음의 체계에 따라 작동하는 인식과 행위로 보편적 인간의 범주와는 구별되는 것일까?

자신의 신앙의 가치는 보편적 인간과 공유되고 인정을 받아야 비로소 자신이 믿는 신앙의 대상조차도 긍정이 될 수 있는 것은 아닐까? 보편적 인간, 여기에는 비종교인이 포함된 많은 현존재가 있을 수 있는데, 그들과 굳이 경계를 두려고 하는 이유는 무엇일까? 경계를 두면서 타자를 동질화시키려고 하고 구원이라고 하는 영역으로 유도하려는 강한 의지를 보이고 있는 것은 신 독실한 믿음과 신념 때문일 것이다. 경계를 사이에 두고 타자를 타자로서 인정하는 것은 불가능한 일일까? 타자와 공유하고 자신이 사유한 신, 체험한 신—체험이라는 독특성 때문에 타자의 경험을 무시하고 자신의 체험으로 동질화시키려고 한다[5]—을 유일한 사유의 체계로서 타자와 자신을 동일시하는 나르시시즘에 빠지고 만다. 자신의 신앙에 매몰되어 어떠한 이성과 반성의 토대 없이 신앙을 맹목적으로 받아들이는 것은 계몽 시민이자 의사소통적 시민으로서는 이해가 되지 않을 것이다. 그리스도인이 자신의 신앙과 영성을 계몽 시민과 공유하면서 이해 가능한 형태로 전달하려면 먼저 그리스도인의 특권 의식과 선민의식을 버려야 한다.

다시 말해서 그리스도인은 보편적 인간의 한 부류라는 생각을 해야 한다. 구원을 받았다고 해서, 어떤 영성적 도취를 통해서 타자 우위에 있는 것으로 생각해서는 안 된다. 포스트모던 사회에서 모든 개별적인 인간의 자유와 감성의 분할을 통해서 자신의 정당한 몫을 추구하는 계몽을 경험한 존재들은 그것을 인정하지 않는다. 정치와 교육, 경제와 문화 등을 통해서 지배자에게서 자신의 몫을 분할하려는 강한 의지를 가졌다는 것을 잊는다면 그야말로 시대착오적인 생각을 하는 것이다. 이성과 감성을 통해서 시민사회 속에서 종교적 삶이라는 좋은 가치를 어떻게 공감하도록 할 것이며 또 나눌 것이냐 하는 사유의 전환이 필요하다. 신앙의 분할 · 자유의 분할 · 사유의 분할을 통해서 시민들과 함께 공유된 종교적 가치와 영성, 그리고 교육을 나눌 수 있도록 해야 한다. 결단코 자신의 종교 관념이나 구원 의식이 독점이 될 수 없다. 구원이 독점이 될 수 있었던 중세를 넘어서 이성의 계몽적 비판을 통해서 신앙의 보편성과 다양성을 경험한 세대는 이제 감성을 통해서 신앙을 어떻게 감각하고 다원화된 측면 속에서 각기 좋은 장점을 취할 것인지를 고민하는 사회가 되었음을 인정하지 않으면 안 될 것이다.

그리스도인도 모름지기 다른 보편적 인간과 더불어 살아야 하는 시민이다. 물론 시민이라는 말을 사용하기 위해서는 계몽 사회와 이성 사회, 의사소통 사회의 경험이 있어야 한다. 우리 한국 사회는 그러한 것을 경험하지 못하고 바로 포스트모던 사회로 접어들었다. 한국 교회의 성장 시기에 우리나라 민주 시민들은 그와 같은 계몽적 이성 사회를 경험하지 못했기 때문에 교회 안에서도 이성과 계몽을 논하는 것이 익숙하지 않다. 오로지 주입과 지배, 카리스마와 의심 없는 믿음만이 종교인이 되는 데에 가장 효과적인 것으로 학습되었다는 점을 비판적으로 반성해야 한다. 그렇기 때문에 지금이라도 이성을 통한 교육, 감성을 통한 교육, 다양한 사람들이 보편적인 합의를 이끌어 내는 교육을 하기 위해서 교회가 노력하지 않으면 안 된다. 자칫 영성이라는 것만을 강조하면 또 다른 신앙적 병폐를 낳을 수 있다. 이성적 검증과 성찰, 그리고 반성이 없이 자신의 신앙을 영성적 차원으로 승화시킨다는 것이 얼마나 위험천만한 일인지 알아야 한다. 그것은 잘못된 신앙을 갖고서도 반성과 성찰이 결여된 채 영성적 인간임을 자임하는 이상한 현상을 초래할 수 있기 때문이다. 자신의 영성이 얼마나 왜곡되었는지조차 판단하지 못하니 이를 바라보는 시민사회는 종교 집단이 병리적 집단이고 히

스테리성 집단인 것처럼 호도하기 쉽다.

따라서 어린이 교육에서 시작해서 장년에 이르기까지의 교육은 철저하게 이성과 신앙의 균형이 잡힌 신앙 교육이 이루어져야 한다. 그래야만 그들이 건전하고 상식적인 지성과 영성을 가지고 보편적 인간의 범주 속에서 다양한 사람들과 교류하는 시민으로서, 계몽적 인간으로서 살아갈 수 있는 것이다. 기실 지금은 종교의 종말론이 대두되는 시대이기도 하다. 유럽 사회의 전철을 밟고 있는 우리나라 사회에서 그리스도교라는 종교 자체의 소멸 위기론이 심심찮게 등장하는 현실이다. 이에 최신한은 종교의 소멸론에 다음과 같은 반론을 제기한다. "특히 21세기의 삶과 문화를 둘러싸고 종교에 대한 물음과 담론이 있다는 사실은 종교가 소멸하지 않았다는 반증이 된다. 종교에서 더 이상 아무것도 기대할 것이 없고 종교가 완전히 소멸해 버렸다면 그것의 소멸이냐 부흥이냐는 물음 자체가 등장하지 않을 것이기 때문이다."[6] 그러나 이보다 더 심각한 위기는 가다머(H.-G. Gadamer, 1900-2002)가 말한 "무관심"(Indifferenz)이다.[7] 사람들이 아무것에도 관심을 기울이지 않는 세태를 꼬집는 것이기도 하지만 실제로 현대인들은 자신에게 이득이 되거나 물질적 가치로 환산되지 않는 것에는 관심이 없다. 종교가 자신들에게 어떤 이익을 증대시킬 여지가 있는지에 많은 회의를 품고 있기 때문에 무관심한 것이다.

이러한 상황에서 그리스도인의 삶과 신앙의 가치가 타자들과 차별화된 것이라는 우월한 인식으로 일관하고, 그들을 가르치고 또 지배나 강요하려고 한다면 결코 종교적 관심을 갖게 할 수 없을 것이다. 가르치려고 하는 교육에서 공유하고 나누려는 교육으로 가야 하는 이유가 여기에 있다. 왜냐하면 그리스도교의 가치만이 아니라 비종교인이나 이웃 종교인이 가진 교육적 가치도 그리스도인들이 배울 만한 것이 반드시 있을 것이라는 가능성을 열어 두고 그들과 공존적으로 교육의 장에 있어야 하기 때문이다. 무조건 우리의 가치가 우월하니까 우선적으로 그리스도교의 가치를 배워라 하는 식의 교육은 배척받을 가능성이 크다는 것을 염두에 두어야 한다. 교육의 장에서, 나아가 영성의 장에서는 모두가 평등한 보편적 인간이라는 인식에서 서로 배우려는 상호 주체적인 교육관과 영성관을 가져야 한다. 그것이 최소한 그리스도교의 겸손의 신앙을 나타내 보일 수 있는 것이다. 그렇게 될 때 그리스도교는 헤겔이 말한 "정신의 매개된 직접성"[8]이 될 수 있으며, 슐라이어마허가 말한 "종교는 무한자에 대한 느낌과 취향"[9]이 될 수 있을 것이다. 종교를 통해서 시민들이 새로운 삶의 지평으로 진입하도록 만들어 주어야 하며, 새로운 정신성을 갖도록 해 주어야 한다. 그것을 우리는 "종교적 계몽"이라고 말할 수 있을 것이다.[10]

그럼으로써 종교가 인간이 교양인이 되는 데에 선도적인 역할을 감당할 수 있도록 해야 할 것이다. 그것은 달리 말하면 인간의 인간됨(Menschwerdung des Menschen)을 통하여 새로운 개별적 존재로 거듭날 수 있도록 도와주는 역할을 하는 것이다. 정신적 가치를 상실한 인간에게 새로운 정신적 가치를 심어 주고 물질적 가치에 매몰된 인간에게 이상적 가치나 무한한 가치를 깨닫게 해 주는 노력을 게을리해서는 안 될 것이다. 최신한은 그것을 "무한성의 상실"이라고 표현하고 있지만, 그 무한성의 상실을 경험하는 인간들을 향해서 다시 계몽주의적 비판가라는 꼬리표를 붙여 주자는 것은 아니다. 무한성의 상실이 계몽주의적 이성주의자들이 자행한 철학적 성찰이라는 방향으로 몰고 가면 건강한 이성적 신앙이 설 자리가 없어지기 때문이다.[11] 근대 이후 그리고 감성적 사회의 도래 이후 무한성의 상실이 인간 삶에 깊게 뿌리내린 것은 사실이다. 하지만 그 무한성의 상실의 근원적인 이유는 이성주의에 있는 것이 아니라 '종교의 종교다움의 상실'에서 비롯되었다고 하는 것이 더 온당한 비판일 것이다. 따라서 종교는 이제 종교의 종교다움의 나눔, 새로운 종교성을 통한 감성의 분할로서의 의미와 감정의 몫을 시민에게 전달할 수 있는지를 고민해야 할 것이다.

"개인화된 종교는 개인의 내면에 국한되지 않고 종교적으로 계몽된 개인들을 연대하는 '개인화된 종교 공동체'로 확대되어야 한다. 결국 21세기 삶의 조건 속에서 종교의 의미는 철학적 계몽과 종교적 계몽이라는 양방향에서 추구될 수밖에 없으며 이를 통해 사회 구성원 모두 공동의 세계로 묶어주는 '시민종교'의 차원에서 구체화되어야 한다. 시민종교는 종교적 계몽에서 나오는 그때마다의 구체적인 신앙 내용과 이것을 전달하고 수용하는 종교적 의사소통 없이—철학적 계몽 없이—형성될 수 없다. 시민종교는 내면의 운동과 아울러 타자와 반성적 관계를 요구하기 때문이다. 오늘의 종교는 양방향의 계몽을 통해 사회적 계몽을 창출할 수 있을 때 유의미한 삶의 변화를 도출할 수 있다."[12] 오늘을 살아가는 종교인들이 새겨들어야 할 말이다. 그리스도인이 종교적 시민이면서 동시에 계몽적, 이성적 시민이 되는 것은 종교적 감성의 몫을 분할하여 나누기 위한 긴급한 요청으로 받아들여야 할 것이다. 그렇게 할 때 인격적 도야, 영성적 도야를 통해서 종교의 죽음, 자연의 죽음, 교육의 죽음, 심지어 신의 죽음이라는 죽음의 의례가 일상이 되어 버린 시대를 극복할 수 있지 않을까.

주석

01. 『장자』의 철학상담적 해석 /신성열

1 이정호 외, 『철학의 이해』, 서울: 한국방송통신대학교출판부, 2011, 4-5쪽.
2 이정호 외, 앞의 책, 118-119쪽.
3 흔한 내용으로 '비우면 상쾌한 마음 트레이닝', '명상으로 마음을 키우는 방법', '마음의 노폐물을 비우세요.', '복잡한 생각을 버리면 머리가 맑아지고 마음은 상쾌해진다.', '마음? 비우는 것!' 등 내 안에 쌓아둔 스트레스, 잡념, 걱정, 마음을 비울수록 몸과 마음이 가벼워지고 내면의 힘은 강해짐을 강조하고 있다. 나아가 '나를 돌아보고, 마음을 비울 수 있는 과학적인 방법'도 있음을 말하지만 결국은 명상을 통해 나의 자존감을 높이고, 내 삶의 변화를 찾자는 것들이다.
4 이정호 외, 앞의 책, 181쪽.
5 郭慶藩, 『莊子集釋』, 臺北: 華正書局, 民國71. 陳鼓應 註譯, 『莊子今註今譯』, 香港: 中華書局, 1991. 이하 원문의 해석은 이강수 外 譯, 『장자 I』(서울: 도서출판 길, 2005). 와 안동림 譯註, 『장자』(서울: 현암사, 2005)를 따랐으며, 일부는 필자가 의역했다.
6 텍스트란 말은 포스트모더니스트들에게 공기나 물처럼 매우 보편적 개념이다. 그들은 세상의 모든 것을 텍스트로 본다. 한 편의 시, 산문, 소설, 희곡 등의 문학 작품들, 뉴스 보도나 신문기사 같은 저널리즘, 만화, 광고, 영화 등의 대중문화 산물 등 모든 문화적 가공물이 텍스트이다. 생활경험, 전쟁, 혁명, 인간관계, 자동차 사기, 휴가 등을 포함한 모든 것이 텍스트로써 세상 자체가 하나의 거대한 텍스트이다. 김경용, 『기호학이란 무엇인가?: 기호와 우리, 우리의 기호』, 서울: 민음사, 1994, 173쪽.
7 한국철학상담치료학회, 『왜 철학상담인가?』, 서울: 학이시습, 2012, 발간사 참조.
8 이정호 외, 앞의 책, 9쪽.
9 이정호 외, 앞의 책, 13쪽.
10 이정호 외, 앞의 책, 14쪽.
11 Viktor E. Frankl, 『삶의 의미를 찾아서』, 이시형 譯, 서울: 청아출판사, 2005, 84쪽.
12 이정호 외, 앞의 책, 11쪽.
13 Marinoff. L, 『철학으로 마음의 병을 치료한다』, 이종인 譯, 서울: 해냄, 2000, 37-39쪽.
14 한국철학상담치료학회, 앞의 책, 249쪽.
15 오늘날까지 『장자』에 대한 매우 다양한 연구 성과는 매우 풍부하다. 본 연구자는 이처럼 앞선 선행 연구를 기본 바탕에서 철학상담이라는 관점으로 그 영역의 연관성을 찾고자 했다. 물론 이와 비슷한 연구 성과도 적지 않지만 여전히 연구 성과는 타 영역의

철학상담에 비해 미비하다고 볼 수 있다.

16 도가의 자연은 우리가 흔히 말하는 객관적 자연의 세계라고 할 때의 자연과는 구별되는 것이다. 자연계의 현상은 일반적으로 다른 어떤 것을 원인으로 해서 그 결과를 가져오는 인과법칙에 의거하고 있다. 그래서 어떤 결과는 반드시 원인에 비롯되고 근거하고 의지해야 한다는 의미에서 '스스로 그러한' 자연이 아니라 다른 것에 의하여 그렇게 된다는 '타연(他然)'이다. 이는 자연계의 현상이 모두 인과관계 속에서 상호 의존해야 함을 의미한다. 반면에 도가의 자연은 이를 넘어서서 독립을 의미하는 정신적 자유를 말하는 것이다. 즉 자연은 정신적(spiritual)인 것이고, 수행을 통하여 도달하는 최고의 경지이다. 牟宗三, 『中國哲學十九講』, 臺灣: 學生書局, 1986, 90쪽.

17 이강수 외 譯, 앞의 책. 안동림 譯註, 앞의 책 참조.

18 『莊子』「寓言」, "寓言十九, 重言十七, 卮言日出,"

19 『莊子』「天下」, "以卮言爲曼衍. 以重言爲眞. 以寓言爲廣. 獨與天地精神往來. 而不敖倪於萬物. 不譴是非. 以與世俗處."

20 즉 「내편」의 경우만 보더라도 대표적으로 「소요유(逍遙遊)」에서는 곤(鯤), 붕(鵬), 제해(齊諧), 매미(蜩)와 비둘기(鳩), 송영자(宋榮子), 요(堯)와 허유(許由), 견오(肩吾)와 연숙(連叔), 장자(莊子)와 혜자(惠子) 등, 「제물론(齊物論)」에서는 남곽자기(南郭子綦)와 안성자유(顔成子游), 물(物), 도(道), 왕예(王倪)와 설결(齧缺), 장오자(長梧子)와 구작자(瞿鵲子), 장주(莊周)와 나비(蝶) 등, 「양생주(養生主)」에서는 포정(庖丁)과 문혜군(文惠君), 공문헌(公文軒)과 우사(右師) 등, 「인간세(人間世)」에서는 중니(仲尼)와 안회(顔回), 거백옥(蘧伯玉)과 안합(顔闔), 장석(匠石)과 역사(櫟社), 지리소(支離疏)와 광접여(狂接輿) 등, 「덕충부(德充符)」에서는 왕태(王駘), 숙산무지(叔山無趾), 인기지리무신(闉跂支離無脤)와 옹앙대영(甕盎大癭) 등, 「대종사(大宗師)」에서는 진인(眞人), 여우(女偊)와 남백자규(南伯子葵), 자사(子祀)와 자여(子輿), 자려(子犁), 자래(子來), 맹손재(孟孫才), 허유(許由)와 의이자(意而子) 등, 「응제왕(應帝王)」에서는 천근(天根)과 무명인(無名人), 호자(壺子)와 열자(列子), 계함(季咸), 숙(儵)과 홀(忽), 그리고 혼돈(混沌) 등 방대한 실제와 가상의 인물과 존재들이 어우러져 있다.

21 '경계(境界)'는 현재 우리가 쓰는 한자어 중에서 개인의 수양이나 수련이 도달한 어떤 정도를 의미하는 '경지(境地)'를 포함하는 개념이다. 이는 서양철학의 존재론, 인식론, 가치론에 해당하는 동양적인 사유 방식을 포괄하는 지시개념이라 할 수 있다. 양계초, 왕국유, 풍우란, 모종삼 등은 중국 전통의 사상이나 예술의 특징을 설명하는 중요한 개념 중에서 '경계'를 제시하였다. 풍우란은 '정신적인 경계'라고 한정하며 형이상학적인 것으로 의미를 부여하였다. 특히 모종삼의 경우, 노자의 도는 객관적으로 드러나는 실재가 아니라 주관수양이 드러내는 '주관심경(主觀心境)'의 경계형태로 보고 있다. 이상우, 『동양미학론』, 서울: 시공사, 1999, 20-28쪽.

22 『莊子』「齊物論」, "民濕寢則腰疾偏死, 鰌然乎哉? 木處則惴慄恂懼,猨猴然乎哉? 三者孰知正處? 民食芻豢, 麋鹿食薦, 蝍蛆甘帶, 鴟鴉嗜鼠, 四者孰知正味? 猨猵狙以爲雌, 麋與鹿交, 鰌與魚游. 毛嬙. 西施, 人之所美也. 魚見之深入, 鳥見之高飛, 麋鹿見之決驟. 四者孰知天下之正色哉? 自我觀之, 仁義之端, 是非之塗, 樊然殽亂, 吾惡能知其辯!"

23 『莊子』「逍遙遊」, "若夫乘天地之正, 而御六氣之辯, 以遊無窮者, 彼且惡乎待哉! 故曰, 至人無己, 神人無功, 聖人無名."

24 『莊子』「逍遙遊」, "夫道未始有封, 言未始有常, 爲是而有畛也, 請言其畛: 有左, 有右, 有倫, 有義, 有分, 有辯, 有競, 有爭, 此之謂八德."

25 劉笑敢, 『莊子哲學』, 최진석 譯, 서울: 소나무, 1998, 270쪽.

26 노자가 도(道)의 구현을 '무위자연(無爲自然)'로 삼았다면, 장자는 도의 구현을 무위할 뿐만 아니라 나아가서 천지만물과 합일되는 경지에 도달하는 인간의 '정신적 초월과 절대 자유, 화해(和諧), 소요유(逍遙遊)와 제물(齊物)'로 구현하려고 했다. 이것이 노자와 장자의 차이점이자 변화된 형태라고 할 수 있다. 김백현, 『도가철학연구』, 강릉: 동녘출판기획, 2002, 53, 98-99쪽.

27 『莊子』「養生主」, "吾生也有涯, 而知也無涯. 以有涯隨無涯, 殆已; 已而爲知者, 殆而已矣."

28 『莊子』「養生主」, "公文軒見右師而驚曰: 「是何人也? 惡乎介也? 天與, 其人與?」 曰: 「天也, 非人也. 天之生是使獨也, 人之貌有與也. 以是知其天也, 非人也.」 澤雉十步一啄, 百步一食, 不蘄畜乎樊中. 神雖王, 不善也."

29 『莊子』「人間世」, "孔子適楚, 楚狂接輿遊其門曰: 「鳳兮鳳兮, 何如德之衰也! 來世不可待, 往世不可追也. 天下有道, 聖人成焉., 天下無道, 聖人生焉. 方今之時, 僅免刑焉. 福輕乎羽, 莫之知載., 禍重乎地, 莫之知避. 已乎已乎, 臨人以德! 殆乎殆乎, 畫地而趨! 迷陽迷陽, 無傷吾行! 吾行郤曲,無傷吾足!」"

30 『莊子』「人間世」, "支離疏者, 頤隱於臍, 肩高於頂, 會撮指天, 五管在上, 兩髀爲脇. 挫鍼治繲足以餬口; 鼓筴播精, 足以食十人. 上徵武士, 則支離攘臂而遊於其間; 上有大役, 則支離以有常疾不受功; 上與病者粟, 則受三鍾與十束薪. 夫支離其形者, 猶足以養其身, 終其天年, 又況支離其德者乎!"

31 지리소의 '지리'는 완전히 흩어져 본래 모습을 짐작할 수 없다는 의미이다. '소'는 이름이라는 설도 있다. 지리멸렬(支離滅裂)과 유사한 말이다. 그리고 고대 그리스의 이솝(Aesop)도 지리소라고 할 수 있다.

32 이강수 외 譯, 앞의 책, 247쪽.

33 Marinoff. L, 『철학상담소』, 김익히 譯, 서울: 북로드, 2008, 28쪽.

34 덕충부의 '충'은 마음속에 덕(德)이 충만한 것이며, '부'는 마음속의 덕이 겉으로 드러난다는 의미이다. 즉, 덕이 충만하면 절로 드러남을 말한다. 그래서 장자는 「덕충부」에

서 겉으로 보기엔 불구와 같은 이들도 후덕(厚德)함을 갖춘 인물들로 나타낸다.

35 『莊子』「德充符」, "魯有兀者王駘, 從之遊者, 與仲尼相若, 常季問於仲尼曰:「王駘, 兀者也, 從之遊者, 與夫子中分魯. 立不敎, 坐不議, 虛而往, 實而歸. 固有不言之敎, 無形而心成者邪? 是何人也?」仲尼曰:「夫子, 聖人也, 丘也直後而未往耳. 丘將以爲師, 而況不若丘者乎! 奚假魯國! 丘將引天下而與從之.」常季曰:「彼兀者也, 而王先生, 其與庸亦遠矣. 若然者, 其用心也獨若之何?」仲尼曰:「死生亦大矣, 而不得與之變, 雖天地覆墜, 亦將不與之遺. 審乎無假而不與物遷, 命物之化而守其宗也.」常季曰:「何謂也?」仲尼曰,「自其異者視之, 肝膽楚越也, 自其同者視之, 萬物皆一也. 夫若然者, 且不知耳目之所宜而遊心乎德之和, 物視其所一而不見其所喪, 視喪其足猶遺土也.」仲尼曰:「人莫鑑於流水, 而鑑於止水, 唯止能止衆止. 受命於地, 唯松柏獨也正, 在冬夏青青, 受命於天, 唯堯舜獨也正, 在萬物之首. 幸能正生, 而正衆生. 夫保始之徵, 不懼之實. 勇士一人, 雄入於九軍. 將求名而能自要者, 而猶若是, 而況官天地, 府萬物, 直寓六骸, 象耳目, 一知之所知, 而心未嘗死者乎! 彼且擇日而登假, 人則從是也. 彼且何肯以物爲事乎!」"

36 『莊子』「德充符」, "魯有兀者叔山無趾, 踵見仲尼, 仲尼曰:「子不謹, 前旣犯患若是矣. 雖今來, 何及矣!」無趾曰:「吾唯不知務而輕用吾身, 吾是以亡足. 今吾來也, 猶有尊足者存焉, 吾是以務全之也. 夫天無不覆, 地無不載, 吾以夫子爲天地, 安知夫子之猶若是也!」孔子曰:「丘則陋矣. 夫子胡不入乎, 請講以所聞!」無趾出. 孔子曰:「弟子勉之! 夫無趾, 兀然者, 猶務學以複補前行之惡, 而況全德之人乎!」無趾語老聃曰:「孔丘之於之人, 其未邪? 彼何賓賓以學子爲? 彼且蘄以諔詭幻怪之名聞, 不知至人之以是爲己桎梏邪?」老聃曰:「胡不直使彼以死生爲一條, 以可不可爲一貫者, 解其桎梏,其可乎?」無趾曰:「天刑之, 安可解!」"

37 '인기지리무신'은 절름발이에 꼽추에 언청이인 사람을 말하며, '옹앙대영'은 커다란 혹이 달린 사람을 말한다.

38 『莊子』「德充符」, "闉跂支離無脤說衛靈公, 靈公說之, 而視全人, 其脰肩肩. 甕盎大癭說齊桓公, 桓公說之, 而視全人, 其脰肩肩. 故德有所長, 而形有所忘. 人不忘其所忘, 而忘其所不忘, 此謂誠忘. 故聖人有所遊, 而知爲孼, 約爲膠, 德爲接, 工爲商. 聖人不謀,惡用知? 不斷, 惡用膠? 無喪, 惡用德? 不貨, 惡用商? 四者, 天鬻也., 天鬻者, 天食也. 旣受食於天, 又惡用人! 有人之形, 无人之情. 有人之形, 故群於人, 无人之情, 故是非不得於身. 眇乎小哉, 所以屬於人也! 謷乎大哉, 獨成其天!"

39 徐復觀, 『中國藝術精神』, 권덕주 외 譯, 서울: 동문선, 2000, 106쪽.

40 직관이란 철학상의 한 인식작용(cognitive faculty)또는 요소로서 사유(thinking)와 상반되는 작용을 말하는데, 미학상의 의미로는 미적 대상의 전모(全貌)와 본질을 개념(concept)의 매개(중간에서 관계를 맺어 줌)없이 직접적으로 파악하는 관조내지 인식의 작용을 의미하는 것이다. 백기수, 『미학서설』, 서울대출판부, 1994, 41쪽.

41 한국철학상담치료학회, 앞의 책, 354쪽.

42 한국철학상담치료학회, 앞의 책, 353-356쪽.

43 노성숙, 「철학상담의 배경과 발단」『왜 철학상담인가?』, 서울: 학이시습, 2012, 98쪽.

44 이진남, 「철학상담에 방법론은 필요한가?」『왜 철학상담인가?』, 서울: 학이시습, 2012, 176쪽.

45 이정호 외, 앞의 책, 118-119쪽.

46 Schuster, S. C, *Sartre's 'words' as a paradigm for self-description in philosophical counseling. In Perspectives in Philosophical Practice*. Doorwerth: Verening Filosofische Praktijik, 1977, 22-34쪽.

03. 노인의 삶에 대한 역사인문학적 지평 /황보윤식

1 『論語』권2, 〈爲政篇〉/『四庫全書薈要』, 吉林人民出版社, 79쪽.

06. 지각의 열림과 상황적 공간에서의 언어의 상관관계 해석 /정은희

1 M. Merleau-Ponty, *Phenomenologie de la perception*(Librairie Gallimard, 1945), trans.(London:Routledge&Kegan paul, 1962), *Phenomenology of Reception*, Colin Smith, 『지각의 현상학』, 류의근 옮김, 서울: 문학과 지성사, 2002, 30쪽.

2 조광제, 『몸의 세계, 세계의 몸:메를로-퐁티의 지각의 현상학에 대한 강해』 서울: 이학사, 2004, 104쪽.

3 M. Merleau-Ponty, 『지각의 현상학』, 250-251쪽.

4 위의 책, 20-21쪽.

5 위의 책, 452-453쪽.

6 위의 책, 239쪽.

7 한국현상학회편, 『예술과 현상학』, 서울: 철학과 현실사, 2001, 289쪽.

8 M. Merleau-Ponty, 『지각의 현상학』, 158쪽.

9 위의 책, 124쪽.

10 위의 책, 529쪽.

11 한국현상학회편, 같은 책, 296쪽.

12 M. Merleau-Ponty, 『지각의 현상학』, 86쪽.

13 몸 도식은 몸적 운동, 위치, 판단 등을 의미하며, 스미스(C. Smith)는 '몸 이미지'(body image)로 번역하고 있다.

14 M. 랭어, 『메를로 퐁티의 지각의 현상학』, 서울: 청하출판사, 1992, 83쪽.

15 M. Merleau-Ponty, 『간접적인 언어와 침묵의 목소리』, 김화자 옮김, 책세상, 2005, 108-109쪽.
16 M. Merleau-Ponty, "Indirect Language and the Voices of Silence." *In his Signs*. Trans. Richard C. McCleary. Evanston, IL: Northwestern Uni Press, 1964, 75쪽 참조. "간접적인 언어와 침묵의 목소리", 84쪽.
17 M. Merleau-Ponty, "Indirect Language and the Voices of Silence." *In his Signs*. Trans. Richard C. McCleary. Evanston, IL: Northwestern Uni Press, 1964, 45쪽 참조. "간접적인 언어와 침묵의 목소리", 27쪽.
18 프랑스철학과 문학비평, 한국 프랑스 철학회, 문학과지성사, 2008, 104-144쪽.
19 M. Merleau-Ponty, 『지각의 현상학』, 452쪽.
20 위의 책, 413쪽.
21 E. Matthews, *The philosophy of Merleau-Ponty* Montreal & Kingston:McGill-Queen's University Press, 2002, 48쪽.
22 위의 책, 114쪽. 몸 도식은 몸적 운동, 위치, 판단 등을 의미하며, 스미스(C. Smith)는 '몸 이미지'(body image)로 번역하고 있다.
23 김종헌, 「메를로-퐁티의 몸과 세계 그리고 타자」, 『범한철학』 30집, 2003, 316쪽.
24 M. Merleau-Ponty, 『지각의 현상학』, 116쪽.
25 위의 책, 116쪽.
26 위의 책, 117쪽.
27 M. Merleau-Ponty, 『지각의 현상학』, 524쪽.
28 위의 책, 222쪽.
29 위의 책, 278쪽.

07. 성서에 나타난 우리말 읽기 /이소흔

1 본고에서는 '기독교'를 '천주교'와 '개신교'를 아우르는 넓은 의미로 사용하기로 한다.
2 金東彦(1998), 『뎐로력뎡과 개화기 국어』, 한국문화사.
3 우리의 전통적인 신 명칭이 '하느님'이므로, 기독교가 들어올 때 자연스럽게 그 명칭을 차용한 것일 수도 있으나, 기독교의 유일신 사상과 우리의 신 개념을 접목함으로써 좀 더 수월하게 기독교를 받아들이게 할 수 있는 장치로 차용하였을 수도 있다.
4 중국에서 한자로 음차한 것은 '彌撒'이다.
5 'ㄹ'은 뒤에 'ㄴ'을 만나면 탈락하게 된다.
6 현대 이전에 나타나는 현상이라면 치음 앞에서 'ㄹ'이 탈락하는 현상이 활발할 때 일어나는 것이므로 '달님', '별님'이 아닌 '아드님', '따님', '하느님'과 마찬가지로 '다님', '벼님'

으로 나타나야 할 것이다.

7 4장은 이소흔(2016)에서 일부 발췌한 것이다.
이소흔(2016), "인칭대명사를 통해 본 '이, 그, 저'의 의미 영역", 『어문논총』 제29호, 전남대학교 한국어문학연구소.

8 대명사 '이, 그, 뎌(저)'와 성경의 문체에 대한 부분은 2014년 9월 '韓國語文敎育硏究會'에서 발표한 논문의 일부를 발췌한 것으로 이 부분은 훗날 다시 논문으로 완성될 것이다.

9 김미형(2001), "국어 대명사의 어휘사", 『한국어 의미학』 9. 한국어 의미학회.

10 李基文(1979/1991), "國語의 人稱代名詞", 『國語 語彙史 硏究』, 東亞出版社.

11 이 당시에도 '이'가 3인칭대명사로 기능을 계속하고 있으나 '이'는 '저'와 '그'와 달리 의미 영역이 겹치지 않는다.

12 金榮官 역, 元山: 東亞基督隊.

13 1998년 이전에도 『성경전서 표준 새번역』(1993) 등과 같이 3인칭대명사 '저/저희'가 쓰이지 않는 성경은 출간되었으나 일반적으로 사용되던 『성경전서 한글판개역』이 개역개정판으로 바뀐 시기는 1998년이다. 즉 일반적으로 사용하던 개신교 성경에서 3인칭대명사 '저/저희'가 사라진 시기는 1998년인 것이다.

14 1938년에는 대한성서공회뿐만이 아니라 동아기독대에서도 김영관에 의해 번역되어 출간되었는데, 두 군데 모두 3인칭대명사 '이, 그, 저'가 쓰여 있는 것을 볼 수 있다.

15 '이, 그, 저'의 의미 범주는 '이'는 '화자(話者)와 가까운 대상', '그'는 '청자(聽者)와 가까운 대상' 또는 '눈에 안 보이는 대상', '저'는 '화자 · 청자와 멀리 있으나 눈에 보이는 대상'이다.

16 박근영(2006), "'이', '그', '저(뎌)'의 의미 기능 변화", 『언어와 문화』 2, 한국언어문화교육학회.

17 현대국어에서는 '저, 말씀드릴 게 있는데요'와 같이 담화 표지로 쓰이는 경우나 화자의 머릿속의 생각을 말하고자 할 때에는 '저'가 사용된다. 간혹 '나 저거 물어 볼게'와 같이 자신의 의식 속의 것을 지시할 때, '저것'이 사용되기도 하는데, 여기서의 '저것'은 어떤 것을 지칭한다기보다 화자의 전반적인 생각을 가리킨다고 하겠다. 즉 담화 표지와 비슷한 의미 기능이라 할 수 있다. 만약 여기서 '저것'이 아닌 '그것'으로 나타났다면 화자의 전반적인 생각이라기보다 대상을 확실하게 지시한 것이다.
김보애(2013), "지시어 'こ そ あ'의 자막번역 분석–영화 '러브레터'와 '쉘 위 댄스' 일한 자막번역에서-", 『日本語學硏究』 第38輯, 한국일본어학회.

18 일본어의 경우, 'あれ'는 현장지시어로서뿐만이 아니라 '너도 알고 나도 아는 것'을 말할 때도 'あれ'가 쓰인다. 김숙자(1984)는 한국어에서는 한 번 화제의 소재로 표시한 것에 대해서 구별 없이 '그' 계열이 쓰이지만 일본어에서는 지시 대상이 이전에 화자와 청자 사이에서 화제가 된 것에 대해서 'あ' 계열이 쓰이고, 화자는 대상을 잘 알지만 청

자는 잘 모르는 것에 대해서는 'そ' 계열이 쓰인다고(김보애 2013, 재인용) 하는데, 개화기까지의 자료를 보면 '뎌/저'의 의미가 일본어와 똑같다고 할 수는 없으나 연관 지어 볼 수도 있다. 그러나 현대 한국어에서는 이러한 경우에는 '그'로 나타난다.

19 문체가 서술자가 설명하는 방식이어서 현장성을 가지고 있다면 '저'가 나타나기 때문이다.

20 안증환(2009), "성서언어에서 본 한국어와 일본어의 인칭대명사", 『日本文化學報』 第40輯, 한국일본문화학회.

21 황석자(1999), "예수 담화에 나타난 인칭대명사의 기능 -언술행위에 의한 화용론적 가치-", 『한국프랑스학논집』 제27집, 한국프랑스학회.

22 〈마태 5:3-12〉 참조.

23 대체적으로 성경에서(지문) '뎌/저'가 가리키는 대상은 그 장면의 주요 인물이 아닌 제3자 무리일 경우가 많다.

24 이것을 다르게 해석할 수 있다. 본고에서는 '그'가 가진 의미에 대해서는 언급하지 않았지만, 그것은 '그'가 가진 의미인 [거리두기]에서 비롯된 것으로 바로 신과의 '거리두기'이다.

정은균(1999), "신소설의 문체 연구", 『崇實語文』 15, 崇實語文學會.

25 정은균(1999), "신소설의 문체 연구", 『崇實語文』 15, 崇實語文學會.

26 정은균(1999)는 '-더라'와 '-ㄴ다' 구문을 '무대화(staging)'(화자나 서술자에 제시되는 정보들에 있어서 전경 정보와 배경 정보라는 현상을 은유적으로 표현한 개념)으로 설명하고 있다. 개화기 문어 자료 전반에서 드러나는 지문의 '-더라'는 전체적으로 '회상 전달'보다는 단순한 '보고적 기능'이 우세하여 배경 정보에 쓰이고, '-ㄴ다' 구문은 단순한 현재적 시간을 표현하면서 허구 세계 내에서 펼쳐지는 사건들의 현장감을 높이는 전경 정보에 쓰인다고 하였다.

27 김미형(1998), "한국어 문체의 현대화 과정 연구 - 신문 문장을 중심으로", 『語文學硏究』 7, 상명대학교 어문학 연구소.

28 '-더라'가 아주 안 쓰이는 것은 아니다. 문어에서는 사용하지 않지만 구어에서는 여전히 활발하게 사용하는 형태이다. 현대국어에서 선어말어미 '-더-'는 어말어미 바로 앞에 오는 선어말어미인데 어말어미와 결합에서 제한된 양상을 보인다. 관형사형 어미 '-ㄴ', 연결어미 '-(으)니', 종결어미 '-라', 연결어미와 종결어미로 쓰이는 '-(으)ㄴ데' 정도와만 결합한다.

08. 변찬린의 '새 교회'론에 대한 의미와 전망 /이호재

1 변찬린의 『성경의 원리(聖經의 原理)』는 邊燦麟, 『성경의 원리(聖經의 原理)』(서울:

文岩社, 1979); 邊燦麟,『성경의 원리(聖經의 原理)』中 (서울: 榮一文化社, 1980); 邊燦麟,『성경의 원리(聖經의 原理)』下 (서울: 도서출판 가나안, 1982); 변찬린,『요한계시록 신해』(서울: 홍인문화사, 1986)이 출판되었으며 그의 대표작이다. 이하 위의 네 권의 책을 통칭할 경우에는 별도 표시없이『성경의 원리(聖經의 原理)』로 표기함.

2 인터넷 검색을 해 보면 1980년대 박윤식의 대성교회(현 평강제일교회)와 신천지 등과 관련된 곳에 빠짐없이 변찬린의 이름이 등장하고 있다. 또한 변찬린의 사후에 당사자가 배제된 가운데 기독교내의 이단감별사와 교계목사와의 논쟁은 상당히 이례적인 현상이라고 할 수 있다. 최삼경과 박계점의 논쟁을 참고할 것, 최삼경,「변찬린씨가 쓴 성경의 원리는 성경의 원리가 아니다」『현대종교』145호(1986), 124-135쪽; 박계점,「이단 감별사 최삼경씨 이야기」,『풀빛목회』제59호(1986), 93-101쪽; 배경국,「창세기에 나타난 신의 현현에 관한 연구」,『풀빛목회』제60호(1986), 91쪽.

3 방인근,「한국 교회 제3의 물결 성경공부교재 그 내용과 평가」,『풀빛목회』제56호, 1985, 27-35쪽.

4 류성민,「한국 종교인구 분포 비율의 변화의 그 특징-1985년, 1995년, 2005년의 인구센서스를 중심으로-」,『종교연구』 제56권, 2009, 28-31쪽.

5 1950년대 함석헌의 한국기독교에 대한 비판을 비롯하여 시대마다, 한국기독교의 비판 논쟁은 끊이지 않고 있다. 이는 한국기독교에 대한 건설적 비판으로 읽혀야 하고 이에 대한 한국기독교계의 응답이 요구되는 시점이다. 대표적으로 함석헌,『한국기독교는 무엇을 하려는가』, 함석헌저작집16(서울: 한길사, 2009); 이오갑,『한국 기독교 개혁의 테마 20』(서울: 한들출판사, 2002); 강영안 외,『한국 교회 개혁의 길을 묻다 : 새로운 한국 교회를 위한 20가지 핵심 과제』(서울: 새물결플러스, 2013)을 들 수 있다.

6 이 글은 예수의 정신과 진리를 실천하는 기독교인과 작은 규모의 교회를 대상하는 것은 아니다.

7 윤승용,「'한국적인 그리스도교'를 메시아운동을 통해 복원하다」『종교문화비평』19, 399-402쪽; 강돈구외 3명,『한국 종교교단 연구』I, 성남: 조은문화사, 2007; 李康五,『韓國新興宗教總攬』, 서울: 大興企劃, 1992; 최중현,『한국 메시아운동사 연구』제 1권, 서울: 생각하는 백성, 2009; 최중현,『한국 메시아운동사 연구』제2권, 서울: 생각하는 백성, 2009; 김종석,『한국 메시아운동사 연구 - 한국의 메시아운동사 연구』제3권, 서울: 생각하는 백성, 2010.

8 변찬린의『성경』 강의 테이프(1981.2.8).

9 변찬린의『성경』 강의 테이프(1980.10.19); K목사의 증언(2013 · 10.29).

10 K목사의 인터뷰(2013 · 12.27).

11 변찬린의『성경』 강의테이프(1981.8.1).

12 이 시집은 1972년 8월 24일《경향신문》5면과 1972년 8월 25일에《동아일보》5면, 그

리고 『씨올의 소리』제15호(1972년 10월호)에 광고가 되었다. 특히 이 시집의 제자(題字)인 禪房戀歌는 함석헌이 써주었다고 한다. 다음을 참조할 것: 邊燦麟, 『禪房戀歌』, 서울: 思想界, 1972, 138쪽.

13 변찬린과 유영모의 인연은 다석일지의 변찬린의 방문 친필사인과 그의 제자인 박영호에 의해서도 그 사실이 확인되고 있다. 柳永模, 『多夕日誌(多夕柳永模日誌) 第三卷』, 서울: 弘益齋, 1990, 310쪽; 박영호, 『다석전기』, 서울: 교양인, 2012, 626쪽.

14 변찬린의 『성경의 원리(聖經의 原理)』이외 邊燦麟, 『禪, 그 밭에서 주은 이삭들』, (서울: 가나안 出版社, 1988); 변찬린, 「甑山의 解冤思想」, 『甑山思想硏究』1輯, 1975, 74-89쪽; 변찬린,「呪文攷(太乙呪와 侍天呪)」, 『甑山思想硏究』3輯, 1977, 252-281쪽; 변찬린, 「聖書와 易의 邂逅」, 『甑山思想硏究』4輯, 1978, 139-184쪽; 변찬린, 「僊(仙)攷」, 『甑山思想硏究』5輯, 1979, 179-212쪽; 변찬린, 「노스트라다무스의 豫言과 天地開闢」『甑山思想硏究』 7輯, 1981, 197-213쪽; 邊燦麟, 「不二의 法門으로」, 『씨올의 소리』 제13호, 1972. 8, 99-101쪽; 邊燦麟, 「산에 부치는 글」, 『씨올의 소리』 제28호, 1973, 50-52쪽; 邊燦麟, 「靈室日記」, 『씨올의 소리』 제29호, 1973, 28-33쪽; 邊燦麟, 「大夢歌」, 『씨올의 소리』제31호, 1974, 66-69쪽; 邊燦麟, 「祈禱」, 『씨올의 소리』 제35호, 1974, 59-67쪽; 邊燦麟, 「진주와 다이아몬드」, 『씨올의 소리』 제36호, 1974, 66-69쪽; 邊燦麟, 「다시 산에게 부치는 글」, 『씨올의 소리』 제161호, 1977, 16-21쪽.

15 邊燦麟, 『禪, 그 밭에서 주은 이삭들』, 서울: 가나안출판사, 1988.

16 김제태, 「노자 강좌는 어떻게 시작되었나」, 함석헌기념사업회편, 『다시 그리워지는 함석헌 선생님 』, 서울: 한길사, 2001, 306-307; 305-309쪽.

17 유영모, 함석헌, 김교신 등에 대해 일부 학자들이 이 주제에 대해 관심을 가지고 연구를 진행하고 있으며, 변찬린도 이 분야에서 조명이 필요한 인물 중의 하나라고 생각한다. 여기에서는 그 필요성을 제기하는 것으로 필자의 역할을 다하고자 한다. 다음을 참고할 것: 박경미외, 『서구 기독교의 주체적 수용』, 서울: 이화여자대학출판부, 2006; 김흡영, 『가온찍기』, 서울: 동연, 2013.

18 邊燦麟, 『성경의 원리(聖經의 原理)』下, 495-496쪽.

19 邊燦麟, 『성경의 원리(聖經의 原理)』, 4쪽.

20 한국조직신학회, 『교회론』 서울: 대한기독교서회, 2013; Jay. E. G., 『교회론의 변천사』 주재용 옮김, 서울: 대한기독교서회, 2002를 참고하여 재정리한 것으로 특히 한국조직신학회의 『교회론』을 많이 참고하였음.

21 邊燦麟, 『성경의 원리(聖經의 原理)』下, 287쪽.

22 같은 책, 261쪽.

23 변찬린, 『요한계시록 신해』, 8-9쪽.

24 허호익, 「한국 교회의 교회론」 『교회론』, 489-509쪽; 김상근, 「신학의 게토화, 침묵의

카르텔, 그리고 미국기독교의 세계화 첨병」『기독교 사상』제582호, 2007, 24-37쪽.

25 변찬린,『요한계시록 신해』, 43-44쪽.

26 邊燦麟,『성경의 원리(聖經의 原理)』下, 468쪽.

27 같은 책, 240쪽.

28 같은 책, 153-154쪽.

29 같은 책, 291쪽.

30 같은 책, 186쪽.

31 변찬린,『요한계시록 신해』, 35쪽.

32 같은 책, 82쪽.

33 邊燦麟,『성경의 원리(聖經의 原理)』中, 160-161쪽.

34 邊燦麟,『성경의 원리(聖經의 原理)』下, 117쪽.

35 김균진,「교회론의 성서적 · 신학적 기초」,『교회론』, 19-33쪽.

36 변찬린,『요한계시록 신해』, 34-35쪽.

37 邊燦麟,『성경의 원리(聖經의 原理)』, 201쪽.

38 邊燦麟,『성경의 원리(聖經의 原理)』, 24쪽.

39 같은 책, 22-25쪽.

40 변찬린의『성경』강의테이프(1978.4.8); 변찬린의 앞의 테이프(1981.8.1).

41 변찬린과 관련되어 학계에 보고된 자료가 거의 없다. 또한 그의 제자들이 죽거나, 증언을 거부하는 상황에서 소수의 제자로부터 필자가 입수한 자료는 신종교연구에 사료적 가치가 있다고 판단되므로 가능하면 원문으로 적어두었다.

42 邊燦麟,『성경의 원리(聖經의 原理)』, 1-4쪽; 변찬린의 같은 테이프(1981.8.1); 변찬린의『성경』강의테이프(1982.8.15).

43 변찬린은 '새 교회'를 3월 초파일(음력)에 창립한 이유를 설명하면서 3월 초파일은 음력으로 기념하는 것이 맞지 양력으로 기념하는 것은 맞지 않다. 더구나 3 · 1운동은 중국의 5.4운동에도 영향을 미치고, 간디의 비폭력운동에도 영향을 미친 의미가 날이라고 말하고 있다. 변찬린의『성경』강의테이프(1980.4.15); 같은 책, 4쪽.

44 변찬린의 같은 테이프(1981.8.1).

45 변찬린,『요한계시록 신해』, 30-32쪽.

46 같은 책, 머리말.

47 변찬린의『성경』강의 테이프(1982.7.18).

48 邊燦麟,『성경의 원리(聖經의 原理)』, 108-110쪽.

49 변찬린의『성경』강의 테이프(1979.4.15).

50 邊燦麟,『성경의 원리(聖經의 原理)』下, 238-239쪽.

51 '새 교회' 문건(1977.4.18).

52 변찬린의 『성경』 강의 테이프(1981.4.5); 변찬린의 앞의 테이프(1981.8.1).
53 앞의 '새 교회' 문건.
54 같은 '새 교회' 문건.
55 변찬린의 앞의 테이프(1980.4.15).
56 같은 테이프.
57 K씨와 O씨 증언(2014.4.19).
58 K씨 증언(2014.1.4) .
59 변찬린의 앞의 테이프(1981.8.1).

10. 종교와 이성 사이의 긴장 /김대식

1 J. G. Fichte, 한자경 옮김, 『인간의 사명』, 서광사, 1996, 186-187쪽.
2 Gerardus van der Leeuw, 손봉호, 길희성 옮김, 『종교현상학입문』, 1995, 분도출판사, 228쪽.
3 정진홍, 『열림과 닫힘, 인문학적 상상을 통한 종교문화 읽기』, 산처럼, 2006, 43쪽.
4 Baruch de Spinoza, 조현진 옮김, 『에티카』, 책세상, 2006, II/78.
5 F. Nietzsche, 강용수 옮김, 『유고(1876년-1877/78년 겨울), 유고(1878년 봄-1879년 11월)』, 책세상, 2005, 106쪽.
6 Baruch de Spinoza, 앞의 책, II/266-II/277.
7 S. Zizek, 배성민 옮김, 『신을 불쾌하게 만드는 생각들』, 글항아리, 2015, 75쪽.
8 G. Agamben, 정문영 옮김, 『언어의 성사: 맹세의 고고학』, 새물결, 2012, 59쪽.
9 함석헌, 『한국기독교는 무엇을 하려는가』, 한길사, 1983, 135-140쪽.
10 Peter Bieri, 문항심 옮김, 『자기 결정』, 은행나무, 2015, 11쪽.
11 M. Eliade, 이동하 옮김, 『성과 속: 종교의 본질』, 학민사, 2001, 10-11쪽.
12 M. Eliade, 위의 책, 19쪽.
13 F. Guattari, 윤수종 옮김, 『기계적 무의식: 분열분석』, 푸른숲, 2003, 5-26쪽 참조.
14 김영필, 『현상학의 이해』, 울산대학교출판부, 1998, 360쪽.
15 김영필, 위의 책, 361-362쪽.
16 J. G. Fichte, 앞의 책, 197쪽.
17 J. G. Fichte, 앞의 책, 196쪽.
18 최신한, 『헤겔철학과 형이상학의 미래』, 서광사, 2015, 254-255쪽.
19 Michael Lynch, 강윤재 옮김, 『과학적 실천과 일상적 행위』, 나남, 2015, 289쪽.
20 M. Blanchot/ Jean-Luc Nancy, 박준상 옮김, 『밝힐 수 없는 공동체/마주한 공동체』, 문학과지성사, 2005, 17-18쪽.

21 K. Jaspers, 신옥희, 변선환 공역, 『계시에 직면한 철학적 신앙』, 분도출판사, 1989, 110-111쪽.

22 A. Badiou & S. Zizek, 민승기 옮김, 『바디우와 지젝 현재의 철학을 말하다』, 도서출판 길, 2013, 16쪽.

23 Phil Zuckerman, 김승옥 옮김, 『신 없는 사회』, 마음산책, 2012, 250, 302쪽 참조.

24 S. Zizek, 배성민 옮김, 『신을 불쾌하게 만드는 생각들』, 글항아리, 2015, 33쪽.

25 John Hick, *Dialogues in the Philosophy of Religion*, Palagrave Macmillan, 2010, 27쪽.

26 이태하, 『종교의 미래』, 아카넷, 2015, 199쪽.

27 Jacques Derrida, *Acts of Religion*, ed., & with an introduction by Gil Anidjar, Routledge, 2002, 64-66쪽.

12. 인간 도야로서의 영성과 교육 /김대식

1 S. Zizek, How to read 라캉, 박정수 옮김, 웅진지식하우스, 2007, 23쪽.

2 Willem F. Zuurdeeg, 혼돈 앞에 선 인간, 철학을 잉태하다, 김장생 옮김, 시대의 창, 2015, 23-41쪽.

3 위의 책, 46-53쪽.

4 앞의 책, 188-189쪽.

5 한병철, 피로사회, 김태환 옮김, 문학과지성사, 2012, 87-88쪽.

6 최신한, 헤겔철학과 형이상학의 미래, 서광사, 2015, 206쪽.

7 H.-G. Gadamer, "Gespräche auf Capri Februar 1994", in: J. Derrida/ G. Vattimo, *Die Religion*, Frankfurt/M, 2001, 242ff; 최신한, 위의 책, p.207 재인용.

8 G. W. F. Hegel, *Religion-Philosophie*, GW BD. 17, Hamburg 1987, p.30; 최신한, 앞의 책, p.216 재인용.

9 F. D. E. Schreiermacher, *Über die Religion. Reden an die Gebildeten unter ihren Verächtern*, Göttingen, 1967, 53; 최신한, 앞의 책, p.217 재인용.

10 최신한, 앞의 책, 217쪽.

11 최신한, 앞의 책, 217-220쪽.

12 최신한, 앞의 책, 224-226쪽.

찾아보기

[ㄱ]

[ㄴ]

[ㄷ]

[ㄹ]

[ㅁ]

[ㅇ]

[ㅈ]

[ㅊ]

[기타]

인문학적 상상력과 종교

등록 1994.7.1 제1-1071
1쇄 발행 2017년 5월 25일

기 획 함석헌평화연구소
지은이 김대식 박광수 박요섭 박정환 신성열 이소흔 이호재 정은희 황보윤식
펴낸이 박길수
편집인 소경희
편 집 조영준
관 리 위현정
디자인 이주향
펴낸곳 도서출판 모시는사람들
03147 서울시 종로구 삼일대로 457(경운동 수운회관) 1207호
전 화 02-735-7173, 02-737-7173 / 팩스 02-730-7173
홈페이지 http://www.mosinsaram.com/

인 쇄 상지사P&B(031-955-3636)
배 본 문화유통북스(031-937-6100)

값은 뒤표지에 있습니다.
ISBN 979-11-86502-81-5 93100

이 도서의 국립중앙도서관 출판예정도서목록(CIP)은 서지정보유통지원시스템 홈페이지(http://seoji.nl.go.kr)와 국가자료공동목록시스템(http://www.nl.go.kr/kolisnet)에서 이용하실 수 있습니다.(CIP제어번호: 2017010234)